本书系2011年教育部人文社会科学研究专项任务项目

（马克思主义中国化、时代化、大众化）

（项目编号:11JD710073）

高校社科文库
University Social Science Series
教育部高等学校
社会科学发展研究中心

汇集高校哲学社会科学优秀原创学术成果
搭建高校哲学社会科学学术著作出版平台
探索高校哲学社会科学专著出版的新模式
扩大高校哲学社会科学科研成果的影响力

董遂强/著

中国共产党作风建设理论与实践研究

Study on the Theory and Practice of Work Style of the Communist Party of China

光明日报出版社

图书在版编目（CIP）数据

中国共产党作风建设理论与实践研究 / 董遂强著. --
北京：光明日报出版社，2012.12（2024.6 重印）
（高校社科文库）
ISBN 978-7-5112-1830-8

Ⅰ.①中… Ⅱ.①董… Ⅲ.①中国共产党—党的作风—党的建设—研究 Ⅳ.①D261.3

中国版本图书馆 CIP 数据核字（2012）第 259855 号

中国共产党作风建设理论与实践研究

ZHONGGUO GONGCHANDANG ZUOFENG JIANSHE LILUN YU SHIJIAN YANJIU

著　　者：董遂强

责任编辑：宋　悦　　　　责任校对：傅泉泽
封面设计：小宝工作室　　责任印制：曹　净

出版发行：光明日报出版社
地　　址：北京市西城区永安路 106 号，100050
电　　话：010-63169890（咨询），010-63131930（邮购）
传　　真：010-63131930
网　　址：http://book.gmw.cn
E - mail：gmrbcbs@gmw.cn
法律顾问：北京市兰台律师事务所龚柳方律师

印　　刷：三河市华东印刷有限公司
装　　订：三河市华东印刷有限公司
本书如有破损、缺页、装订错误，请与本社联系调换，电话：010-63131930

开　　本：165mm×230mm
字　　数：288 千字　　　　印　　张：16
版　　次：2012 年 12 月第 1 版　　印　　次：2024 年 6 月第 3 次印刷
书　　号：ISBN 978-7-5112-1830-8-01

定　　价：69.00 元

序 言

从党的建设的角度来看，中国共产党领导全国人民进行革命、建设和改革开放的进程，实际上也是一个不断加强与改进党的建设的过程。在这一进程中，中国共产党形成了一整套关于作风建设的独特理论，丰富了马克思列宁主义党建思想。党的建设具有丰富的内涵，其中党风建设是党的建设的一个重要方面和切入点，它直接关系到党在人民群众中的形象，甚至关系到党的生死存亡。正因为如此，人民群众认识一个政党，最直接、最简便的途径就是看它的作风如何，进而判断这个政党是否是人民根本利益的忠实代表。中国共产党高度重视作风建设。认真回顾党开展作风建设的实践进程，系统总结党进行作风建设的历史经验，深刻揭示党风建设的基本规律，从而为新历史条件下切实加强党的建设提供必要的教益与启示，无疑是时代向广大理论工作者提出的重大任务。董遂强撰著的《中国共产党作风建设理论与实践研究》一书，就是其顺应时代要求，并经过多年的专心思考研究之后而取得的重要成果。

该书有以下两个显著特点：

第一，立场正确，观点富有见地。作者运用马克思主义立场、观点、方法，分析了党风建设在全部党建工作中的地位与作用，指出党风建设与党的思想理论建设、组织建设、制度建设、反腐倡廉建设相互作用、相互影响、相得益彰，而党风建设中出现的问题都可以在思想、组织、制度和反腐倡廉建设中有所体现，并可以从中找到深层次的原因；作者还从学理的层面上阐发了党的三大优良作风形成的历史必然性，剖析了三大优良作风之间的内在关系，指出在新的历史条件下既要坚持和弘扬三大优良作风，又要赋予三大优良作风以新的时代精神和新的时代内涵，只有这样才能有力推进党的建设这一新的伟大工程，有效巩固党的执政地位和发展中国特色社会主义伟大事业。这些看法，一方面体现了作者对中国共产党的忠诚与热爱，另一方面也反映了作者在关于党的建设问题上的深切思考，显现了作者的理论功力和学术水平。

第二，脉络清晰，坚持史论结合。该书按照理论与实践相结合、历史与逻辑相统一的原则，以历时性研究为“经”、共时性研究为“维”，既富有历史连续性，又具有逻辑严整性。就篇章结构的安排而言，本书各章遵循中国共产党作风建设的实践发展进程进行架构，涵盖我国新民主主义革命、社会主义革命、社会主义建设、改革开放等不同历史时期；就文章内容而言，本书首先从哲学层面上界定作风的基本内涵和一般特征，然后针对不同时期党开展作风建设的实际情况，对党关于作风建设的丰富实践经验进行理论上的概括和提升，继而再将这种具有普遍性、一般性的理论认识成果，按照事物固有本性所规定了的逻辑关系整合起来，得出关于党的作风建设的规律性结论。这样就做到了论从史出，史论交融。

董遂强是南京大学哲学系马克思主义哲学专业的硕士研究生和博士研究生，他的博士论文就是以中国共产党的作风建设为研究论题的，毕业后从事教学研究的实践过程中，他继续专注于这一论题的思考，发表了一系列的研究论文。2011 年，他以“中国共产党作风建设理论与实践研究”为题，申报教育部人文社会科学研究“马克思主义中国化、时代化、大众化”专项任务项目，获准立项（项目编号：11JD710073）。这就为他进一步深化本课题研究提供了更加有利的条件。现在呈现在读者面前的这本书，就是上述诸因素综合作用的结果。作为老师，我衷心祝贺他取得的这一新的研究成果！

党的建设是一项伟大工程，作风建设仅仅是党的建设的一个方面，如何使党的作风建设更加具有创新性，如何使党风建设在社会风尚建设中有效发挥引领与示范作用，如何凸显党员在党风建设中的主体性，等等，都需要作者在今后的研究中进一步拓展、深化。希望董遂强以本书出版为新的起点，以中国特色社会主义建设中的实际问题为中心，继续加强马克思主义中国化、时代化、大众化问题的研究，认真履行高校思想政治理论课教师的神圣职责，为坚持和发展中国特色社会主义理论体系、培养社会主义事业的建设者和接班人，作出更加积极的贡献。

姚润皋

2012 年 6 月 16 日于南京大学

目 录

引 论

认识世界是更好地改造世界的先导。认识世界离不开对主体自身的改造，这样，作为主体自身改造的重要组成部分，作风改造和作风建设就具有十分突出的意义。作风反映人们在自己的思维和实践活动中表现出来的各种行为取向和风格特点，具体表现为：以什么样的态度学习理论，遵循什么样的思维方式研究问题，在什么样的精神状态下从事工作，向外部世界展示什么样的形象和特点，以及用什么样的方式方法将自己的理想和主张付诸实施等等。毛泽东、邓小平等老一辈无产阶级革命家从个人的济世宏图、"社会良心"开始，通过掌握先进思想武器和参加革命实践，实现了他们的理想，达到了对社会制度和人（包括他们自己）的改造，为中国共产党在作风建设理论和实践的探索方面留下了宝贵的财富。以江泽民为核心的中共第三代领导集体立足于世纪之交的中国现实，提出了"依法治国"和"以德治国"相结合的战略决策，丰富了在社会主义市场经济条件下进行作风建设和社会主义精神文明建设的内涵，为作风建设作出了新的贡献。十六大以后，以胡锦涛为总书记的新的中央领导集体提出了"以人为本，全面、协调、可持续的发展观"和构建社会主义和谐社会的宏伟蓝图，谱写了作风建设的新篇章。

第一节 作风概说

主体和客体的关系主要有四种，即实践关系、认识关系、价值关系和审美关系。在这些关系中，实践关系是基础性的，而其他三种关系则是派生性的。在人类社会的早期，认识活动、价值评价活动和审美活动以朦胧的、模糊的、萌芽的形式内含于最基本的实践活动——生产活动中，随着人类社会的发展，它们才逐渐从实践活动中分化出来。可见，实践活动是认识活动、价值评价活动和审美活动的基础，而认识活动、价值评价活动和审美活动则是实践活动某些职能的专门化。一般地说，在实践活动中伴随着主体逐渐认识客体的过程，伴随着主体的自我认识过程，伴随着主体对客体的有用性进行评判的过程，还伴随着从实践活动中得到美的享受的过程。在活生生的现实中，认识世界和改造世界是同时进行、交互影响的，是同一过程的两个不同侧面。也就是说，人们在改变环境的实践过程中改变着人自身，创造着自己的新的活动方式，并使自己的认识能力、评价能力和审美能力一步步地得到提高。与此同时，人们又不断地把自己的本质力量展现出来，不断地根据认识世界的能力、依照自己的意愿改造着外部环境，不断改变着自身的活动方式，不断超越客体、超越自身，使自己的主体地位不断获得新的内容。由于主体的不同、历史时期的不同、地域的不同、主体经历的不同以及其他条件的不同，主体对事物的看法、态度以及由这种态度所支配的行为也会有所差异，从而在各种各样的实践中表现出不同的作风来。

一、作风的主体规定性

作风是人们在“工作或生活上一贯表现的态度、行为”①。“作”是会意字，从人从乍，本指突然站起、起身，引申为工作，进而泛指各种行为（古语“日出而作”② 和“禁民夜作”③ 即是此义）；“风”是指流动性、持续性、反复性、习惯性。合起来看，作风是指一贯的精神面貌和行为方式，小至一个人的作风，大至一个党的作风，如学风、思想作风、工作作风、领导作风、生活作风等等，都是如此。也就是说，作风由内在要素（精神面貌）和外在要素（行为方式）构成。内在要素是对人和事物的态度或看法，主要是指世界观和价值观，即人们在实践、认识、价值评价和审美活动中所获得的精神成果，它是作风的主导性要素和实质，决定着作风的“风向”；外在要素是由人的思想支配的行为，即人的世界观、价值观外在流露而形成的行为方式，这是作风形成的条件，是制约性因素和从属性要素，同时又是研究作风的切入点。作风的内在要素和外在要素是辩证统一的，但又不是直接统一的。一个人的世界观总是混合型的（即由不同类型的世界观所构成），于是世界观的跃迁便会

① 辞海编辑委员会：辞海（1999 年版缩印本－音序），上海辞书出版社 2002 年版，第 2303 页。

② 《击壤歌》。

③ 《后汉书·郭杜孔张廉王苏羊贾陆列传》。

呈现出某种程度的“断裂”，表现为作风上的人格分裂，例如有的领导干部在众人面前讲起反腐倡廉的重大意义来头头是道，背地里却干着贪赃枉法的勾当。当然，一种世界观向另一种世界观的转变即世界观的变迁即使表面上看来出现“断裂”，也有其内在的根据。说一套做一套（合理合法的善意行为除外）、挂羊头卖狗肉的行径正是世界观不纯——几种（至少两种）世界观相互交织此消彼长的外在表现。这恰恰说明，作风是人的内在本质的流露。

作风是人的内在本质的流露。人诚然在个别事物上可以伪装，对许多东西可以隐藏，但却无法遮掩他的全部内心世界，他的世界观、价值观必然以这样那样的方式展现出来，体现为各种各样的行为方式。这是因为，人们只有改造世界才能使自己的需要得到满足，而只有认识世界才能更好地改造世界。在改造世界过程中，人们必然要把自己的意愿以一定方式施加到实践过程中去，使事物向适合自己需要的方向发展；而在改造自然和社会的同时，人们对世界的认识也在不断加深，并不断地改造自己，使自己的本质力量不断地发展。这样，人的思想、意愿就以各种不同的行为方式体现出来。行为方式是人们在实践过程中由于行为之间相互联系、相互作用和相互协调而形成的格式或一般结构，它是一个由行为取向、行为规范、行为手段、行为过程等构成的一个有机整体①。从这个意义上说，作风也是一种实践活动，它实际上是对社会生活做出的反应，是一种调整人际关系的方式。不过总的来说，作风是一种渗透性范畴，它不是实践活动、认识活动、价值评价活动和审美活动本身，却又离不开这些活动。它以这些活动为载体，作为静态的形式沉淀在主体中，作为动态过程渗透在上述活动中，对主体的认识能力、实践能力的发挥和运用往往起到引导（导向）、选择、激发和调节作用。如果说作风是一列火车，那么外在要素就是火车的运行状态，而内在要素则是火车的动力系统和掌握着前进方向的司机。正由于此，作风的研究带有综合性，影响作风的各种因素都在作风研究的视野之内，但同时作风研究又具有抽象性，或超越性，作风研究关注的重点并不在于主体作用于客体的具体的方式，而在于主体作用于客体的行为方式的惯性及由此形成的态度、观点。

从本质上说，作风仍属于社会意识系统，也就是说，作风的实质在于它的内在要素（即世界观和价值观）。世界观和价值观是指导和规范人的社会行为

① 郑仓元，陈立旭：《社会风气论》，浙江人民出版社1996年版，第57页。

的标尺，主体对事物的看法或态度从根本上说取决于它的世界观和价值观。世界观是人们在长期的生活、实践过程中形成的对人和事物客观状况的认识；价值观是关于价值的观点、看法和态度，是人进行价值选择、评价的基础，是决定价值取向和实现价值创造的内在依据。（广义地说，价值观也是世界观。）作风的第一前提是人对社会和自身的认识。主体只有在形成对人和事物的看法的基础上才能对事物施加作用，使其向符合自己的要求、愿望和意向的方向发生变化；没有这样的认识，就不可能把握自然规律和社会运行规律，不可能把握人类自身的活动规律，因而也就不可能实现对自然、社会和人类自身的改造。世界观和价值观对作风的形成、对人的行为起支配作用，从而决定作风的“风向”。首先，它在根本上是为谁服务即“愿不愿”的问题。其次，有时明明是正确的作法却会受到来自各方面的压力，所以作风又有一个“敢不敢”的问题。再次，作风还有是否付诸行动即“干不干”的问题。最后，作风还有“善不善于”做某项工作的问题，即要讲究工作的方法，工作作风必然以一定的工作方法、方式表现出来。当然，这里的方法不仅指具体的工作方法，还指一以贯之的工作原则。例如，实事求是和主观主义既是两种不同的世界观，又是不同的工作方法，它们体现为不同的工作作风。

作风的内在要素并不是并列的，而是有其层次结构的。其一，由于人的思想意识最终要转化为行动，所以作风的内在要素同外在要素（即人的行为）的关系是有亲疏之别的：越是接近实践的因素，在人的思维结构中就越处于基础的层次，它的感性特征就越强，而它的普遍适用性就越小，但是它脱离实践的危险也越小；反之，越是远离实践的因素，它在人的思维结构中就越处于较高的层次，它就越是表现出理性特征，而它也就具有更大的普遍性，但是它脱离实际的危险也就越大。其二，作风渗透在实践、认识、价值和审美活动中，从而在这些方面也显示出层次特征来。1. 人需要以认识的方式去反映他周围的客观世界，以便使自己掌握一定的知识，把握事物发展的规律；2. 人需要以价值评价的方式去判明人与自然、人与人、人与社会之间的效用关系或善恶关系，使自己和他人得到道德上的完善与提高；3. 人需要以审美的方式去观赏他周围的世界，以便使自己得到情感上的熏陶。认识活动、价值评价活动、审美活动主要表现为主体的自我改造，意味着主体改造客观世界能力的提高，也意味着内在要素和外在要素双向转化能力的提高：优良作风会内化为人们的思想认识，而思想认识会反映到实际中去，反映到工作劲头上去，从而影响实践效率和效果。其三，内在要素是理性因素和非理性因素的对立统一。理性因素起主导作用，是可控的、通过逻辑推导形式把握事物本质的因素；非理性因素是不可控或可控性较差的因素，通常具有一些不用证明的初始设定。非理性因素可具体地分为两类，即作为认识能力的非理性因素（如直觉、顿悟、灵感、猜想等）和作为精神调控力量的非理性因素（如情感、意志、理想、信念等）。总的来说，理性因素控制着意识系统，非理性因素控制着无意识系统。

二、作风的一般特征

正如自然界的风是由各种环境因素引起的一样，作风形成、持续、变迁的诱因也是多方面的。作风与自然风的不同之处在于，它的形成、持续和变迁有着更加复杂的原因，因为人们具有能动性，他们对世界的认识，他们的感情、需要、动机等，也成为影响作风的因素。人们面对着丰富多彩的世界，其世界观也必然是形态各异，这样，物质世界的多样性反映在人的思想中并进而体现在行动中，就会呈现出作风的各种特征来。

作风是主观能动性和客观制约性的统一。

作风的内在要素即世界观和价值观是作风的主观能动性的生动体现。人之所以是主体，正因为人总是处于自我创造的现实活动之中，能够不断超越实际、超越自我。主体的实践活动是否定事物当下存在状态的活动，主体的认识活动是否定自身当前认识水平的活动。在认识和实践活动中，主体把自身的内在尺度运用于客体，以便观念地和现实地对客体进行符合主体需要的改造。纷繁复杂、丰富多彩的客观世界在受到改造的同时也进入人的主观世界，成为内在要素的素材。可见作风的内在要素并不是凭空而来的，而恰恰是主体实践活动的成果。

作风又具有客观制约性。1. 作风是主体对社会现实做出的反应。“夫天下将治，则人必尚行也。天下将乱，则人必尚言也。尚行则笃实之风行焉，尚言则诡谲之风行焉。天下将治，则人必尚义也。天下将乱，则人必尚利也。尚义则谦让之风行焉，尚利则攘夺之风行焉。”① 随着时代的变迁，作风会在内容上和形式上产生相应的调整。2. 作风的形成受到客观历史条件的制约。法律

① 邵雍：《皇极经世·观物内篇之七》，中州古籍出版社1993年版，第275页。

制度是否健全，组织纪律状况，主体（个人和组织）的权力和威信，其他人的作风，其他组织的作风，社会风气等等，对于主体作风的形成都有很大影响。他人的主观条件并不以我为转移，因而对我而言也成为客观制约因素；前代的遗风和当下的风气对于主体来说都是不可任意选择的前提。3. 作风又通过人的行为体现出来，正所谓透过现象看本质。在整个生活进程中，任何人的内心都不可避免地要向外展现。考察一个人的作风，就可以很大程度上把握到这个人的本性、品质、办事效率；考察一个学校的学习风气，就可以一定程度上了解到这个学校的师生素养；考察社会风气的好坏，就可以在一定程度上判断这个社会的主导价值取向，也可以在一定程度上判断社会的安定程度。4. 作风具有舆论约束力，而且可以内化为精神约束力，通过影响人们的思想进而影响人们的实践效率和实践效果。认真负责、为他人着想的工作作风，和人浮于事、得过且过的工作作风，其效率和效果是截然相反的；党员干部是高高在上，闭门造“表”，还是与群众打成一片，其效果则是人心的向和背；纪律严明、训练有素的士兵与作风涣散的士兵，其士气和战斗力何止相差一两个档次。已经形成的作风具有辐射力或示范性，对正在形成的作风有着不可避免的“榜样”力量，不仅影响它的主体，而且会波及到其他主体。作风的制度化是对其舆论约束力的强化、常态化和客观化。

作风是稳定性和流变性的统一。

世界是绝对运动和相对静止的辩证统一，因而作风就体现为稳定性和流变性的统一。一方面，作风是一贯性、经常性的态度和行为，偶然的态度、行为并不构成作风。作风的形成是一个过程，而不是一蹴而就的，尤其对于集团作风和社会风气来说更是这样——集团作风和社会风气是众多成员集体动作的结果，因而它的扭转（向上和向下）就更不可能是一下子就完成的。这就是作风的稳定性或惯性。正如相对静止是衡量运动的标尺一样，作风的惯性或稳定性是透过人的行为把握人的本质的根据。正因为事物有相对静止的一面，有确定的性质和形态，人们才能把复杂多样的各种事物区别开来，对不同事物进行分门别类的认识和研究。同样，否认了作风的稳定状态，就抹杀了认识人的本质的可能性。人的内部意识活动不能直接了解，而只能根据人的行为来识别，并且要反复地“听其言，观其行”，不可能一锤子定音。另一方面，作风具有流变性。作风的流变性包括两层意思：一是说作风的存在本身就是功能性的，是奔腾不息的活水，而没有片刻的停息，作风的稳定性不过是说它的重复性而已。二是说作风向好的方面或坏的方面的转化。尽管作风是人的行为之积淀，具有稳定性，但在主客观条件的推动下，作风总是会发生变化的：品行不端者可以改变自己的作风而成为情操高尚者，也可能堕落成十恶不赦的社会渣滓；社会风气也会在不同时期向好的方面或坏的方面转化。

三、作风的划分

就主体而言，作风可划分为个人作风、群体作风（行业、集团、组织、团体、党派、军队、阶级、民族等的作风）和社会风气。作风建设既包括个人的理论修养和理想道德修养及实践活动，也包括党风建设、行风建设、校风建设等内容，还包括社会风气的营造，其中执政党的作风建设居于支配地位。

个人作风。没有个人修养就没有集团作风和社会风气的建设。个人修养的高层境界是，“即使在他个人独立工作、无人监督、有做各种坏事的可能的时候，他能够‘慎独’，不做任何坏事。”① 虽然大多数普通个人势单力微，但好的个人作风像沁人心脾的清新空气一样能给社会注入活力，而坏的个人作风则会像瘟疫一样到处蔓延，腐蚀社会肌体。一般地说，大人物的作风对整个社会或某个地区、某个领域的影响甚大，如电视剧《亮剑》主人公所说，一支部队初创时的首长之作风对这支部队的影响持续久远，虽几经人事变动，这种作风却能作为军魂留在部队里。邓小平在谈到党和国家领导人的影响力时指出，如果一个党、一个国家把希望寄托在一两个人的威望上，是很不健康的，也是很危险的，因而是靠不住的；只要这个人一有变动，就会出现不稳定；不出事没问题，一出事就不可收拾②。在这里，邓小平是在否定意义上指出人治对于党和国家潜在的危险，却也从反面说明了领导人的巨大影响力——他们的作风会成为别人仿效的模本。当然，我们也不能忽视普通个人的影响力。雷锋是一个极普通的解放军战士，但他具有“憎爱分明的阶级立场，言行一致的革命精神，公而忘私的共产主义风格，奋不顾身的无产阶级斗志”③，从平凡而细小的日常行为中体现出伟大的无产阶级革命精神和崇高的共产主义品质，影响了千百万人民群众，并流传至国外，为众人所尊崇和效仿。

党风。党风指党员的作风和党组织的作风，包括思想、政治、工作、生活

① 《刘少奇选集》上卷，人民出版社1981年版，第133页。

② 《邓小平文选》第3卷，人民出版社1993年版，第272，311，325页。

③ 《周恩来选集》下卷，人民出版社1984年版，第417页。

等各方面的作风，是党性的外展，是党的世界观和方法论在实际行动中的表现。党风有广义和狭义之分。从广义上说，任何群体（行业、集团、组织、团体、党派、军队、阶级、民族等）都有自己的作风；从狭义上说，党风指某一特定集团的作风；从更狭义上说，党风则专指中国共产党的作风，本书所说的党风都是在这一意义上来用的。

党风具有鲜明的阶级性。政党是阶级斗争发展到一定阶段的产物，它代表某一阶级、阶层或集团的利益和政治主张，因而党风具有明显的阶级性。党风的阶级性主要表现在两个方面：1. 党风体现着政党的意志和性质。不同的政党在一定的世界观和党性原则指导下的各种实践活动和理论建构都体现着不同的阶级意志和政党性质。2. 党风服务于党的路线和任务。当党的路线正确的时候，优良作风能够保证党的路线方针政策的贯彻执行，促进党的任务的顺利完成；当党的路线发生失误时，优良作风能发挥积极作用，减少错误路线造成的损失。

党风具有导向性。毛泽东说过，“只要我们党的作风完全正派了，全国人民就会跟我们学。”① 这就是党风的导向性。党的引导方法和人民的识别力相结合，决定了人民对党的认同感。由于中国共产党从诞生之日起就肩负着中国人民的重托，就代表中国先进生产力的发展要求，代表中国先进文化的前进方向，代表中国最广大人民的根本利益，成为不同历史时期领导中国各族人民进行革命、建设和改革的核心力量，所以人民信任、爱戴她。中国共产党成为执政党之后，党风就成了社会风气的主心骨，其导向作用就更加明显，而且其影响也更加深远，加强党的作风建设的过程、从而社会风气提升的过程也是党和人民群众相互沟通理解并共同参与的过程。

党风具有时代性。任何政党要得到民众的认同，进而实现自己的政治纲领和政治主张，都必须保持与时俱进的精神状态，发扬创新精神，制定新的政策和办法来维护群众利益，密切党同人民群众的联系，“同时要总结新的实践经验，努力培养新的作风。”② 培育新的作风有外延式的创新和内涵式的创新两种基本形式。外延式作风创新是指根据新的实际情况创造出与以往不同的、全新的优良作风，而内涵式作风创新是指根据新的实践改变优良作风起作用的方

① 《毛泽东选集》第3卷，人民出版社1991年版，第812页。
② 《江泽民文选》第3卷，人民出版社2006年版，第291页。

式。如创建节约型社会就是对艰苦奋斗优良作风的新发展，而且是带有全局性的宏观思路和战略决策。

社会风气。“社会风气是一定历史时期表现出来的普遍流行的社会行为”，“是社会意识的外化表现”，是社会心理和社会意识形式双向转化的中介，它不是社会心理的表现，便是社会意识形式的体现①。

社会风气具有群体性特征。虽然“历史不过是追求着自己目的的人的活动而已”②，然而，人们并不能随心所欲地表达自己的思想观点，更不能随心所欲地从事自己的活动，他的一言一行都受到周围环境、他人思维和行为方式的影响，因而社会风气不是孤立的个人意识的体现，而是众人各自的思想在相当一段时间内经过相互作用、反射而形成的较为一致的群体意识，以及较为稳定的行为方式③。

社会风气具有表层性。历史唯物主义认为，社会存在决定社会意识，社会意识是社会存在的反映，而且社会意识对社会存在有着巨大的能动的反作用。生产力、生产关系、政治上层建筑构成社会系统的硬性结构，社会意识系统（社会心理、社会意识形式）位于其上，并以社会风气的形式直接呈现在人们面前，人们通过视听就可以获得它的全部内容，并时时刻刻感受到它的存在④。先进的社会意识往往体现为积极向上的社会风气，有利于社会关系的和谐；落后的社会意识表现为消极腐败的社会风气，对社会发展产生不利的影响。

社会风气具有广泛性特征。社会风气是一种“混合气体”，具体体现为行业、集团、组织、团体、党派、军队、阶级、民族等的风气，但又不是这些具体形式的机械和，而是其中的共通性，即全社会范围内的普遍存在的风气。因此，判断社会风气的“风向”，要“看到主流，看到实质。”⑤

社会风气具有可抑扬性。社会风气的“风向”，就是它的正负效应。作风建设的目的就是自觉地纠正、摒弃某种不良风气，营造健康活泼、积极向上的社会风气。社会是由一个个独立而又相互联系的个人组成的有机整体，作风建

① 郑仓元，陈立旭：《社会风气论》，浙江人民出版社 1996 年版，第 3，7，9 页。

② 《马克思恩格斯全集》第 2 卷，人民出版社 1957 年版，第 118 ~ 119 页。

③ 郑仓元，陈立旭：《社会风气论》，浙江人民出版社 1996 年版，第 25 页。

④ 同上书，第 29 页。

⑤ 《邓小平文选》第 2 卷，人民出版社 1994 年版，第 243 页。

设必须通过一定的组织形式，通过集团作风来约束和影响特定个人（集团成员）的作风改造，最终达到改造社会风气的目的。

就其所涉及的领域来说，作风可划分为思想作风、学风、工作作风、领导作风和生活作风等。这几种作风相互渗透，相互影响，不能脱离其他作风而孤立存在。有了好的思想作风，才能真正理解党的思想路线；有了好的学风，才能在党的路线方针政策和客观实际状况之间架起由此达彼的桥梁；有了好的工作作风，才能把党的路线方针政策落实到各项工作之中；有了好的领导作风，才能建立起良性党群关系，使党的路线方针政策为广大干部群众所拥护、所执行；有了好的生活作风，才能增强抵御各种不良诱惑的能力，模范执行党的路线方针政策，才能坚决抵制任何违背党的思想路线的言论和行为。

思想作风，是由思想方法所决定的对待客观世界所持的态度和行为，是党的各级组织和党员所呈现的精神状态和在思维方式与思想观念上表现出来的风格和特点。思想作风还包括用正确的态度对待自己、对待同志、对待组织、对待群众。思想作风建设重在思维方式、思想理论修养，其根本在于坚持党的思想路线。思想路线是一定的世界观和方法论在实际工作中的具体体现，是政治路线的理论基础，思想作风又是思想路线的进一步具体化。相比之下，思想路线更具概括性、宏观性、深刻性和根本性，往往是针对特定群体而言，侧重于强调群体在处理理论与实践关系上的共性；思想作风则具有丰富多彩的特点，往往侧重于对群体成员个性方面的综合反映。思想路线和思想作风并不是直接同一的。解放思想、实事求是是党的思想路线，又是一种思想作风，但只有大多数人自觉地发扬解放思想、实事求是思想作风，才是真正地坚持了解放思想、实事求是的思想路线。

学风，广义地说，是指学习风气，包括学习的积极性、学习目的的选择、学习方法的运用、知行关系的处理等方面；狭义地说，学风专指对待理论与实践的关系问题，特别是如何对待马克思列宁主义与具体实践的关系问题。对于中国共产党来说，学风问题至关重要，原因在于：1. 政党的理论素养并不是与生俱来的，也不是一劳永逸的。马克思主义学风不能直接从前一代共产党人遗传给后一代共产党人，只能在实际工作中、在经验教训的总结中练就。2. 掌握马克思主义的精神实质需要长时期的锻炼。把握马克思主义的精神实质，必须把马克思主义的基本原理（包括后人对马克思主义的发展）、马克思主义经典作家对特定历史条件所作的个别结论、人们对马克思主义的教条理解以及嫁接到马克思主义上的东西加以区分，弄清楚马克思主义理论所赖以产生的历史条件，并在具体实践中创造性地运用马克思主义的世界观和方法论解决实际问题。3. 只有坚持马克思主义学风，才能以巨大的政治勇气和理论勇气在实践中发展马克思主义，不如此，就不可能真正坚持马克思主义。

工作作风是对党的事业和工作所持的态度和表现出来的行为，它的状况如何要看群众路线贯彻得如何。群众路线是党的根本工作路线，始终保持与人民群众密切联系的工作作风，是党的作风建设的核心。工作作风好，有了正确的权力观、政绩观，与群众同甘苦，共命运，心连心，齐奋斗，才能在人民群众中树立起党的光辉形象，才能体现党的最高宗旨。

领导作风是在党的领导活动中所持的态度和表现出来的行为。领导作风的内容包括坚持民主集中制，发扬党内民主，维护党的团结；从严治党，严肃党内政治生活，认真开展批评和自我批评；坚持正确的用人导向，坚持任人唯贤，反对用人上的不正之风；保持高风亮节，坚持廉政勤政。

生活作风主要指党员领导干部日常生活中表现出来的态度和行为，包括领导干部的利益观、生活情趣和生活方式。生活作风的重要性在于，它反映着领导干部日常生活方面的人格精神和道德品质，高尚的情操可以赢得人心，凝聚人心，甚至跨越时空，历世长存；颓废堕落的人格则败坏党的形象，损害国家和人民的利益。可见，领导干部的生活作风已不仅仅属于个人行为，而关系到党和国家各项事业生存发展的问题。

第二节　党的作风建设的地位和作用

政党政治的出现是人类社会发展的必然结果，也是人类政治文明的一次重大创新，而无产阶级政党的创建则更是一件具有划时代意义的大事件。中国共产党以马克思列宁主义科学理论为指导，与时俱进，不断地开拓创新，在中国革命和建设实践中，在改革开放的实践中，形成了一整套关于作风建设的独到见解，丰富了马克思列宁主义党建思想。

一、党风建设是党的建设的一个重要方面

党的作风建设与党的政治思想建设、组织建设和制度建设等方面密切相关：如果把党比作一个有机体，那么政治思想建设就是她的大脑，组织建设和制度建设是她的骨胳，作风建设则是她的外貌和形象。“一定要把思想建设、

组织建设和作风建设有机结合起来，把制度建设贯穿其中，既立足于做好经常性工作，又抓紧解决存在的突出问题。”①

党的思想建设必须放在突出的位置。思想是行动的先导，理论是实践的指南，以什么样的理论作为自己的指导思想历来是党的建设的根本。“主义譬如一面旗子，旗子立起了，大家才有所指望，才知所趋赴。”② 有所指望，回答向何处去；知所趋赴，回答走什么路。没有党的思想理论建设，党的政治建设、组织建设、作风建设、制度建设就失去了前提和基础，迷失了前进的方向，就没有了可靠的思想保证。中国共产党诞生前的80年间，中华民族的独立和国家的主权，都遭受到极度的伤害，多少中华民族的仁人志士怀着强烈的爱国热情，渴望找到救国图存、振兴中华的道路。他们竖起一面又一面各式各样的旗子，但都没有找到能够真正指引中华民族走向伟大复兴的正确途径。以马克思列宁主义的理论武装起来的中国共产党，在长期的革命斗争中形成了理论和实践相结合的作风、和人民群众紧密地联系在一起的作风以及批评和自我批评的作风，使中国革命的面貌为之焕然一新，这三大作风成为党的优良作风的最典型最集中的体现。从七大开始，党高举毛泽东思想的旗帜，领导中国人民取得了抗日战争和解放战争的胜利，建立了中华人民共和国，并且在中国建立起社会主义的基本制度。全国胜利后的几年中，积极向上的传统和作风成为主流，革命的威力震撼着整个社会，涤荡着污浊的空气。50年代后期，党的指导思想逐步偏离了实事求是的思想路线，党的建设的其他方面也不同程度地遭到破坏，党风总体上严重下滑，把社会风气也带坏了。从十一届三中全会前后开始，党认真总结历史，拨乱反正，开创了改革开放和集中力量进行社会主义现代化建设的历史新时期，形成和发展了建设有中国特色社会主义的新理论即邓小平理论。在邓小平理论的指引下，广大党员积极投身中国特色社会主义建设，党的精神面貌焕然一新。当然，在改革开放的过程中，党的作风方面也存在着一些亟待解决的问题，如教条主义、形式主义、官僚主义、以权谋私等不正之风。在目前，只有坚持以马列主义、毛泽东思想和中国特色社会主义理论体系为指导，才能保证党的路线方针政策全面反映人民的利益和时代发展的要求，才能把握党的建设的根本和全局，从而保证党的建设的正确方向。

---

① 《江泽民文选》第3卷，人民出版社2006年版，第568~569页。

② 《毛泽东早期文稿》，湖南出版社1990年版，第554页。

组织建设、制度建设是党的建设的根本保证。作风的好坏不仅取决于人的素质的高低，而且更为重要的是取决于制度因素，“领导制度、组织制度问题更带有根本性、全局性、稳定性和长期性”①，“制度问题不解决，思想作风问题也解决不了。”②

党的组织建设包括干部队伍建设、党员队伍建设、基层组织建设等内容。政治路线确定之后，干部就是决定因素。高素质的干部能够模范执行党的政治路线，增进人民群众对党的认同度，而如果用人不当，则会败坏党的风气，损害党的形象。用好的作风选人，选作风好的人，这是党的作风建设的组织保证。干部选任制度必须以公开、平等、竞争、择优为原则，这是深化政治体制改革、推进党的作风建设的最重要环节。党的路线方针政策要通过各级党组织、由广大党员根据自己的主客观条件最大限度地体现到具体的行动之中，而广大党员必须自觉遵守和维护党的纪律，维护党的团结统一，这是完成党的任务的重要保证。在加强基层组织方面，必须扩大党的工作覆盖面，增加党组织的凝聚力。

党的制度建设就是对党的领导工作和党内生活的经验教训进行总结，概括出规律性的认识，并进而形成党员必须遵守的党内法规、条例、规则等党的制度，以调节党内关系，指导党内生活，规范党员行为，保证党的事业顺利发展。把制度建设贯穿于党的建设的全过程，是一个复杂的系统工程，包括制度制定、制度执行、制度监督和制度教育等方面的大量工作。各项制度之间既各有侧重，又相互交叉，因而各项制度必须注意互相配套，必须注重制度的规范化、程序化，尽量减少随意无序现象。民主集中制是党的根本组织制度和领导制度，只有切实发扬党内民主，严格贯彻民主集中制原则，从根本制度上防止独断专行、软弱涣散、自由主义、任人唯亲的现象，只有完善以权力监督和制约为根本内容的权力运作制度，把领导干部手中的权力置于严格的有效监督之下，以健全的制度和体制时刻警示和促进领导干部清正廉洁、执政为民，才能有效防止和消除以权谋私等腐败现象的滋生；只有建立完善的制度并能够切实执行，才能保证党的制度的严肃性、规范性和有效性，才能确保广大党员特别是领导干部清正廉洁、一身正气，经得起改革开放和执政的考验，经得起权

① 《邓小平文选》第2卷，人民出版社1994年版，第333页。

② 同上书，第328页。

力、金钱、美色的考验，也才能够得到人民群众的大力支持，不断获得执政资源的再生。

党风建设是整个党的建设的切入点。首先，人民群众对党的认同主要建立在他们对党风状况的判断上，从这一意义上看，作风意味着社会各界对党的总体评价和认知。人民群众是我们党的力量源泉和胜利之本，失去了人民群众的拥护和支持，党的事业和一切工作就无从谈起。所以，要保持党和人民群众的血肉联系，就必须多听群众的意见和呼声，用审慎的目光对党的建设的各组成部分进行梳理，并及时研究和解决涉及群众利益的问题。党风是党的形象，人民群众从对党风的认知中获得对党的总体认知和评价，党根据人民群众的意见和呼声不断加强和改进党的作风建设，其结果必然是整个党的建设得以加强和提高。其次，党的建设的其他方面都会以不同的方式通过党的作风体现出来，一旦党风建设上出现了突出的问题，总会从党的思想建设、组织建设、制度建设等方面找到深层次的原因。有这样一种观点认为：1927 年到 1935 年间，党在路线、政策上犯了大的错误，党内生活不正常，但党的作风仍然很好。在这样的情况下，虽然革命遭受很大的损失，但由于广大干部和党员英勇奋斗、坚贞不屈，党仍然能够赢得人民的尊敬，为革命复兴创造条件①。这一说法在一定程度上道出了作风建设同思想建设、组织建设、制度建设的密切联系，所谓的“作风仍然很好”，是从“能够赢得人民的尊敬”这一角度出发的。然而这一说法又显粗糙，在延安整风之前，党的思想路线问题没有得到彻底解决，党的组织建设和制度建设也处于摸索之中，何来“作风仍然很好”？实际上，只有党的建设的其他方面的问题解决了，“很好”的作风才能汇成一股强大的进步力量，贯彻到广大党员的革命实践中去。

二、党的作风关系党的生死存亡

对于中国共产党来说，党的作风一直是一个原则性问题。党的马克思主义纲领固然能够从理论上反映马克思主义政党的革命性和先进性特征，但同时还需要党的组织与党员个人在工作中能够按照纲领的要求去行动。党的性质、宗旨、纲领、路线、方针以各种各样的政策体现在党组织和党员的行动上，体现在党领导人民群众的实践活动之中。人民群众认识一个政党，最直接、最简便

① 魏钦公：《谈党的三大作风（修订本）》，河南人民出版社 1984 年版，第 3 页。

的途径就是看它的作风如何，看它在行动上是为人民群众谋利益还是损害人民的根本利益。不管是在革命战争年代，还是在社会主义建设时期，亦或是在改革开放时期，党的作风都关系着党的生死存亡。在战争年代，党之所以能够在恶劣的环境中由小到大，由弱到强，正得益于广大党员坚定的共产主义理想信念和革命的乐观主义精神，得益于党同人民群众的鱼水深情，得益于党有着优良的作风。中国共产党领导全国人民取得了政权，成为执政党，但这并不意味着党的执政地位是一劳永逸的，毋宁说，执政党的作风建设应该越来越受到重视。

执政党必须重视它的合法性问题，包括道义上的合法性和法律意义上的合法性，前者指党在多大程度上获得广大人民群众认同、支持和拥护，后者指党依照宪法和法律规定的权力和程序执政。执政的合法性问题实际上就是执政资源的运用和执政资源的再生问题。执政资源是执政党为提高执政效能、实现执政目标而能够利用的各种积极因素和条件，如历史资源、权力资源、理论资源和组织资源等①。1. 历史资源就是执政者的历史功绩，是执政合法性的一个重要方面，执政者的历史功绩越大，对其巩固执政地位就越有利。中国共产党通过革命的胜利取得执政地位，这是一种历史资源；党在革命、建设和改革的不同历史时期同各个层次的人民群众结成的深厚感情，是党执政的一种历史资源；党在历史上形成的优良传统和作风，也是党执政的历史资源。从反面说，执政者在历史上所犯的这样那样的错误会在某种条件下和某种程度上消耗执政资源甚至引发执政的合法性危机，但如果执政者能够及时地、实事求是地认识和纠正错误，反而有可能得到人民的谅解而从自我批评中获得执政资源。当然，对待历史要客观，不能为了纠正错误而否定历史。邓小平说过，有了“文化大革命”的错误，我们才懂得必须改革开放。中国共产党纠正了过去的错误，实行改革开放的政策，为社会主义注入了新鲜的血液，把历史的“熵增加”转换成历史资源，不能不说是党风建设的一条重要经验。2. 权力资源是指执政党所掌握的对国家的政治、经济、文化、军事等方面的支配权，集中体现在制定路线方针政策和指导国家发展两个方面，其中政治权力是核心。拥有丰富的执政资源，如果不提高运用资源的能力，不善于应对，也可能带来灾难性的后果。这或许正是强调加强执政能力建设的原因之一。权力具有两面

① 参刘宗洪：《中国共产党执政规律研究》，上海三联书店2004年版，第305~310页。

性。一方面，党拥有了权力资源，就能够更好地实现党的最高宗旨；另一方面，权力的运用如果得不到必要而有效的约束，则会成为打开的潘多拉盒子，给党风建设带来巨大的挑战。3. 理论资源是指执政党在意识形态方面的优势。党的理论资源是全党、全国人民的政治信念，是推进各项事业发展的强大精神动力。“看一个政党是否先进，是不是工人阶级先锋队，主要应看它的理论和纲领是不是马克思主义的，是不是代表社会发展的正确方向，是不是代表最广大民的根本利益。”① 对于马克思主义政党来说，马克思主义既能提高人民群众认识世界改造世界的能力，也能提高他们判断是非的能力，提高他们对党的认同度。所以，党的理论资源是凝聚民心的强大精神武器。4. 组织资源是上述各种资源的载体。中国共产党一贯强调组织建设、思想建设和作风建设的统一，党的优良传统和作风渗透在党的各项工作之中，因而也是一种组织资源。

执政资源的运用固然重要，但执政资源的再生却是更为根本的方面。在社会主义建设时期，党面临的任务发生了变化，党执政合法性或者说其政权的维持方式必然要发生变化，一方面要以改革开放的成就来获得人民群众的支持，让改革开放的成果惠及广大人民群众，另一方面要通过加强和改进党的作风建设，继承和发扬党的优良传统和作风，树立自己的光辉形象，这也是获得群众支持的途径。改革开放中，我们遇到了一些社会问题，如官员腐败问题、生产安全问题、就业问题、收入差距拉大及由此导致的心理失衡问题等，这些问题说到底就是群众利益问题。鉴于诸如此类的问题已经对于改革开放的进一步发展造成了很大的负面影响，及时、合理地解决这些问题不仅是执政党的份内之事，而且解决好了就是一种很好的执政资源。只有把关心人民群众的疾苦放在第一位，执政资源的补充才会水到渠成，如果本末倒置，把执政资源的利用放在第一位，而把群众利益当作粉饰政绩的手段，那恰恰会丢掉党的优良作风，甚至把整个执政资源丧失殆尽。

三、党的优良作风是社会风气的主心骨②

人类社会的最终目标是实现物质文明、精神文明、政治文明的协调发展，建立一个物质极大丰富而每一个个人又能够得到自由全面发展的、具有高度物质文明、高度精神文明和高度政治文明的自由人联合体，合乎规律地驾驭自己

---

① 《江泽民文选》第3卷，人民出版社2006年版，第285页。

② 本目主要内容以同题发表于《人民论坛》2012年第5期。

的社会关系（特别是生产关系），成为自己的社会关系的主人，实现人类的第二次自我提升。物质“极大丰富”必须和人的自由全面发展结合起来理解。固然，物质文明是达到人类自身发展的必不可少而强有力的手段，但是，人类社会的发展决不仅仅是为了物质享受，如果人类不能对自己所面对的资源、环境进行可持续性利用，人类将最终走向自我毁灭。可见，人的发展必然包含着对自身的物欲的抑制，而要抑制物欲，一方面需要通过制度安排从外进行约束，另一方面需要通过提高思想觉悟和改进作风从内进行约束。就主体而言，作风可划分为个人作风、群体作风（行业、集团、组织、团体、党派、军队、阶级、民族等的作风）和社会风气。作风建设既包括个人的理论修养和理想道德修养及实践活动，也包括党风建设、行风建设、校风建设等内容，还包括社会风气的营造。营造积极向上的社会风气，是人的自身发展的一个组成部分，是人的自身发展的应有之义。

社会风气是社会综合状况的晴雨表，是一定社会在一定时期内政治、经济、文化、道德等状况的综合表现，并对社会有机体具有巨大的、能动的反作用：当生产力和生产关系、经济基础和上层建筑的矛盾处于基本适合的状态时，则社会政治清明、经济发展、文化活泼而兼容、道德规范总体上能够得到遵守，表现在外观上，就是社会风气一派生机盎然；相反，当生产力和生产关系、经济基础和上层建筑的矛盾处于基本不适合的状态，则社会政治腐败丛生、经济萎靡不振、文化自信心缺失、道德标准错乱，表现在外观上就是世风日下。尤为甚者，在社会大变革时期，政治、经济、文化、科技、军事等领域的较量，都会在社会风气中得到体现，民心的向背实际上就是社会风气“风向”的主要标志。鸦片战争后，随着外部资本主义的侵入和国内资本主义生产关系的发展，自给自足的封建自然经济受到侵蚀，封建的生产关系和上层建筑开始暗暗解体，封建的生产关系和上层建筑已是积重难返、病入膏肓，难以容纳生产力的发展了。当时的社会风气所显示的征候已不同于以前改朝换代之际的封建社会周期性之衰世，而是意味着旧时代的终结和新时代的到来。面对亡国灭种的危险，多少仁人志士开始不懈地探索救亡图存、复兴强国的道路。从洋务运动到甲午战争失败标志着器物层面的探索之破产；从戊戌变法到辛亥革命，国人对于强国之路的探索深入到了制度层面，辛亥革命更是推翻了几千年的君主专制，但民主和科学还没有形成气候，大多数国民的思想仍然被专制和愚昧牢牢地束缚着。五四运动和中国共产党的成立，标志着能够指引中国走向光明的先进思想武器——马克思列宁主义终于开始在中国这块灾难深重的土地上生下了根。新民主主义革命时期特别是蒋介石、汪精卫集团背叛革命后，国民党开始日益走向反动，抗日战争结束后，国统区的社会风气更是污浊不堪，官场腐败成风，民众悲观情绪蔓延。与之形成鲜明的对照的是，中国共产党不断对成功的经验和失败的教训进行总结，党的主要领导人对党风建设进行理论概括，有效的整风形式得到全党的普遍认同，在全党的努力下，三大优良作风应运而生，革命根据地和解放区的积极向上的风气恰如一轮喷薄而出的朝日。这种勃勃向上的社会风气的出现，并不是对社会风气作为社会综合状况晴雨表角色的否定，而恰恰显示了代表新的生产力的社会新生力量的精神风貌。

中国共产党领导中国人民经过千难万险和不懈奋斗，建立了新生的人民共和国，“中国的社会面貌、社会风尚起了极大变化。这些胜利，使人民民主专政的政权更加巩固，使恢复和发展经济的工作有了必要的政治条件。”① 建国后的10年里社会风气好，正是由于党的优良作风得到了很好的发扬，党和国家的政策较好地体现了民主精神，得到了群众的认可。“文革”时期，党的优良作风遭到破坏，党内健康力量处于“难于反对”② 的境地，个人专断、家长制、主观主义等不良风气扩展到党外，政治运动大范围展开，甚至用专政的手段去压制、消灭不同的思想，凭借思想认识来定罪，不仅仅造就了无数冤案，还深深地扭曲着我们国家的社会风气和政治风气。在这样一种政治环境中能够保持沉默、不说假话已属不易，人的独立精神、想象力和创造性尚且难以保全，遑论将优良作风发扬光大。改革开放始自真理标准大讨论这场思想解放，党首先从重新确立实事求是的思想路线、完善民主集中制和党的工作重心的转移入手，为优良作风的恢复与发展做出了不懈的努力。三十年改革开放使我国总体上发生了显著的部分质变，旧的经济体制正为社会主义市场经济体制所取代，旧的思想观念受到不断的冲刷，原有的道德规范面临调整，总体上说，经济建设、政治建设、文化建设、社会建设、生态文明建设全面推进，工业化、信息化、城镇化、市场化、国际化深入发展，国人对国家的命运满怀信心，整个社会一派生机盎然。

当前，我们正处于另一种意义上的社会大变革时期，在经济社会大发展的

---

① 胡绳：《中国共产党的七十年》，中共党史出版社1994年版，第286页。

② 邓小评语、《邓小平文选》第2卷，人民出版社地1994年版，第309页。

同时，社会风气的营造也面临不少难题：“城乡、区域、经济社会发展很不平衡，人口资源环境压力大；就业、社会保障、收入分配、教育、医疗、住房、安全生产、社会治安等方面关系群众切身利益的问题比较突出；体制机制尚不完善，民主法制还不健全；一些社会成员诚信缺失、道德失范，一些领导干部的素质、能力和作风与新形势新任务的要求还不适应；一些领域的腐败现象仍然比较严重；敌对势力的渗透破坏活动危及国家安全和社会稳定”①；这些因素都会危及社会风气的正确“走向”。因此，常怀危机意识、加强党风建设、带动社会风气提升，仍是刻不容缓的艰巨任务。

十六届四中全会通过的《关于加强党的执政能力建设的决定》，第一次提出了构建社会主义和谐社会的新使命，十六届六中全会又在《中共中央关于构建社会主义和谐社会若干重大问题的决定》中第一次以中央文件的形式对构建社会主义和谐社会问题做出了全面系统的阐述。构建社会主义和谐社会，也包括营造积极向上的社会风气。社会风气是“混合气体”，影响社会风气的因素也是复杂多样的，有历史传统的因素，有思想、宣传、教育和社会心理的因素，有政策和工作方法的因素，有制度和体制的因素，而影响最大的则是执政党的作风。执政党的党风作为社会风气的组成部分，由于其在社会中处于支配地位而成为不同社会成员注目的焦点和模仿的范型。如果说政治思想教育和宣传是“言传”，那么党风建设本身就是“身教”，“身教”搞不好，就会失去人民群众的信任。具体而言，党的学风出了问题，政策的制定就容易造成失误；党员（特别是党的领导干部）的工作作风不纯，则会造成政策的执行不力乃至政策的扭曲。

在社会主义建设的历史进程中，在应对国内外各种风险考验的历史进程中，中国共产党始终是坚强的领导核心，相应地，党的优良作风就必然成为社会风气的主心骨。首先，这是党的最高宗旨的要求。党的最高宗旨是全心全意为人民服务，只有保持和发扬优良作风，才会得到人民群众的信任，没有良好的作风，官僚主义、形式主义等不正之风就会破坏党群关系。其次，党风是党的形象，优良作风的积极导向作用十分明显。优良作风凝聚民心，否则失去了人民群众的拥护和支持，党的事业和一切工作无从谈起。再次，优良作风体现时代性和先进性。党的奋斗目标是实现共产主义远大理想，在不同的历史时

① 《十六大以来重要文献选编》下卷，中央文献出版社 2008 年版，第 649～650 页。

期，党所面临的具体任务会有所变化，从而会对党组织及党员干部提出不同的政治要求。而要适应时代的变化，党就必须不断培育新的作风，在组织上、思想上、理论上不断提高自己的组织水平、思想水平和干部水平，保持自己的先进性。从理论联系实际来说，改革的不断深入，会遇到许多前所未见的难题，因此需要不断进行理论创新；从密切联系群众来说，随着社会主义市场经济的发展，社会公平问题越来越成为众目所视的焦点，因而改革发展成果共享正是广大人民群众的切身利益所在；从批评和自我批评来说，伴随市场经济而日益增强的自我推销意识对自我批评的自觉性也是严峻的挑战。

总之，党的优良作风作为社会风气的主心骨，其生命力在于，中国共产党代表着中国先进生产力的发展要求，代表着中国先进文化的前进方向，代表着中国最广大人民的根本利益；在于始终与时代共进，与人民群众同呼吸共命运，在改革开放的实践中不断自我更新、自我超越。

第一章

优良作风的萌芽阶段①

政党政治的出现是人类社会发展的必然结果，也是人类政治文明的一次重大创新，而无产阶级政党的创建则更是一件具有划时代意义的大事件。正如任何个人都有自己的个性特点一样，政党的作风作为政党的内在规定性总是和该党密切相联系着。中国共产党以马克思列宁主义科学理论为指导，与时俱进，不断地开拓创新，在腐朽的半殖民地半封建制度下为当时污浊不堪、迷茫颓废、世风日下的社会风气注入了一股富有活力的清新空气。中国共产党从诞生时起，就有着自己区别于其他政党的独特风格，但就对党风的认识、对党风概念的科学概括、对优良作风的弘扬来说，需要一个较长的过程。从中国共产党诞生到遵义会议，党的作风建设具有以下特点：1. 在革命实践中党的优良作风的萌芽开始出现，但作风建设还没有从思想建设和组织建设中专门分离出来，还没有进行系统的理论概括；2. 党风建设以萌芽的形式主要体现在政治斗争、军事斗争和思想斗争三个领域，思想斗争渗透在政治斗争和军事斗争等领域，党的思想路线还没有进行系统的概括；3. 在与各种错误倾向的斗争中，党内健康力量所代表的优良作风正由涓涓细流逐渐汇聚起来，但尚未在全党占据优势地位，即便到遵义会议，也只是解决了最为迫切的军事路线问题，而政治路线、组织路线和思想路线问题的根本解决还尚需时日；4. 由于对错误倾向的反思需要一定的时间，同时由于战争环境的限制，全党尚未在思想上形成统一的认识，更说不上成熟的整风运作模式。由此可以说，这一时期是中国共产党优良作风的萌芽阶段。

① 本章主要内容以《论党的优良作风的萌芽阶段》为题发表于《前沿》2011 年第 12 期。

第一节　政治斗争与优良作风的萌芽

马克思主义认为，生产力和生产关系、经济基础和上层建筑之间的矛盾是社会基本矛盾，在特定的社会中社会基本矛盾通过社会的主要矛盾直接表现出来。在完整意义的阶级社会中，政治斗争表现为阶级矛盾和阶级斗争。中国共产党的产生是马克思主义与中国工人运动相结合的结果，建党的过程就是马克思主义理论与革命实践相结合的过程。由于条件的限制，中国共产党刚成立时共产党员们能够读到的中译本马列主义经典著作屈指可数，只是初步学习了中国社会革命最需要的阶级斗争学说、剩余价值学说和无产阶级专政学说，而且党成立后就立即积极投入到以建立无产阶级专政和“消灭社会的阶级区分”①为奋斗目标的革命中去。中国共产党所处的特殊的国际国内环境决定了中国革命的独特性和艰巨性：当时的中国是半殖民地半封建的农业大国，这使得中国革命比俄国革命和欧洲其他各国的革命更加艰巨、更为复杂。要完成社会革命的任务，就必须认清革命的对象和动力，就必须根据马克思列宁主义理论制定出相应的路线、方针、政策、策略，而这一切都需要在不断的革命实践中学习、研究、分析和解决。

一、民主革命纲领与革命统一战线

鸦片战争后，灾难深重的中国如何求得独立和富强，这不仅是一个实际行动问题，更是一个用什么样的理论指导实践的问题。没有科学的理论指导，不管是实业救国还是制度改良都只不过是隔靴搔痒，从洋务运动到戊戌变法的失败就是深刻的教训。辛亥革命虽然推翻了封建专制制度，使民主共和的思想生根发芽，也为中国民族资本主义的发展创造了较为有利的条件，但由于中国的资产阶级革命派不相信群众的力量，不能依靠广大群众，没有能够提出明确的反帝反封建的革命纲领，最后还是以失败而告终。十月革命胜利后，李大钊、陈独秀、毛泽东等共产党的先驱们经过慎重选择，决定以马克思列宁主义作为改造中国社会的思想武器。把马克思列宁主义作为中国革命的理论指南，作为改造中国社会的思想武器，就不能把它当成书斋里的纯理论，而必须把它化为

① 中央档案馆：《中共中央文件选集》第1卷，中共中央党校出版社1989年版，第3页。

物质力量，因而就必须积极地把它同中国革命的实践结合起来。

建党之初，中国共产党人对于中国国情的独特之处缺乏全面而深入的分析，没有也不可能熟练地把马克思列宁主义同中国社会的实际相结合，这需要在革命实践中不断探索和总结。中共一大既把社会主义当作革命的前进方向（长期奋斗目标），又把它作为当前的任务。一大《纲领》规定，“中国共产党彻底断绝同黄色知识分子阶层及其他类似党派的一切联系”①；一大《决议》规定，“在政治斗争中，在反对军阀主义和官僚制度的斗争中，在争取言论、出版、集会自由的斗争中，我们应始终站在完全独立的立场上，只维护无产阶级的利益，不同其他党派建立任何关系。”② 可见，当时中国共产党人还没有认识到中国革命必须分为两步走。短短一年之后，中国共产党对当前任务的认识发生了重大变化。这时，在莫斯科参加远东各国共产党及民族革命团体代表大会的中国代表把列宁关于民族与殖民地问题的理论带回国③。1922 年 5 月，全国第一次劳动大会和中国社会主义青年团第一次全国代表大会在广州召开，开始提出无产阶级在民主革命中的反帝反封建的任务。同年 6 月 15 日，中国共产党发表了成立以来的第一次重要政治声明——《中国共产党对于时局的主张》，提出“无产阶级在目前最切要的工作”，是“应该联络民主派共同对封建式的军阀革命，以达到军阀覆灭能够建设民主政治为止”④。这表明，中国共产党对中国革命分两步走的问题已经有了一个初步的认识。中共二大分析了国际形势和中国社会状况，初步揭示了中国社会的半殖民地半封建性质，制定了最高纲领（“渐次达到一个共产主义社会”）和最低纲领（“统一中国为真正的民主共和国”），第一次明确提出彻底的反帝反封建的民主革命纲领，

---

① 中央档案馆：《中共中央文件选集》第 1 卷，中共中央党校出版社 1989 年版，第 3 页。

黄色知识分子指有资本主义倾向的知识分子。1887 年法国蒙索明市工人罢工，资本家收买工贼组织了一个假工会，来破坏工人罢工。罢工工人打碎了这个假工会会所的玻璃窗，资方改用黄纸糊上。从此，资本家操纵的工会被称为黄色工会。与此相联系，有资本主义倾向的知识分子就称为黄色知识分子。

② 中央档案馆：《中共中央文件选集》第 1 卷，中共中央党校出版社 1989 年版，第 8 页。

③ 列宁认为，殖民地与半殖民地人民革命的第一步是进行反帝反封建的资产阶级民族民主革命，无产阶级及其政党要与资产阶级民主派结成联盟，参加民族革命运动。这为中国共产党制定民主革命纲领提供了理论基础。

参《民族和殖民地问题委员会的报告》，《列宁全集》第 39 卷，人民出版社 1986 年版，第 230 ~ 231 页。

④ 中央档案馆：《中共中央文件选集》第 1 卷，中共中央党校出版社 1989 年版，第 45 页。

在把马克思主义同中国革命实际相结合的道路上迈出了可贵的第一步。

中共三大接受了共产国际的决议，决定共产党员和社会主义青年团员可以以个人身份加入国民党，实行在国民党党内的合作，同时强调共产党在政治上和组织上的独立性。1924 年 1 月，中国国民党一大在广州召开，大会通过了有共产党人参加起草的以反帝反封建为主要内容的宣言及新的中国国民党党纲，重新解释了三民主义，确定了孙中山的联俄、联共、扶助农工的三大政策，所有这些都成为国共合作的基础。国共合作之所以能够促成，是因为客观上两党都需要这种合作，主观上两党主流都在极力促进这一联姻。对于中共来说，当时社会各阶级阶层的广大群众的政治热情日益高涨，单靠工人阶级和它的政党是不能独立承担起遍及各阶级阶层群众的巨大工作的，而二七惨案的发生，使建立革命统一战线更加迫切了。对于国民党来说，以孙中山、廖仲恺为代表的国民党左派是积极促成国共合作的，原因在于改组之前国民党基本上是一个资产阶级政党，成分庞杂，虽一直在革命但作风不纯，虽历经整顿和改造但成效甚微。究其原因，根本上是因为没有明确的反帝反封建的革命纲领，没有严密的组织纪律。在国民党左派看来，既然这场政治联姻的组织形式是国民党，那么为了革命，都是一家人。当然这种“一家人”并非平等的，而是以容共为条件的，即容许、容纳共产党员加入国民党。孙中山是中国民主革命的伟大先驱，他“致力国民革命，凡四十年，其目的在求中国之自由平等”①，不屈不挠地奋斗了一生。他不仅领导了辛亥革命，而且能顺应时代的发展，努力站在时代前列。他屡遭挫折、失败，陈炯明叛变对他的打击尤为沉重。孙中山认识到，利用一派军阀去反对另一派军阀是没有希望的，只有依靠广大人民群众这个真正的革命力量，才能完成民主革命。但是，改组前国民党组织涣散，党员“心灰意懒，失却原来奋斗的精神”②，于是孙中山决定“以苏俄为模范”③ 改组国民党，开始寻求新的革命道路。他抨击右派的反共“非出诸敌人破坏之行为，即属于毫无意识之疑虑”④，认为容共可以使“吾党之新机于是乎在”⑤。他开始认识到，欲“求中国之自由平等”，“必须唤起民众，及联

① 孙中山：《遗嘱》，《孙中山选集》下卷，人民出版社 1956 年版，第 921 页。
② 《孙中山文集》，团结出版社 1997 年版，第 382 页。
③ 尚明轩，尚列：《廖仲恺》，中国青年出版社 1994 年版，第 76 页。
④ 《孙中山文集》，团结出版社 1997 年版，第 406 页。
⑤ 《孙中山文集》，团结出版社 1997 年版，第 407 页。

合世界上以平等待我之民族，共同奋斗”①，并决定采取联俄、联共、扶助农工三大革命政策。廖仲恺是民族资产阶级的激进代表，他认为，“本党内容，多未完备，且欠缺纪律”，所以一定要进行改组②。他立场坚定，积极支持孙中山同右派势力进行不调和的斗争。对于廖仲恺在国民党改组中的作用，连蒋介石也不得不承认，如果没有廖仲恺的努力，改组国民党的工作不可能如此成功③。

经过改组，国民党的精神面貌发生了巨大变化，成为国民革命高潮的起点，大大加速了革命的步伐，推动了中国革命的发展。国民党改组之所以能够成功，是因为：1. 在指导思想上，对三民主义重新作了解释，并引入了联俄、联共、扶助农工的三大政策，因而同中共二大的“最低纲领”大体上相一致，虽然由于世界观的不同二者存在着差异。2. 从客观上来讲，除了国内国际革命运动的高涨外，工农民众成份的加入改变了国民党的组织结构，使其组织上更加严密。国民党在指导思想上、组织上的这两大变化都是推动其革命性上升的主要因素。由于工农阶级分子的加入，国民党的组织逐渐严密完备起来；由于有了共产党员的参加，国民党的进步性和革命性得到了加强，成为统率小资产阶级、半无产阶级（农民）、无产阶级的革命联合阵线。这种可喜局面不仅得益于孙中山长期从事革命斗争并不断进行经验总结，也更多地得益于苏俄和中共的鼎力帮助。

根据国共两党内部对国共合作的不同态度和后来的历史进程来看，反对合作的意见是不对的。国共合作使两党都得到了很大发展。国民党方面，“不但思想上依靠我们，复活和发展他的三民主义，而且组织上也依靠我们，在各省普遍建立党部，发展组织。国民党和他的三民主义，靠着我们才得以把影响扩大到广大的工人、农民、小资产阶级群众中去。”④ 中共方面，1923 年三大决定国共合作时只有党员 420 名，1925 年初四大时党员不到千人，到了 1927 年 4 月五大召开时已有党员五万七千余人，国共合作对党的事业的推动作用是非常明显的。

合作中最关键的问题是领导权之争。领导权不仅是个理论认识问题，而且

---

① 孙中山：《遗嘱》，《孙中山选集》下卷，人民出版社 1956 年版，第 921 页。

② 尚明轩，尚列：《廖仲恺》，中国青年出版社 1994 年版，第 75 页。

③ 同上书，第 88 页。

④ 《周恩来选集》上卷，人民出版社 1980 年版，第 112 页。

是个斗争策略问题，即如何揭破国民党新右派的假面目问题。国民党二大时，左派代表占了绝对优势，实现回击蒋介石的计划是完全有保证的。当时的中共中央为争取右派回广东，对右派采取完全让步的政策。三二〇事件时，蒋介石本拟决裂，却发现心有余而力不足。中共中央并不了解，这不仅是中共的危机，也是蒋介石的危机，却采取了继续退让的政策。整理党务案时，所有民众运动完全在中共和国民党左派的领导下，蒋介石的兵力仍占少数，他在这个时候是不敢决然分裂的。但中共中央仍采取了机会主义的政策。北伐时，中共在军事上是有绝对把握的，但一直到 1927 年 3 月国民党二届三中全会前，中共中央对蒋介石的方针是不明确的，结果客观上助成了蒋介石地位的提高①。1926 年 12 月，陈独秀在中共中央汉口特别会议上认为，工农运动的发展动摇了北伐军心，他想通过纠正工农运动的“过火”来消除国民党的“误解”。这种做法实际上就是要求对资产阶级只讲联合，不讲斗争，放弃对革命的领导权，甚至不惜牺牲广大工农群众的利益求得与资产阶级的妥协。

究其实质，领导权之争更为根本的是实力对比问题。没有强大的工农势力作后盾，反而以无原则退让、甚至以压制工农运动来挽留国民党右派，是错误的。针对党内外对农民革命斗争的种种责难，毛泽东于 1927 年初到湖南进行了 32 天的考察，写成了《湖南农民运动考察报告》。该报告分析了农村社会各阶级的经济地位和政治态度，根据中国革命的具体特点，充分估计了农民在中国革命中的伟大作用，提出了党在领导农民斗争中依靠贫农、团结中农的阶级路线。报告指出，农民在乡村造反的举动“完全是对的，他们的举动好得很！……国民革命需要一个大的农村变动。”② 1927 年 4 月初，陈独秀对于紧急形势没有丝毫精神准备，反而在汪陈《联合宣言》中说，关于“国民党领袖将驱逐共产党，将压迫工会与工人纠察队”完全是“谣言”，要求群众同蒋介石集团“互相尊敬”、“开诚合作”，实际上解除了共产党和人民群众的精神武装。此后，中共五大虽然“的确开始了反机会主义的斗争”③，但并没有从政治上思想上对右倾错误的实质和危害予以足够的认识，而且“在组织上一

---

① 《周恩来选集》上卷，人民出版社 1980 年版，第 119～124 页。

② 《毛泽东选集》第 1 卷，人民出版社 1991 年版，第 16 页。

③ 李立三：《党史报告》，李颖主编：《从一大到十六大》，中央文献出版社 2003 年版，第 278 页。

些也看不出反机会主义的路线”①，却“成为各种意见的总和”②，因而五大是“调和主义的胜利”③。毛泽东主张迅速加强农民斗争，甚至没有加以讨论。五大以后，中共仍不作两手准备，不抓军队，片面强调纠正工农运动的“过火”行为。蔡和森、李立三提议叶挺及中央军事政治学校全部武力发动一切工农群众起来做殊死战斗，以暴动对付暴动，也未得以完全执行。这些正确主张没有形成党的共识，更没有形成一定的思想体系，因而也没有对领导权之争产生根本性的积极影响。

陈独秀右倾机会主义在党内占统治地位是由多方面原因促成的：1. 当时阶级斗争异常激烈，统一战线的环境十分复杂；2. 共产国际对中国革命指导上的错误影响；3. 更重要的是，党尚处幼年，优良作风尚处于萌芽状态，还没有成为广大党员自觉的行动。没有一套优良的作风，不利于正确认识中国革命的规律，不利于正确路线的制定和执行，不利于对错误路线的有效抵制④。尽管如此，以毛泽东为代表的中国共产党人毕竟在与错误倾向的斗争中为优良作风的形成进行了初步的摸索。

二、群众利益与党群关系

改造社会需要科学的思想武器，但如果由此把社会改造归结为思想改造，找不到实现变革社会的历史主体，新思想就不能转化为物质力量。列宁在论及唯心史观的缺陷时指出，唯心史观至多是考察了人们的历史活动的思想动机，而没有认识到产生这些动机的原因在于物质生产发展的程度，而且唯心史观恰恰没有说明人民群众的活动⑤。这就是说，唯物史观的确立需要正确对待思想和现实的关系。一方面，批判的武器是大本大源，“没有革命的理论，就不会有革命的运动”⑥；另一方面，批判的武器不能代替武器的批判，要变革社会就必须找到改造社会的主体。没有现实基础，找不到实现理想的可靠力量，理想终将成为泡影。

---

① 李立三：《党史报告》，李颖主编：《从一大到十六大》，中央文献出版社 2003 年版，第 275 页。

② 同上书，第 277 页。

③ 同上书，第 275 页。

④ 刘晶芳：《中国共产党优良作风建设史》，广东人民出版社 1999 年版，第 58 页。

⑤ 《列宁选集》第 2 卷，人民出版社 1995 年版，第 425 页。

⑥ 《列宁全集》第 6 卷，人民出版社 1986 年版，第 23 页。

众所周知，政党是某一社会阶级或阶层的政治代表，每一个政党要实现自己的政治目的，都要争取群众。但是一个政党同群众的关系如何、多大程度上代表群众利益，根本上是由这个党的阶级性和世界观决定的。共产党是人类社会最先进的阶级无产阶级的政治代表，它的主张符合占人口绝大多数的被压迫被剥削的人民群众的利益，因此，只有无产阶级的政党才能真正同最广大的人民群众保持最密切的联系。但是，共产党人在人口中无论何时都只占少数，所以要保持同群众的密切联系，还要靠共产党人从思想上充分认识联系群众的极端重要性，在行动上时时注意深入群众，以群众的利益为出发点和归宿，全心全意地为人民服务。中国共产党从成立的那一天起，就热情地投入到工人运动、农民运动、学生运动、妇女运动、士兵运动中，深入发动群众，开展革命斗争。中共二大通过的《关于共产党的组织章程决议案》指出，“我们共产党，不是‘知识者所组织的马克思学会’也不是‘少数共产主义者离开群众之空想的革命团体’……我们既然是为无产群众奋斗的政党，我们便要‘到群众中去’要组成一个大的‘群众党’”；“党的一切运动都必须深入到广大的群众里面去”；“我们的活动必须是不离开群众的”①。不过，一开始党还不善于区分革命的领导力量（工人阶级）和主要力量（农民阶级）。尽管中共二大《宣言》指出，“中国三万万的农民，乃是革命运动中的最大要素”②，但是中共对此不仅理论上缺乏深刻而系统的认识，而且实际工作中兴趣亦在工人运动和学生运动方面，而在农民中间工作相对要少得多。二七大罢工的失败使得农民运动的重要性显得更加突出了。工人阶级具有最彻底的革命性，但工人阶级只有争得一切劳动人民的解放，争得自己民族的解放，进而争得全人类的解放，才能彻底解放自己。因此，工人阶级及其政党在革命斗争中必须领导不同层次的人民群众——领导力量、主要力量、同盟军，才能真正地“密切联系群众”。这种区别对待需要在革命实践中不断摸索，在理论上不断进行总结。

彭湃是中共第一个著名农运领袖，他于1922年7月在海丰成立了第一个农会。海丰农民运动的实践证明，优秀知识分子和进步农民的结合，是中国历史前进的主要动力。1923年7月，广东省农会正式成立，而且工作已有相当成效，但并未引起中共的重视。大革命前，有一次恽代英看到陶行知他们搞乡

① 中央档案馆：《中共中央文件选集》第1卷，中共中央党校出版社1989年版，第90~92页。

② 同上书，第113页。

村工作，就写信给毛泽东，毛泽东回信说，现在做城市工人工作还忙不过来，哪有空去做乡村工作①。1925 年 2 月，毛泽东回韶山养病，在湖南做了一些农村调查，才开始注意农民问题。他了解了韶山附近农民的生产生活情况、农村的阶级状况和各种社会情况，并向农民讲述国家的政治形势、农民穷苦的原因和摆脱贫困的办法。不久，韶山一带出现了一些秘密农会组织②。1925 年 12 月，毛泽东在《中国社会各阶级的分析》一文中指出了分清敌友这个首要问题，分析了各阶级的经济地位及其对革命的态度，并进一步科学阐述了民主革命的对象、领导力量和同盟军。毛泽东指出，工业无产阶级是中国新的生产力的代表者，是革命的领导力量，包括广大农民特别是贫农在内的半无产阶级和小资产阶级是无产阶级最接近的朋友。“那动摇不定的中产阶级，其右翼可能是我们的敌人，其左翼可能是我们的朋友——但我们要时常提防他们，不要让他们扰乱了我们的阵线。”③ 这样，毛泽东从理论上解决了无产阶级领导权中最复杂的策略问题，即同资产阶级实行统一战线时必须实行又联合又斗争的政策。五卅运动以后的政治活动愈演愈烈，湖南农民变得富有战斗性，毛泽东开始充分认识到农民在革命中的重要性。他在《国民革命与农民运动》中指出，“农民问题乃国民革命的中心问题”，“若无农民从乡村中奋起打倒宗法封建的地主阶级之特权，则军阀与帝国主义势力总不会根本倒塌”，“基此理由，我们的同志于组织工人组织学生组织中小商人许多工作以外，要有大批的同志，立刻下了决心，去做那组织农民的浩大的工作。要立刻下了决心，把农民问题开始研究起来。”④

1929 年 9 月，周恩来在《中共中央给红军第四军前委的指示信》（即九月来信）中，用一节专门论述了红军与群众的关系，第一次在党内明确提出了“群众路线”⑤ 的概念。“红军本身是一种阶级的集聚力量，所到地区豪绅等多已闻风逃窜，群众在军事力量掩护下勇气倍增，一切行动自然是政治的或军事的，但党的指导绝不要忽略群众日常生活上许多未解决的问题。全国有苏维

① 《周恩来选集》上卷，人民出版社 1980 年版，第 179 页。

② 中共中央文献研究室：《毛泽东年谱（1893～1949）》上卷，中央文献出版社人民出版社 1993 年版，第 131～132 页。

③ 《毛泽东选集》第 1 卷，人民出版社 1991 年版，第 9 页。

④ 《毛泽东文集》第 1 卷，人民出版社 1993 年版，第 37～39 页。

⑤ 《周恩来选集》上卷，人民出版社 1980 年版，第 36 页。

埃区域的党均忽视了这个问题。红军四军经过许多群众未曾发动的地方，不要只是提出一般的政治口号，应该细心去了解群众日常生活的需要，从群众日常生活斗争引导到政治斗争以至武装斗争。这种斗争才是群众本身所需要的，才不是单纯军事力量的发动，才不是少数个人英勇的硬干，才会团结广大群众在党的周围。”“红军到一地区不要只是找地方党部，应该与地方的群众组织工会、农会开联席会，发生密切关系。在政治上，在宣传上，在斗争上，都要与工农会协议共同去做，红军不要单独去干或者只是发命令，然后才可以扩大红军在工农中的政治影响，提高群众对于自己组织的信仰与效能。如群众尚未组成工农会，则更应帮助群众建立自己的群众组织。”①

毛泽东对党的群众路线的形成做出了特殊贡献。他在古田会议决议中坚持和发挥了周恩来在九月来信中的群众路线的思想，明确提出：“红军决不是单纯地打仗的”，“还要负担宣传群众、组织群众、武装群众、帮助群众建立革命政权以至于建立共产党的组织等项重大的任务”，“离了对群众的宣传、组织、武装和建设革命政权等项目标，就是失去了打仗的意义，也就是失去了红军存在的意义。”② 在《反对本本主义》一文中，毛泽东深刻阐述了党的正确策略必须从群众中来的重要思想，指出“共产党的正确而不动摇的斗争策略”是“要在群众的斗争过程中才能产生的”，要到群众中去做实际调查，而不能“像站在高山顶上观察人民城郭”③。《关心群众生活，注意工作方法》一文，是毛泽东阐述党的优良作风的代表作之一。毛泽东在文中指出，“我们现在的中心任务是动员广大群众参加革命战争”，“如果把这个中心任务真正看清楚了，懂得无论如何要把革命发展到全国去，那末，我们对于广大群众的切身利益问题，群众的生活问题，就一点也不能疏忽，一点也不能看轻。因为革命战争是群众的战争，只有动员群众才能进行战争，只有依靠群众才能进行战争。”④ 要想得到群众的拥护，“就得和群众在一起，就得去发动群众的积极性，就得关心群众的痛痒，就得真心实意地为群众谋利益，解决群众的生产和生活的问题，盐的问题，米的问题，房子的问题，衣的问题，生小孩子的问题，解决群众的一切问题。我们是这样做了么，广大群众就必定拥护我们，把

① 《周恩来选集》上卷，人民出版社1980年版，第35~36页。

② 《毛泽东选集》第1卷，人民出版社1991年版，第86页。

③ 同上书，第115，113页。

④ 同上书，第136页。

革命当作他们的生命，把革命当作他们无上光荣的旗帜。”① 走群众路线不仅是一个世界观问题，而且是一个方法论问题。“我们不但要提出任务，而且要解决完成任务的方法问题”②，“如果仅仅提出任务而不注意实行时候的工作方法，不反对官僚主义的工作方法而采取实际的具体的工作方法，不抛弃命令主义的工作方法而采取耐心说服的工作方法，那么，什么任务也是不能实现的”③。

在民主革命时期，政治斗争的最终目标是取得国家政权，从民主革命纲领的提出到党群关系的探索表明，在政治斗争中，党的优良作风的萌芽破土而出：从由共产国际“搀扶”下学走路到学会自己走路和走自己的路，这是“理论联系实际”优良作风的萌芽；党群关系的探索是“密切联系群众”优良作风的先声；不断纠正自身的错误，体现了中共勇于自我批评的气魄。当然，党尚处幼年，优良作风尚处于萌芽状态，还没有成为广大党员自觉的行动，有待在以后的革命实践中不断发展和完善。

第二节　军事斗争与优良作风的萌芽

在半殖民地半封建的中国，武装斗争是革命的主要形式，而中国的武装斗争实质上是无产阶级领导下的农民战争，这是中国革命武装斗争的基本特点和历史经验。中国共产党必须坚持对人民军队的绝对领导，这是建设一支无产阶级的新型人民军队的首要条件。中国革命的这种独特性决定了中国共产党和人民军队关系的独特性：在优良作风的萌芽时期，党的建设（包括作风建设）的成败得失很大程度上都与军事路线有关，而遵义会议对军事路线问题的解决成为解决政治路线、组织路线和思想路线问题的一把钥匙。

一、农村包围城市理论：迈出理论联系实际的重要一步

中国共产党人选择马克思列宁主义作为改造中国社会的思想武器，找到了指引中国走向独立和富强的北斗星。然而，找到了北斗星，并不等于找到了走向光明未来的具体道路，如何把马克思列宁主义与中国革命的具体实践相结合

---

① 《毛泽东选集》第1卷，人民出版社1991年版，第138～139页。

② 同上书，第139。

③ 同上书，第140页。

走出一条中国特色的革命道路，是一个关系到中国革命成败的重大问题。中国共产党在幼年时期还必须在共产国际的“搀扶”下学走路，因此，学会自己走路、学会走自己的路必然是一个艰难曲折的漫长探索过程。

中共一大曾指出，“革命军队必须与无产阶级一起推翻资本家阶级的政权”，但并未把革命武装放在重要的位置，而是强调“本党的基本任务是成立产业工会”，“应特别注意中国本国的工人运动问题”①，因而党成立初期，把主要精力用于组织工会、发动工人罢工和开展民众运动上。大革命时期，中共开始认识到军事的重要性，并参与黄埔军校的军事建设，派出周恩来等重要干部到军校工作，还选派几批党团员到那里学习。后来，党开始掌握一部分军队，并领导和组织了一批工人纠察队和农民自卫军。但是，对于武装斗争的重要性，“我们党从一九二一年成立直至一九二六年参加北伐战争的五六年内，是认识不足的。那时不懂得武装斗争在中国的极端的重要性，不去认真地准备战争和组织军队，不去注重军事的战略和战术的研究。在北伐过程中，忽视了军队的争取，片面地着重于民众运动，其结果，国民党一旦反动，一切民众运动都塌台了。”② 1927 年 8 月 1 日，中国共产党人发动南昌起义，开始独立地领导革命战争和创建人民军队。八七会议上，毛泽东痛心疾首地批判了陈独秀不准农民革命和放弃无产阶级对革命的领导权的严重错误，认为“从前我们骂中山专做军事运动，我们则恰恰相反，不做军事运动专做民众运动”，并及时提出“以后要非常注意军事”，“须知政权是由枪杆子中取得的”③。

1927 年 9 月，毛泽东领导了秋收起义，一开始他们是计划攻打长沙的，但在敌强我弱的情况下，毛泽东果断地率领部队向敌人统治力量薄弱的农村进军，把革命退却和革命进攻有机地结合了起来，成功地实现了中国革命的伟大战略转变。

1928 年 10 月和 11 月，毛泽东在《中国的红色政权为什么能够存在》和《井冈山的斗争》中分析了半殖民地半封建社会的特点，总结了井冈山和其他各地斗争经验，第一次从理论上系统分析、论证了中国红色政权发生发展的原因和条件。毛泽东认为，在四面白色政权的包围，红色政权能够长期存在，有

---

① 中央档案馆：《中共中央文件选集》第 1 卷，中共中央党校出版社 1989 年版，第 3，6，8 页。
② 《毛泽东选集》第 2 卷，人民出版社 1991 年版，第 544 页。
③ 《毛泽东文集》第 1 卷，人民出版社 1993 年版，第 47 页。

赖于下列条件：1. 中国政治经济发展的不平衡，帝国主义对中国的间接统治和相互斗争，由此导致军阀割据和不断的军阀混战，使革命力量有广泛的回旋余地；2. 良好的群众基础；3. 大革命失败后，引起革命的基本矛盾一个也没有解决，全国革命形势呈向前发展趋势；4. 有相当力量的正式红军的存在；5. 有中国共产党的正确领导。毛泽东还指出，“以农业为主要经济的中国的革命，以军事发展暴动，是一种特征。我们建议中央，用大力做军事运动。”①不过，毛泽东此时还强调湘赣边界的割据“在湘赣三省工农暴动夺取三省政权的过程中是有很大意义的”②，这表明他还没有明确形成以农村为党的工作中心的思想。

1929 年 3 月，当时在中共中央任领导职务的周恩来给贺龙写信指出，“目前所应注意者，还不是什么占领大的城市，而是在乡村中发动群众，深入土地革命。故你们此时主要的任务，还在游击区域之扩大，群众发动之广大，决不应超越了主观的力量（主要的还是群众的力量，不应只看见武装的力量），而企图立刻占领中心工商业的城市。”③ 同年 9 月，他在《九月来信》中指出，“先有农村红军，后有城市政权，这是中国革命的特征，这是中国经济基础的产物。如有人怀疑红军的存在，他就是不懂得中国革命的实际，就是一种取消观念。”④ 值得一提的是，在 1929 年底的古田会议上，决议批评了“到大城市去大吃大喝”的作法，实际上已经隐隐闪现着“以农村为中心”的思想苗头。

1930 年 1 月，毛泽东在《星星之火，可以燎原》的信中大大发展了古田会议决议中关于建立革命根据地、建立革命政权的思想，把“工农武装割据”与“农村包围城市，武装夺取政权”的中国革命道路联系起来，批判了把革命的胜利完全寄托在中心城市的武装起义上的错误主张和作法，为中国革命的胜利指明了正确的方向。毛泽东指出，“在对于时局的估量和伴随而来的我们的行动问题上，我们党内有一部分同志还缺少正确的认识。他们虽然相信革命高潮不可避免地要到来，却不相信革命高潮有迅速到来的可能”，他们“没有在游出区域建立红色政权的深刻的观念”，“没有用这种红色政权的巩固和扩大去促进全国革命高潮的深刻的观念”，其主要原因是他们“没有把中国是一

① 《毛泽东选集》第 1 卷，人民出版社 1991 年版，第 79 页。

② 同上书，第 52 页。

③ 《周恩来选集》上卷，人民出版社 1980 年版，第 17～18 页。

④ 同上书，第 32 页。

个许多帝国主义国家互相争夺的半殖民地这件事认清楚”①。毛泽东把革命高潮的到来同人民武装的逐步扩大、政权的逐步扩大和根据地的逐步扩大联系起来，并把这种扩大和发展看成半殖民地农民斗争发展的必然结果。这样，农民斗争就被提高到中国革命的战略地位，实际上就是把农村作为促进全国革命高潮到来的最重要因素。农村包围城市最后夺取全国胜利的革命理论的基本形成，标志着以毛泽东为代表的中国共产党人找到了中国革命在城市中被强大的敌人击败后、无法以城市为中心取得全国胜利的条件下，革命发展的规律。

农村包围城市理论是马列著作中找不到、“在历史上无论中外都找不到”②的独创性结论，是中国共产党把马克思列宁主义普遍原理同中国革命实践相结合的重要成果。从不重视军事力量到重视武装夺取政权，从“那有空去做乡村工作”到以农村为中心促进革命高潮的到来，这些都需要艰苦的实践探索和艰深的理论探索，需要对“一般情况的实质”进行“科学地加以分析”③。农村包围城市理论还为党的力量壮大和党的建设提供了发展的空间，为党的作风建设提供了生长点：1. 根据当时国情来看，党的中心任务是在农村建立根据地，积蓄力量，迎接革命高潮的到来，因此，党的建设必须围绕这个中心任务展开。2. 这种理论充满着革命乐观主义精神，主张在革命高潮尚未到来的时期要扎扎实实地做好建立政权的艰苦工作，而不能希望用比较轻便的流动游击方式去扩大影响，不能等待全国各地争取群众的工作做好了或做到某个地步，再来一个全国性的武装起义。星星之火，可以燎原，就是说“现在虽只有一点小小的力量，但是它的发展会是很快的。它在中国的环境里不仅是具备了发展的可能性，简直是具备了发展的必然性。”④ 3. 这种理论又反对把敌人看得一钱不值的盲目乐观论调和政治上的“左”倾盲动主义和“左”倾冒险主义。六届四中全会以后，王明左倾错误在党内占据统治地位，反对农村包围城市理论，排斥毛泽东和中央革命根据地党和红军的领导职务，导致第五次反“围剿”的失败，致使红军损失严重，被迫转移。遵义会议的召开和党的军事路线转入正确轨道，是以毛泽东为代表的党内健康力量的努力，也是农村包围城市理论的内在生命力的体现。

---

① 《毛泽东选集》第1卷，人民出版社1991年版，第97~98页。

② 《周恩来选集》上卷，人民出版社1980年版，第178。

③ 《毛泽东选集》第1卷，人民出版社1991年版，第100页。

④ 同上书，第99页。

二、党指挥枪：建设党领导下的新型人民军队

1927 年 9 月 29 日，毛泽东所率秋收起义部队在永新县三湾村进行了著名的“三湾改编”，确定了“支部建在连上”的原则。红军的实践证明，坚持党对红军的绝对领导是非常必要的，大革命时期“我们在国民党军中的组织，完全没有抓住士兵，即在叶挺部也还是每团只有一个支部，故经不起严重的考验”，而“红军所以艰难奋战而不溃散，‘支部建在连上’是一个重要原因”①。红四军成立后，在毛泽东、朱德等的领导下发生了一系列新的变化，队伍不断发展壮大。1928 年，由于“八月失败”，湘赣边界的党组织受到严重破坏。10 月，毛泽东着手指导边界各县党组织的整顿工作，除在思想上对党员进行再教育外，还从组织上进行了整顿：厉行洗党，对于党员成份加以严格的限制，把赌钱、打牌、贪污腐化、流氓成性的党员清洗出党组织；解散问题比较严重的党组织，用重新登记的方法进行整顿；发展和吸收思想进步、忠实、勇敢的工农优秀分子入党，并在党的各级领导机关中增加工人和贫农的成份。经过整顿，党员数量虽然大为减少，战斗力反而增强了②。

红四军的主要成份是农民，到 1929 年上半年又增加了大批俘虏，就军中党组织来说，农民和小资产阶级出身的党员占 70%。这种组织状况的变化，无形中加剧了各种非无产阶级思想在红四军中的影响。1929 年 6 月 14 日，毛泽东在给林彪的信（以下简称《六月来信》）中说，“个人领导与党的领导，这是四军党的主要问题。……红军既是从旧式军队变来的，便带来了一切旧思想、旧习惯、旧制度的拥护者和一些反对这种思想、习惯、制度的人作斗争，这是党的领导权在四军里至今还不能绝对建立起来的第一个原因。”第二个原因是，“四军的大部分是从失败环境之下拖出来的（这是一九二七年），结集又是失败之前的党的组织，既是非常薄弱，在失败中就是完全失了领导。那时候的得救，可以说十分原因中有九分是靠了个人的领导才得救，因此造成了个人庞大的领导权。”③ 毛泽东进一步分析道，自从红四军成立以后，党从连上建设了普遍的基础，上级指导机关对于斗争策略的正确、边界各县地方党部之

① 《毛泽东选集》第 1 卷，人民出版社 1991 年版，第 66，65 ~ 66 页。

② 中共中央文献研究室：《毛泽东年谱》上卷，中央文献出版社、人民出版社 1993 年版，第 256 页。

③ 《毛泽东文集》第 1 卷，人民出版社 1993 年版，第 65 页。

建立、群众斗争之发展，使得个人作用渐渐减少，党的领导渐渐加强了。毛泽东在信中回顾了红四军的历史，指出党在四军中的领导逐渐加强既有客观方面的原因（失败的教训说明不依赖党的领导就有塌台的危险），也有主观方面的原因（少数人不正确的言论行动已经不容易得到一般人的拥护），但由于党的意志极大限度的伸张、个人意志感到从未有过的痛苦、接连胜仗而生的骄傲情绪，四军中又出现了“党太管多了”、要求设立军委并与前委分权的争论，并指责民主集中制是家长制。尽管这种主张被否决，但党内思想并未能够统一，前委的民主集中制原则无法贯彻实行。毛泽东认为，这些争论的问题是长期以来就存在的，只不过从前因种种原因把它隐蔽了，到近日才暴露出来。其实从前的隐蔽是错误了，现在的暴露才是对的，党内有争论问题发生是党的进步，不是退步，只有赶快调和敷衍了事、抹去两方的界线、归到庸俗的所谓大事化小才是退步。“家长制的定义是：只有个人的命令，没有集体的讨论，只有上级委派，没有群众选举”，但“四军党内事实上寻不出家长制”①。

后来，中共中央根据红四军建党建军的经验，针对红四军争论的问题，给红四军前委写了指示信（即九月来信），支持了前委的正确主张，肯定了红四军在建党建军等方面所取得的伟大成绩，高度评价红四军的存在与发展对全国革命斗争的伟大意义，充分肯定了红军中实行民主集中制的好处，提出要加强红军的政治思想教育以纠正一切不正确的倾向，还指出红军必须加强群众工作。根据中央指示，红四军前委深入连队召开座谈会，找干部、战士个别谈话，仔细调查了部队和党内存在的各种问题，听取各种不同的意见，同时深入地方听取群众的意见。红四军领导机关充分发扬民主，大胆揭露各种不良倾向，共同分析研究各种错误思想产生的根源、危害和克服办法，由此统一了思想认识。

1929 年 12 月 28 日，红四军第九次代表大会在上杭县古田镇召开，通过了古田会议决议，为党的建设、为人民军队建设奠定了基本原则。1. 决议指明了军事和政治的关系，规定了红军的性质、宗旨和任务，认为“中国的红军是一个执行革命的政治任务的武装集团”，“红军决不是单纯地打仗的，它除了打仗消灭敌人军事力量之外，还要负担宣传群众、组织群众、武装群众、帮助群众建立革命政权以至于建立共产党的组织等项重大的任务。红军的打

① 《毛泽东文集》第 1 卷，人民出版社 1993 年版，第 73 页。

仗，不是单纯地为了打仗而打仗，而是为了宣传群众、组织群众、武装群众，并帮助群众建设革命政权才去打仗的，离了对群众的宣传、组织、武装和建设革命政权等项目标，就是失去了打仗的意义，也就是失去了红军存在的意义。”① 决议批判了不重视根据地建设的单纯军事观点和流寇思想的错误倾向，指出它的错误在于“不承认军事只是完成政治任务的工具之一”②，在于“不愿意做艰苦工作建立根据地，建立人民群众的政权，并由此去扩大政治影响，而只想用流动游击的方法，去扩大政治影响”③。决议指出，“这种思想如果发展下去，便有走到脱离群众、以军队控制政权、离开无产阶级领导的危险，如像国民党军队所走的军阀主义的道路一样。”④ 2. 决议规定了党对红军绝对领导的原则，规定在红军中要建立党的领导中枢，健全党的各级组织，厉行集中指导下的民主生活，实行集体领导的原则，一切工作必须在经过党的讨论和决议之后，再经过群众去执行。决议批判了极端民主化和非组织观点等错误倾向，指出其危险“在于损伤以至完全破坏党的组织，削弱以至完全毁灭党的战斗力，使党担负不起斗争的责任，由此造成革命的失败”⑤。为了加强党对军队的领导，决议要求党的领导机关要有正确的指导路线，“上级机关要明了下级机关的情况和群众生活的情况，成为正确指导的客观基础”，“党的下级机关和党员群众对于上级机关的指示，要经过详尽的讨论，以求彻底了解指示的意义，并决定对它的执行方法”⑥。决议重申了支部建在连上的原则，指出要克服党的组织的松懈，就要对“旧的基础厉行洗除”，并规定了以后新分子入党的五个条件：政治观念没有错误（包括阶级觉悟）；忠实；有牺牲精神，能积极工作；没有发洋财的观念；不吃鸦片，不赌博。决议还强调要“严格地执行纪律，废止对纪律的敷衍现象”⑦。这些规定对于纯洁党组织、巩固党组织、增强军队的战斗力都有着积极的促进作用。3. 决议强调了军队内部的

---

① 《毛泽东文集》第 1 卷，人民出版社 1993 年版，第 79 页。

② 同上。

③ 同上书，第 86 ~ 87 页。

④ 同上书，第 79 页。

⑤ 同上书，第 81 页。

⑥ 同上书，第 81 ~ 82 页。

⑦ 同上书，第 90 页。

民主制度的重要性①。红军官兵在政治上是平等的，在革命目标上是完全一致的，“官兵之间只有职务的分别，没有阶级的分别，官长不是剥削阶级，士兵不是被剥削阶级”②。部队首长要爱护士兵，关心士兵的政治进步和生活状况，保障士兵的民主权利，尊重士兵的人格；士兵要尊重官长，自觉接受管理，遵守纪律，纠正极端民主化、平均主义和雇佣思想等错误倾向。决议分析了军队中官长对士兵实施肉刑的来源，认为“封建阶级为了维持它的封建的剥削，不得不用最残酷的刑罚做工具，以镇压被剥削者的反抗和叛乱，这是肉刑所以为封建时代的产物的理由”③。为了充分体现革命军队的官兵平等，密切官兵关系，决议号召采取有效措施以达到废止肉刑的良好效果，还专门提出了优待伤病士兵的问题。

坚持党对军队的绝对领导，就必须坚持党对军队的正确领导，这涉及到党的领导作风问题。尽管当时还没有领导作风的提法，但毛泽东等人与中央“左”倾错误领导人在军事路线上的斗争却表明，领导作风的优劣对党的形象和党的事业的影响巨大。在反第五次“围剿”时，最高三人团在军队领导上犯了单纯防御的错误，违反了中国国内战争中战略战术的基本原则，程度不同地表现出独断的领导作风，致使红军损失惨重，被迫长征。遵义会议上，周恩来等中央领导同从“左”的阵营里分化出来的王稼祥、张闻天一致推选毛泽东进入中央领导核心，确立了毛泽东的军事领导地位。遵义会议集中全力纠正了当时具有决定意义的军事上的错误和组织上的错误，把六届四中全会以来政治路线的是非问题暂时搁置，既是由于当时的恶劣环境不允许，也是出于策略上的考虑，因为思想问题毕竟需要一个较长的反思过程；此外，会后让对错误负有责任的领导干部继续留任、把变换中央总负责人的工作留待适当的时候完成，体现了后来称作“治病救人”的宗旨，改善了党中央的领导作风，成为党开始从幼稚走向成熟的标志。

---

① 在军队内部实行一定的民主，是毛泽东一贯的思想，他在1928年给中央的报告（《井冈山的斗争》）中就曾指出，“同样一个兵，昨天在敌军不勇敢，今天在红军很勇敢，就是民主主义的影响。红军像一个火炉，俘虏兵过来马上就熔化了。……军队内的民主主义制度，将是破坏封建雇佣军队的一个重要的武器。”《毛泽东选集》第1卷，人民出版社1991年版，第65页。

② 《毛泽东文集》第1卷，人民出版社1993年版，第106页。

③ 同上书，第108页。

第三节　思想斗争与优良作风的萌芽①

理不直则气不壮。思想斗争兼有在理论上批评、批判对手和为自己辩护的双重作用。还在中国共产党成立之前，中国共产主义的先驱者就与论敌进行了“问题与主义”的思想大论战，中国共产党成立后，党一如既往地重视思想斗争。思想斗争的必要性在于：为保证党的工人阶级先锋队性质，就必须对各种反动思想（对外）和错误倾向（对内）进行斗争；为扩大党的群众基础，必须广泛地吸收农民和小资产阶级中的先进分子入党，这就要求必须重视思想建党。思想斗争还需要有正确的策略、方法和手段，其目的在于真正地解决思想问题。在思想斗争中，党的思想路线从逐步成形到明确提出，为以后的系统概括和发展完善奠定了基础。

一、思想建党：政治领导和组织领导的思想保证

中国共产党成立伊始，面对的是腐败混乱的政治局面和众说纷纭的政治主张。北京的一些名流学者对吴佩孚寄予厚望，主张不分党派，由全国所公认的好人出来组织一个好人政府，实行废督裁兵，联省自治，财政公开，尊重国会，制定宪法，停止内战，以实现和平统一。有的中共党员也认为，好人政府是当前混乱局势中一种差强人意的办法。对此，中共中央于1922年6月15日在《中国共产党对于时局的主张》中指出，“民主政治当然由民主派掌握政权，但所谓民主派掌握政权，决不是在封建的军阀势力之下选一个民主派人物做总统或是选几个民主派的人物组织内阁的意思，乃是由一个能建设新的政治组织应付世界的新环境之民主党或宗旨相近的数个党派之联合，用革命的手段完全打倒非民主的反动派官僚军阀，来掌握政权的意思。”“军阀与战乱如形影不相离，所以军阀不消灭，不但好政府主义者所谓好政府无从实现，军阀自身之坏政府，亦必日在不统一的动摇之中，而全国人民之产业生命，亦必随而动摇而丧失。”“中国共产党的方法，是要邀请国民党等革命的民主派及革命的社会主义各团体开一个联席会议，……共同建立一个民主主义的联合阵线，向封建式的军阀继续战争；因为这种联合战争，是解放我们中国人受列强和军

① 本节主要内容以《古田会议前后毛泽东对思想路线的初步探索》为题发表于《求索》2012年第4期。

阀两重压迫的战争，是中国目前必要的不可免的战争。”① 这个《主张》对于消除人们对军阀的幻想、对于明确提出党的民主革命纲领、对于确立革命统一战线政策，都有着积极的思想影响，促使革命者进行必要的思想准备。

1925 年 5 月，国民党右派戴季陶抛出“建立纯正的三民主义”的谬论，说共产主义不适合中国国情，指责共产党“争得一个唯物史观，打破一个国民革命”。对此，中国共产党人进行了坚决的批判，指出：共产党主张阶级斗争并不否认民族斗争；民族斗争非常必要，工人阶级总是站在民族解放斗争的最前列；真正为国家民族利益而奋斗牺牲的是广大工农群众，而地主买办阶级总是破坏爱国运动，五卅运动就是最好地证明。因此，在民族斗争中实有阶级斗争之必要。批判戴季陶主义的斗争，在思想理论战线上沉重打击了国民党新右派，教育了广大共产党员和国民党左派。

大革命后期，陈独秀在革命领导权问题上的右倾投降主义错误受到毛泽东、周恩来、陈延年、瞿秋白、任弼时等党内许多同志不同程度的批评和抵制。大革命失败后，蔡和森根据八七会议精神和六大精神写成《党的机会主义史》，对克服当时党内思想混乱状态起了重要作用。

大革命失败，中共不得不独立举起革命的大旗，着手建立自己的革命武装。就当时的情况来看，思想斗争主要涉及中国革命道路的问题、党对军队的绝对领导问题和坚持党的思想领导问题，这些问题都是事关革命前途的大课题。由于前两个问题前文已经详述，下面就党的思想领导问题加以分析。

秋收起义后，随着党的工作重心逐步转向农村，农民和小资产阶级中的先进分子大量地加入党组织，这样，如何保持党在思想上的纯洁性、增加党的战斗力，就成为一个需要尽快解决的迫切问题②。1928 年 11 月，毛泽东在给中共中央的报告（即《井冈山的斗争》一文）中指出，“我们感觉无产阶级思想领导的问题，是一个非常重要的问题。边界各县的党，几乎完全是农民成分的

---

① 中央档案馆：《中共中央文件选集》第 1 卷，中共中央党校出版社 1989 年版，第 35 ~ 36，42，45 ~ 46 页。

② 诚如周恩来后来在延安中央党校所作报告所说，“讲到乡村中心的时候，还必须联系到一个问题，即农民必须由无产阶级政党领导。……如果没有坚强的无产阶级政党的领导，即使以‘乡村为中心’，也难免要失败，事实上也是有许多地方失败了的。当时海陆丰的力量比井冈山大，各种条件都比井冈山好，但结果还是失败了，一个重要的原因，就是由于那里无产阶级领导的思想没有展开，由于领导上还带有小资产阶级革命家的气味的缘故。”《周恩来选集》上卷，人民出版社 1980 年版，第 178 页。

党，若不给以无产阶级的思想领导，其趋向是会要错误的。”① 同一时期，周恩来也认为，“党的政治路线上许多不正确思想的来源，固然是客观环境的反映，然而党的组织还没有布尔什维克化，党内还存在许多非无产阶级的意识，也是一个主要的原因。……到现在党的组织仍然还没有强大的无产阶级的基础，仍然存在有许多小资产阶级的意识。尤其在党员成份上，农民占百分之七十五。因此，这种小资产阶级意识还有大大发展的可能。要使党布尔什维克化，第一要加强无产阶级的基础，同时要继续改造党的组织，尤其要坚决地反对小资产阶级的意识。”②

在古田会议上，党内各种错误思想的危害得到了高度重视，会议探讨了各种非无产阶级思想的表现、来源及纠正方法，号召用马列主义教育党员，克服各种非无产阶级思想，纠正党员的个人主义、自由主义、极端民主化等错误倾向，并着重克服主观主义，坚决同主观主义作斗争。会议决议指出，党内存在的各种非无产阶级的思想“对于执行党的正确路线，妨碍极大”，“若不彻底纠正，则中国伟大革命斗争给予红军第四军的任务，是必然担负不起来的。”决议认为，党内存在不正确思想的客观原因在于“党的组织基础的最大部分是由农民和其他小资产阶级出身的成分所构成的”，主观原因在于“党的领导机关对于这些不正确的思想缺乏一致的坚决的斗争，缺乏对党员作正确路线的教育”③。那么，如何纠正党内的错误思想呢？首先，“红军党内最迫切的问题，要算是教育的问题。为了红军的健全与扩大，为了斗争任务之能够负荷，都要从党内教育做起。不提高党内政治水平，不肃清党内各种偏向，便决然不能健全并扩大红军，更不能负担重大的斗争任务。因此，有计划地进行党内教育，纠正过去之无计划的听其自然的状态，是党的重要任务之一。”④ 其次，党员的思想和党内的生活都要政治化、科学化，要用马克思列宁主义的方法去作政治形势的分析和阶级势力的估量，并注重调查和研究⑤。最后，要正确地运用党内批评这个“坚强党的组织、增强党的战斗力的武器”⑥，“发动地方

---

① 《毛泽东选集》第1卷，人民出版社1991年版，第77页。
② 《周恩来选集》上卷，人民出版社1980年版，第8~9页。
③ 《毛泽东文集》第1卷，人民出版社1993年版，第78页。
④ 同上书，第94页。
⑤ 同上书，第84~85页。
⑥ 同上书，第82页。

党对红军党的批评和群众机关对红军的批评"①。批评的目的在于增加党的战斗力以达到革命的胜利，"批评的主要任务，是指出政治上的错误和组织上的错误"，不能把批评变成个人攻击，个人缺点"如果不是与政治的和组织的错误有联系，则不必多所指摘"，以免把"党内精神完全集注到小的缺点方面"②。党员必须懂得党的组织的重要性，正确对待党内批评和党外批评，同时"党内批评要防止主观武断和把批评庸俗化"③，要有证据，要注意政治。着重从思想上建党，正确地开展党内斗争，这是增进全党团结、加强党的政治领导和组织领导的思想保证，古田会议在这方面树立了良好的榜样。

二、反对本本主义：思想路线问题的提出

中国共产党为寻找中国实际的革命道路进行了不懈的探索，既有成功的经验，也有失败的教训。民主革命纲领的制定，新民主主义革命理论和农村包围城市理论的基本形成，着重从思想上建党，都是马克思列宁主义普遍原理与中国革命实际相结合的初步成果。但是，因革命处于低潮而产生的悲观情绪，因对国民党屠杀政策的仇恨和对陈独秀投降主义的愤怒而生的"左"倾情绪，脱离实际的"钦差大臣"们的指手划脚和专断作风，这些问题的根本解决，有赖于正确的思想路线的确立。

1929年上半年，一些从苏联学习后来到红四军工作的人，也不认真去了解红军的具体情况，一味迷信共产国际的"本本"和苏联革命的经验，盲目崇拜共产国际这一"上级领导机关"，对一些原则性的问题随便乱发议论，散布一些不负责任的错误思想，严重地影响了当时党和军队的团结与工作。至1929年6月间，党对人民军队的绝对领导问题、党内正确思想与错误思想斗争问题、中国革命道路问题，终于在红四军党内集中暴露出来，到了非解决不可的时候了。

毛泽东在给林彪的《六月来信》中指出，整个红四军党内"一年来长期斗争的问题"或者说正确思想与错误思想"两个思想系统的斗争"，成为"两个指导路线的最后斗争"④。必须认真对待红四军中存在的"错误路线"的

① 《毛泽东文集》第1卷，人民出版社1993年版，第80页。

② 同上书，第84页。

③ 同上书，第85页。

④ 同上书，第64~65，71页。

“最后挣扎”，“以求红军彻底改造”①。这封信在论及“思想路线”方面的主要观点有：1. 红四军所有争论问题表现为“两个思想系统的斗争”的集中“暴露”，而“党内有争论问题发生是党的进步，不是退步”，“不会发生可怕的恶结果”②。2. “个人领导与党的领导，这是四军党的主要问题”，“是四军历史问题的总线索”③。四军是“从旧式军队变来的，便带来了一切旧思想、旧习惯、旧制度的拥护者”，因此必须对各种非无产阶级的东西进行改造；“四军的大部分是从失败环境之下拖出来的”，“那时候的得救，可以说十分原因中有九分是靠了个人的领导才得救的，因此造成了个人庞大的领导权”；近来形势向好的方面发展，“党的意志极大的限度的伸张、个人意志感到从来未有的痛苦”，再加上“一种形式主义的理论从远方的到来”，就爆发了近日的争论④。3. 个人主义、小团体主义、流寇思想、单纯军事观点都不过是形式主义的表现而已。形式主义冠冕堂皇，“不从需要上实际上去估量，单从形式上去估量”⑤，这与注重实际效果的“需要主义”形成鲜明的对照。这里的“形式主义”和“需要主义”实际上就是他不久之后所明确的“本本主义”和“调查研究”的雏形。4. “形式主义之来源是由于唯心主义，唯心主义之来源是由于游民、农民与小资产阶级成分中产生出来的个人主义，这与小团体主义、流寇思想、单纯军事观点等等是在一条路线基础上的，只是一个东西。”近日的问题只是历史问题的“结穴”，是“历史上一种错误思想路线上的最后挣扎”⑥。5. 毛泽东为这条“路线”起名为“思想路线”，他为这种错误的思想路线开的药方是“思想和行动总要稍为科学一点才好”，要“规律化”⑦。在这封信中，毛泽东是在否定意义上使用“思想路线”一词，还不能说他明确提出了思想路线问题，但“两条指导路线”的二分法表明，关于思想路线的基本脉络已清晰地勾勒出来了，这可以看作他在思想路线问题上的先声。

毛泽东身体力行，亲自进行了大量的、深入的社会调查工作，并大力倡导和组织红四军的干部作社会调查，努力使社会调查工作经常化、制度化，以此

① 《毛泽东文集》第1卷，人民出版社1993年版，第71，74页。
② 同上书，第64，65页。
③ 同上书，第65，68页。
④ 同上书，第65，67页。
⑤ 同上书，第72页。
⑥ 同上书，第74页。
⑦ 同上书，第70页。

作为制定土地革命政策和策略的依据。毛泽东的这一工作得到了周恩来等中央领导人的支持。中央在1929年的《九月来信》中说，“关于调查工作应切实去做，”“这个工作做得好，对于了解中国农村实际生活及帮助土地革命策略之决定有重大意义”①。在随后召开的古田会议上，调查研究的意义被提高到了新的思想高度和政治高度。为克服党内和军内严重的主观主义，会议决议提出了两条重要途径，一是“教育党员用马克思列宁主义的方法去做政治形势的分析和阶级势力的估量”，一是“使党员注意社会经济的调查和研究，由此来决定斗争的策略和工作的方法，使同志们知道离开了实际情况的调查，就要堕入空想和盲动的深坑”②。

1930年5月，毛泽东写成后来称作《反对本本主义》的文章，在肯定意义上使用“思想路线”一词，对《六月来信》和古田会议决议的核心观点进行了发展，把调查研究的理论和方法上升到党的思想路线的高度来进行分析和概括，明确指出正确的思想路线是“从斗争中创造新局面的思想路线”③，成为党的思想路线探索的开篇之作。首先，文章发展了《六月来信》中“需要主义”的思想和古田会议决议中“调查和研究”的思想，提出了“没有调查，没有发言权”的著名论断④。文章认为，如果对某个问题的历史和现状不做调查，不知底里，那发言就必定是瞎说一顿，而瞎说一顿是不能解决问题的，这种瞎说是共产党员的耻辱。当然，也不能因不知底里就盲目怯阵当懦夫，而应该积极地到工作范围的各部分各地方去走走，到群众中进行调查研究。“调查就像‘十月怀胎’，解决问题就像‘一朝分娩’。调查就是解决问题。”⑤只有努力进行实际调查，才能洗刷唯心精神，才能“防止一切机会主义盲动主义错误出现，才能完成争取群众战胜敌人的任务”⑥。其次，文章发展了《六月来信》中“两个思想系统”“两条指导路线”的二分法，通过比较两种相反的思想路线，明确提出要反对本本主义（这比《六月来信》中的“形式主义”

---

① 《周恩来选集》上卷，人民出版社1980年版，第36页。

② 《毛泽东文集》第1卷，人民出版社1993年版，第84~85页。

③ 《毛泽东选集》第1卷，人民出版社1991年版，第116页。

④ 1931年4月2日毛泽东对“没有调查，没有发言权”的论断作了补充，指出“不做正确的调查同样没有发言权。”

《毛泽东文集》第1卷，人民出版社1993年版，第268页。

⑤ 《毛泽东选集》第1卷，人民出版社1991年版，第110~111页。

⑥ 同上书，第112页。

更加确切了）这种“保守路线”，强调了正确的思想路线对于中国革命的极端重要性。文章指出，中国共产党在民主革命时期的主要任务是争取工人阶级的大多数，发动农民群众和城市贫民，打倒地主阶级，打倒帝国主义，打倒国民党政权，完成民权主义革命，这全靠无产阶级政党的斗争策略的正确和坚决，而正确的策略不是少数人坐在房子里能够产生的，要在群众的斗争过程中才能产生，要在实际经验中才能产生。与此相反，本本主义在对待“上级”指示的态度是形式主义的，“盲目地表面上完全无异议地执行上级的指示……是反对上级或者对上级指示怠工的最妙方法。”文章认为，本本主义的社会科学研究方法是“专门从书本上讨生活”，这是非常危险的，“甚至可能走上反革命的道路”。文章指出：“我们说马克思主义是对的，决不是因为马克思这个人是什么‘先哲’，而是因为他的理论，在我们的实践中，在我们的斗争中，证明了是对的。”① 最后，文章发展了《六月来信》中“从需要上实际上去估量”和古田会议决议“用马克思列宁主义的方法去作政治形势的分析和阶级势力的估量”的思想，第一次明确提出“马克思主义的‘本本’是要学习的，但是必须同我国的实际情况相结合”，“中国革命斗争的胜利要靠中国同志了解中国情况”②。文章从认识论的高度论述了调查研究对于制定和贯彻正确的思想路线和保证革命胜利的重要意义，并初步提出和阐明了调查研究的科学方法。《反对本本主义》关于思想路线问题的概括，是在对党在革命斗争中的成功经验和失败教训进行理论上的深刻反思后得出的结论，是《六月来信》和古田会议决议观点的继续和深化，从思想路线高度为开创农村包围城市的道路指明了方向，也对改善党的思想作风、领导作风和工作作风具有重要的指导意义，这实际上是实事求是的思想路线的雏型。

然而，事情的发展并非一帆风顺，党的思想路线的形成，有赖于它成为全党的指导思想，并成为全党的自觉行动，而这需要主客观条件的成熟。毛泽东的正确观点并没有被当时的中央所接受，不久就发生了以李立三为代表的“左”倾盲动主义和以王明为代表的“左”倾冒险主义错误，毛泽东提出的这一马克思主义的思想路线后来反而被犯有“左”倾教条主义错误的领导人指责为“狭隘经验论”。中共临时中央到苏区后，打着思想斗争的旗号，反“罗

① 《毛泽东选集》第1卷，人民出版社1991年版，第111页。

② 同上书，第111～112，115页。

明路线”，反“邓、毛、谢、古”，其实是为了使毛泽东在地方上、党内和红军内部的威信扫地，这就从反面更加说明了思想路线问题对党的事业来说是一件生死攸关的大事。1935 年 1 月遵义会议的召开，结束了“左”的错误在党内的统治地位，为解决党的思想路线奠定了组织基础。

第二章

三大优良作风：中国共产党成熟的重要标志

从中共成立到遵义会议是党的优良作风的萌芽阶段，这个萌芽在遵义会议后逐步成长起来；至 1936 年和 1937 年，“作风”一词在党的主要领导人著作和讲话中高频度出现，表明优良作风已朝着枝繁叶茂方向发展了；延安整风则标志着党的优良作风已遍地开花，形成全党的共识。延安整风是以毛泽东为代表的中国共产党人在思想改造方式上的一个伟大创举，是对马克思主义思想教育理论的创造性的贡献，它为抗日战争和解放战争的胜利奠定了思想上、政治上、组织上的雄厚基础。经过延安整风，自三十年代开始盛行的宗派主义和教条主义的流毒得到思想上的清算；中国共产党达到了空前的团结，她所领导的革命军队和革命群众的精神面貌发生了天翻地覆的变化；革命力量更加团结，战斗力大大提高。中国革命的胜利和中华人民共和国的成立标志着党的优良作风结出了累累硕果。

1945 年毛泽东在《论联合政府》中总结了中国共产党自创立以来形成的三大优良作风：“以马克思列宁主义的理论思想武装起来的中国共产党，在中国人民中产生了新的工作作风，这主要的就是理论和实践相结合的作风，和人民群众紧密地联系在一起的作风以及自我批评的作风。”① 三大作风有着严密的逻辑关系，“理论和实践相结合”表明了主观指导与客观实际的关系；“和人民群众紧密地联系在一起”指出了党的奋斗目标及实现这一目标的根本实践途径；“批评和自我批评”则指明了主体（党、群）的自我改造的基本方法。三大优良作风是作风建设的宝贵财富，具有引领时代潮流、凝聚民心的内在活力，这是中国共产党区别于其他任何政党的“显著标志”②。

① 《毛泽东选集》第 3 卷，人民出版社 1991 年版，第 1093～1094 页。

② 同上书，第 1094 页。

第一节　时局变化与党风建设的理论升华

遵义会议纠正了“左”倾冒险主义在军事指挥上的错误，解决了迫在眉睫的军事路线问题，但因形势所迫，把对宗派主义和教条主义的思想上的清算暂时搁置，留待时机成熟再行解决。之后，党领导红军战胜了张国焘的分裂活动，取得了长征的伟大胜利。红军到达陕北后，时局的变化使得党的作风建设的极端重要性日益凸显，而党的高级领导人的理论修养也不断提高，党风的理论概括日益系统化。

一、时局变化对党风建设的严峻考验

抗日战争爆发前，为促进抗日民族统一战线的形成，必须反对“左”倾关门主义这一主要危险倾向，而在抗战爆发后，反对右倾投降主义又成为主要任务①。“左”“右”两种错误倾向因时局的发展交替上升为主要危险，使得党的团结和抗日民族统一战线的巩固显得极端重要，于是成为催生优良作风形成的一个重要原因。

随着中央红军长征的结束，革命的重心发生了变化，日益突出的日本军国主义和中华民族的矛盾越来越成为一个必须积极面对的问题，中共中央审时度势，及时着手解决政治策略问题。1935 年 12 月，中共瓦窑堡会议（中央政治局扩大会议）一方面着重批评了成为“党内主要危险”的“左”倾关门主义②，在正确分析了形势和阶级关系变化的基础上制定了抗日民族统一战线的策略，另一方面特别强调要积极争取统一战线的领导权，并告诫全党要警惕“陈独秀主义”“在新的大革命中，在部分的党部与党员中的复活”③。在随后召开的陕北党的活动分子会议上，毛泽东指出，建立广泛的民族革命统一战线是为了“组织千千万万的民众，调动浩浩荡荡的革命军”，打垮日本帝国主义和汉奸卖国贼。“我们要把敌人营垒中间的一切争斗、缺口、矛盾，统统收集起来，作为反对当前主要敌人之用”④。与此相反，关门主义追求革命力量的

① 《毛泽东选集》第 2 卷，人民出版社 1991 年版，第 391 页。
② 中央档案馆：《中共中央文件选集》第 10 册，中共中央学校出版社 1991 年版，第 617 页。
③ 中央档案馆：《中共中央文件选集》第 10 册，中共中央学校出版社 1991 年版，第 619 页。
④ 《毛泽东选集》第 1 卷，人民出版社 1991 年版，第 155，148 页。

纯而又纯，采取的实则是孤家寡人的策略，把“千千万万”和“浩浩荡荡”都赶到敌人那一边去，只会博得敌人的喝彩。1936年4月10日，刘少奇撰文分析了关门主义的根源：“因为害怕那些反革命派别，所以不敢和他们暂时建立斗争的联合战线，甚至不敢和他们来往谈话；因为不相信自己，恐怕那些反动派别会动摇自己，影响自己，所以自己关门；因为对新的形势估计不足，不相信目前中间阶层和许多社会上层分子有参加革命的可能，所以不要统一战线。左的关门主义在实质上与右倾机会主义是同一根源。”① 抗日战争爆发后，中共中央于1937年8月在陕北洛川召开政治局扩大会议，正确分析了全国抗战开始以后的形势，制定了全面抗战的路线，重申要坚持战争中的无产阶级领导权，提出了抗日民族统一战线的独立自主原则，完成了党在此形势下政治路线与军事战略的转变。

1938年10月，广州、武汉相继失陷，抗日战争进入相持阶段。这时，国民党对抗战的态度转向消极，共产党内右倾投降主义成为主要危险，已经到了非解决不可的地步了。在中共六届六中全会上，毛泽东深刻批判了王明的右倾投降主义“这样一种软弱无能的腐朽的违背马克思列宁主义原则的思想”② 和“一切经过统一战线”、“一切服从统一战线”的口号，阐明了既统一又独立的抗日民族统一战线方针：“必须保持加入统一战线中的任何党派在思想上、政治上和组织上的独立性，……决不能抹杀这种相对的独立性，无论在思想上也好，在政治上也好，在组织上也好，各党必须有相对的独立性，即是说有相对的自由权。如果被人抹杀或自己抛弃这种相对的自由权，那就也会破坏团结对敌的总方针。”③

1939年冬至1940年春、1940年秋至1941年初，国民党发动了两次反共高潮。打退反共高潮后，党内存在着“左”右两种危险倾向：一方面，“左”倾错误看不到中日之间的民族矛盾仍是主要矛盾，认为国共合作很快将破裂，抗日民族统一战线政策已不适用。“他们不了解向着最坏的一种可能性作准备是完全必要的，但这不是抛弃好的可能性，而正是为着争取好的可能性并使之变为现实性的一个条件。”④ 另一方面，右的倾向则对国民党反共政策的严重

① 《刘少奇选集》上卷，人民出版社1981年版，第31页。

② 此处借用毛泽东1947年语，《毛泽东选集》第4卷，人民出版社1991年版，第1258页。

③ 《毛泽东选集》第2卷，人民出版社1991年版，第524~525页。

④ 同上书，第784页。

性估计不足，缺乏对付国民党进攻的精神准备、组织准备和武装反击准备，不敢放手发动群众、扩大人民军队和解放区。

这种既要反“左”又必须反右的严峻考验缘于抗日民族统一战线的复杂性，而且贯穿于抗日战争进程的始终。“左”右倾危险的长期存在，容不得中共在指导思想上、战略决策上、政策执行上、党内外团结上出现任何全局性的重大失误，因而加强党风建设成为近在眉睫的任务。

由于抗日民族统一战线的建立，共产党领导的力量成为“民主共和国”的一部分，共产党在她领导的抗日根据地内成为执政党，一旦党员干部缺乏自律和必须的制度约束，不良作风就会危害党的形象，破坏党和人民群众的渔水关系。

为促成、扩大与巩固抗日民族统一战线，中共在瓦窑堡会议时期把“工农共和国”的称号改为“人民共和国”，之后又改为“民主共和国”。这种称号上的变更有着深远的考虑。“人民共和国”旨在建立人民阵线，使统一战线拥有更深厚的阶级基础，但因其政策性调整居多而少有制度性设计，因而尚不足以争取英美派大资产阶级进入统一战线进行合作。正由于此，毛泽东于1936年8月在他起草的《中国共产党致中国国民党书》中提到，“我们赞助建立全中国统一的民主共和国”①。“民主共和国”的设想意在谋求民族阵线，同时也把民族革命的现实与民主革命的前途联系起来，找到了反封建的民主革命与反帝的民族革命的最佳结合点②。

在“民主共和国”中，共产党领导的力量得到政治上的合法地位，解放区政府成为边区政府，共产党成为局部的执政党。这就潜在着骄傲自满和官僚主义滋生的危险。如刘少奇所言，当时“政府机关中，以及部队与民众团体中，官僚主义与宗派主义的作风还极端严重。不少的干部是站在民众之上，而不是站在民众之中；他们是以人民的上司自居，而不是以人民的勤务员自任；他们是越权垄断包办一切，而没有尽到与党外人士实行民主合作的义务；他们自以为是人民的统治者，而不是人民的公仆；他们不是听命于人民、以民意为依归（不要与尾巴主义相混淆）。这些现象，是我们根据地内组织民主政治生

① 《毛泽东文集》第1卷，人民出版社1993年版，第429页。

② 潘焕昭：《“苏维埃人民共和国”与“民主共和国”口号的比较分析》，《长白学刊》2007年第2期，第126页。

活之很大的障碍。不肃清这些现象，在根据地内组织很好的民主政治生活是不可能的。”①

红军到达陕北后，由于国内政治形势的变化和党的策略的转变，党从严酷的国内生存环境逐步过渡到公开或半公开、合法或半合法的生存状态，党员数量剧增，大批新党员缺乏党的基本知识，缺乏马克思主义理论修养和道德修养，党内非无产阶级思想和作风比较严重。这样的状况亟需对广大党员进行系统的马克思主义思想教育。

遵义会议之前，由于中共是在“非法”条件下进行地下工作的，斗争形势异常尖锐而复杂，从而限制了党的力量的发展和壮大，党历遭“左”右倾机会主义错误危害，却没有条件对全党进行系统的马克思主义教育，也无法有效地克服党内存在的小资产阶级思想。遵义会议后，党不失时机地利用建立抗日民族统一战线的契机壮大党的力量。1938 年 3 月，《中央关于大量发展党员的决议》指出，“党的抗日的民族统一战线政策的正确领导与党的影响的威信的扩大与提高，大批的革命分子要求入党，这给了我们发展党以有利的条件”，“因此大量的十百倍的发展党员，成为党目前迫切与严重的任务”②。此后，党员数量迅猛速加，从 1937 年初的 4 万增至 1940 年 7 月的 80 万，许多党员“在组织上入了党，思想上并没有完全入党，甚至完全没有入党”③，而且“这种情形，就是在 1937 年以前入党的党员中也是存在着的”④。要改变这种状况，增强党的凝聚力和战斗力，就必须加强党内普遍的马克思列宁主义教育，发展党内民主和自我批评，实行正确的干部政策，彻底转变党的工作方式与群众工作方式，以适应抗战胜利的需要，把革命不断推向前进。

教条主义还未进行清算。

对于教条主义的危害，毛泽东早在 1930 年 5 月的《反对本本主义》中就已明确指出，“专门从书本上讨生活”“甚至可能走上反革命的道路”，所以“一定要纠正脱离实际情况的本本主义”⑤。然而，这在相当长的时间内不过是党内少数领导人的远见卓识，还没有成为全党的共识。遵义会议集中全力纠正

① 《刘少奇选集》上卷，人民出版社 1981 年版，第 225 ~ 226 页。

② 中央档案馆：《中共中央文件选集》第 11 册，中共中央党校出版社 1991 年版，第 466 页。

③ 《毛泽东选集》第 3 卷，人民出版社 1991 年版，第 875 页。

④ 同上书，第 1108 页。

⑤ 《毛泽东选集》第 1 卷，人民出版社 1991 年版，第 111 ~ 112 页。

了当时具有决定意义的军事上的错误和组织上的错误，把六届四中全会以来政治路线的是非问题暂时搁置，既是由于当时的恶劣环境不允许，也是出于策略上的考虑，因为思想问题毕竟需要一个较长的反思过程。1937 年 5 月，张闻天在《中国共产党苏区代表会议的任务》的提纲中还认为，“四中全会到现在，中央的路线一般的是正确的”①。对于此，《张闻天选集》加注说，“对于四中全会的路线，包括张闻天在内的党内多数同志有一个认识过程。这里的提法基本上是遵义会议决议的提法。”② 这表明，只有深入研究马克思主义中国化、只有对党的历史上的错误进行系统的理论反思、只有普遍地进行批评和自我批评，30 年代前期盛行的组织上的宗派主义、惩办主义和家长制错误的危害，才有可能得到广泛而深刻的思想清算。

综上所述，陕北时期既要反“左”又要反右的严峻形势、党面临局部执政的考验、党员数量剧增和党内各种非无产阶级思想亟待克服、教条主义和宗派主义危害亟需正确的认识和处理，这些问题如不能得到迅速而根本的解决，则必然影响到党的战斗力，削弱党在政治上、思想上和组织上的团结与统一，干扰党的正确路线方针政策的贯彻执行。为了领导中国革命更好更快地发展，对党内以教条主义和宗派主义为要害的不良作风进行彻底而妥当的清算就刻不容缓了。

二、党风建设的理论升华

把作风建设专门相对独立出来进行研究和探索，是从陕北时期开始的。明证之一是，中共主要领导人高频度地使用“作风”一词即始于陕北时期。1936 年 7 月 15 日，刘少奇在《肃清空谈的领导作风》一文中首次提到“领导作风”和“工作作风”的概念。他说，在党的高级和中级领导机关和领导干部中空谈的工作作风严重地存在着，文章、信件、工作报告、政治报告等东西“特别长、重复、乏味，而内容非常空泛与不清楚”。为了克服空谈的作风，“应该特别虚心学习”，把“还没有把握没有了解清楚的问题，用各种方法去弄清楚”，而不要在自己“还没有弄清楚的问题上教训别人，指导别人”，因为“与其对下面指导错了，不如少去指导还好”。刘少奇认为，“总任务与总策略是一个，但一到实际工作上，各地方各部分就各有不同。”“实际工作总

① 《张闻天选集》人民出版社 1985 年版，第 146 页。

② 同上书，第 641 页。

是根据各地方的特殊情形来决定的。忽视与离开各地特殊情形，一切好的决议都要变成空谈。”①

到1937年5～6月党的全国代表会议（当时称苏区代表会议）和白区工作会议期间，“作风”一词已相当多地出现在毛泽东、刘少奇、张闻天的讲话中②，这是党的主人领导人对党风建设进行理论概括的先声。1937年5月，毛泽东在中国共产党全国代表会议上指出，“指导伟大的革命，要有伟大的党，要有许多最好的干部。……这些干部和领袖懂得马克思列宁主义，有政治远见，有工作能力，富于牺牲精神，能独立解决问题，在困难中不动摇，忠心耿耿地为民族、为阶级、为党而工作。……这些人不要自私自利，不要个人英雄主义和风头主义，不要懒惰和消极性，不要自高自大的宗派主义，他们是大公无私的民族的阶级的英雄，这就是共产党员、党的干部、党的领袖应该有的性格和作风。”③ 6月，毛泽东在中共中央政治局会议上对党的传统进行了总结：“政治上的、组织上的、工作作风上的一切好的东西”是党的“正统”，而党内若干不良的习惯表现为“群众斗争战术上的‘左’的关门主义与冒险主义、高慢的宗派主义”，“宣传教育上的高傲态度、不深刻与普遍地联结于实际、党八股等等的作风”以及在党内关系上的“高傲态度、里手主义、风头主义、派别观点、命令主义与惩办主义的作风”④。关于这些错误传统的主要问题，毛泽东认为是“左”的传统，而右的东西“因为环境不容许这种东西的存在，又克服得比较彻底，所以不成其为错误传统或不良习惯”。“左”的传统的存在出于以下原因：“（一）民族与社会的双重压迫，造成群众生活与党的环境的极端困难，这些困难压迫着我们（这是‘左’比右总要好些的观点的来源）。（二）党内小资产阶级与幼年无产阶级成分的存在且占大的数目。（三）党还只有十五年历史，马克思主义的理论与实际的传统还不十分深厚，解决问题还不能样样带马克思主义原则性，还没有很早及人人都学好唯物辩证法。（四）在克服错误路线时（主要在克服立三路线时），在斗争策略、宣传教育、党内关系这三个问题上的错误，没有得到彻底的克服，有些一时是进步，过后

① 《刘少奇选集》上卷，人民出版社1981年版，第41～44页。

② 见《毛泽东文集》第1卷，人民出版社1993年版，第507页；《刘少奇选集》上卷，人民出版社1981年版，第70页；《张闻天文集》第2卷，中共党史出版社1993年版，第266页。

③ 《毛泽东选集》第1卷，人民出版社1991年版，第277页。

④ 《毛泽东文集》第1卷，人民出版社1993年版，第507页。

又发作起来。这三个问题上的错误，在一个长时期中没有彻底地提出并解决过。”毛泽东还引用张闻天的话指出，党在六届四中全会后所犯的六个个别原则问题上的错误是：“（一）没有估计部分资产阶级的变动；（二）对革命持久性、复杂性、不平衡性估计不充分；（三）战争中‘左’的及右的错误；（四）群众斗争中的关门主义、宗派主义的错误，及对此错误斗争的不够；（五）不会利用敌人的间隙；（六）思想斗争与干部政策上的严重错误。”① 毛泽东做出结论说，“我们党内存在着某种错误的传统，这就是群众工作问题上，宣传教育问题上，党内关系问题上的‘左’的关门主义、宗派主义、冒险主义、公式主义、命令主义、惩办主义的方式方法与不良习惯的存在，这在全党还没有克服得干净，有些还正在开始系统地提出来解决。新的环境与任务迫切要求对这个问题来一个彻底的转变，我们也正在转变它。”② 这实际上已经提出了从思想上清算思想路线错误的任务。

此后，党风建设的理论概括日益系统、丰富和完备。1937 年 7 月和 8 月，毛泽东写成重要的哲学著作《实践论》和《矛盾论》，为清算党内存在着的“错误的传统”提供了哲学理论基础。毛泽东在《实践论》中揭示了唯理论“只承认理性的实在性，不承认经验的实在性”的错误，和经验论“以为只有感性认识可靠，而理性认识是靠不住的”之错误③；揭示了右倾机会主义“思想落后于实际”、“认识仍然停止在旧阶段”的特征，和“左”翼空谈主义“把幻想看作真理”、“把仅在将来有现实可能性的理想”“勉强地放在现时来做”从而“在行动上表现为冒险主义”的特征，并指出机会主义和冒险主义都是以主观和客观相分裂、以认识和实践相脱离为特征④；还提出了“改造客观世界，也改造自己的主观世界——改造自己的认识能力，改造主观世界同客观世界的关系”的任务⑤。在《矛盾论》中，毛泽东特别强调“关于矛盾的特殊性的问题应当着重地加以研究，并用足够的篇幅加以说明”⑥，并指出教条主义者“把一般真理看成是凭空出现的东西，把它变成为人们所不能够捉

① 《毛泽东文集》第 1 卷，人民出版社 1993 年版，第 508～509 页。
② 同上书，第 510 页。
③ 《毛泽东选集》第 1 卷，人民出版社 1991 年版，第 290～291 页。
④ 同上书，第 295 页。
⑤ 同上书，第 296 页。
⑥ 同上书，第 304 页。

摸的纯粹抽象的公式，完全否认了并且颠倒了这个人类认识真理的正常秩序”①。文章还从矛盾的同一性和斗争性的辩证关系入手，指出“党一方面必须对于错误思想进行严肃的斗争，另方面又必须充分地给犯错误的同志留有自己觉悟的机会。在这样的情况下，过火的斗争，显然是不适当的”。当然，“如果犯错误的人坚持错误，并扩大下去，这种矛盾也就存在着发展为对抗性的东西的可能性。”②

1937 年 9 月，毛泽东写下了第一篇专门论及党的作风的文章《反对自由主义》。当时，抗日战争刚刚开始，国内阶级关系的复杂性反映到党和革命队伍中来，表现为政治上、思想上、组织上的自由主义倾向，主要是有的党员干部和工作人员思想跟不上形势，对党的现行政策和新事物不理解，发牢骚、说怪话、闹意气，甚至有抵触情绪；还有的则受国民党的影响，滋长了做官的思想，追求资产阶级腐朽庸俗的作风。毛泽东列举了自由主义的种种表现，从组织纪律、阶级根源、思想方法、政治表现四个方面对自由主义进行了揭露和批判，号召一切忠诚、坦白、积极、正直的共产党员团结起来，反对这种严重的恶劣倾向。

1938 年的六届六中全会上，毛泽东提到了纠正教条主义错误、把国际主义的内容同民族形式相结合的问题：“洋八股必须废止，空洞抽象的调头必须少唱，教条主义必须休息，而代之以新鲜活泼的、为中国老百姓所喜闻乐见的中国作风和中国气派。”③ 六届六中全会为了扩大党内民主和加强党的纪律，通过了《关于各级党委暂行组织机构的决定》、《关于中央委员会工作规则与纪律的决定》、《关于各级党部工作规则与纪律的决定》，为加强党的组织建设、保证民主集中制的实施提供了制度依据，也为党的整风进行了有益的准备。正如王稼祥在大会闭幕词中所说，“此次会表示我们已掌握马列主义，以之分析具体的复杂的环境，定出正确的政策与方针。此次大会表示了党的团结与一致”④。

1941 年 5 月 19 日，毛泽东在延安干部会上作了《改造我们的学习》的报告，成为整顿党风的开端。毛泽东称主观主义的作风“完全违反马克思列宁

① 《毛泽东选集》第 1 卷，人民出版社 1991 年版，第 310 页。
② 同上书，第 335 页。
③ 《毛泽东选集》第 2 卷，人民出版社 1991 年版，第 534 页。
④ 《王稼祥选集》，人民出版社 1989 年版，第 147 页。

主义基本精神的作风”，指出了这种“极坏的作风”的种种表现、实质和危害。主观主义的作风在学习马克思主义的态度和方法上“是直接违反马克思主义的”，一不注重研究现状，“对于中国今天的面目若明若暗”，二不注重研究历史，“对于中国昨天和前天的面目漆黑一团”，三不注重研究马克思列宁主义的应用，“抽象地无目的地去研究马克思列宁主义的理论”①。毛泽东明确指出，只有用实事求是的态度、马克思列宁主义的作风，才能克服主观主义的作风。同年9月，以中央政治局会议为标志，整风运动首先在中央领导层展开。毛泽东在主题报告中指出：苏维埃运动后期的“左”倾机会主义是主观主义的统治，比立三路线的危害更为严重，因为他们自称为“国际路线”，穿着马克思主义的外衣，但提出的是不合实际情况的任务，因而结果更悲惨，这种主观主义与实事求是的马克思主义是相对抗的；遵义会议虽然变更了错误的政治路线，但思想上主观主义的遗毒仍然存在，其来源是过去党内“左”的传统、共产国际中的某些思想影响以及中国广大小资产阶级的影响；要集中力量反对主观主义和宗派主义，“打倒两个主义，把人留下来”，“把犯了错误的干部健全地保留下来”②。会上张闻天、博古、王稼祥、李维汉等都进行了自我批评，发言者对1932年至1935年间的中央路线的认识趋于一致，都承认是错误路线，但涉及到评价六届四中全会，则中央领导层的认识差距较大，没有统一思想。

1942年2月1日，毛泽东在延安党校所作的《整顿党的作风》的演说，是整风运动普遍展开的标志。这时，中国共产党关于作风建设的理论已经相当完善，明确提出反对主观主义以整学风、反对宗派主义以整党风、反对党八股以整文风的任务。“主观主义、宗派主义和党八股，这三种东西，都是反马克思主义的，……是小资产阶级思想的反映。”③

学风问题是“一个非常重要的问题”，是“第一个重要的问题”，它是“领导机关、全体干部、全体党员的思想方法问题，是我们对待马克思列宁主义的态度问题，是全党同志的工作态度问题”④。主观主义是一种不正派的学风，党内的主观主义有两种，即教条主义和经验主义，它们的通病是只看到片

① 《毛泽东选集》第3卷，人民出版社1991年版，第797～799页。

② 《毛泽东文集》第2卷，人民出版社1993年版，第372～375页。

③ 《毛泽东选集》第3卷，人民出版社1991年版，第833页。

④ 同上书，第813页。

面，看不到全面，不懂理论和实际相联系。不过两者还存在着明显的区别：第一，从对待马克思列宁主义的态度上说，教条主义不懂得理论要从客观实际中抽象出来再回到客观实际中得以证明，而是把马克思列宁主义当作死的教条，把马列主义书本上的某些个别词句当成包治百病的灵丹妙药，从而阻碍了理论的发展，害人又害己；经验主义以局部的、感性的经验为满足，漠视马克思列宁主义理论的指导作用。第二，从思想方法和工作态度上说，教条主义停留在书本知识上，就像拿着箭却对不准靶子，不懂得普遍的东西若不和具体实际结合就是苍白无力的东西；经验主义则把局部经验当作普遍真理，不懂得通过学习理论把经验上升为理论。相比较而言，教条主义更为危险，因为它容易装出马克思主义的面孔，吓唬工农干部和青年，把他们充当自己的俘虏。要肃清主观主义的毒害，首先需要真正的马克思列宁主义的理论家，他们能够依据马克思列宁主义的立场、观点和方法，正确地解释历史中和革命实践中所发生的实际问题，能够对中国的经济、政治、军事、文化等各方面的问题给予科学的解释，能够从中找出发展规律。其次，要反对主观主义，还必须使偏重于学习书本知识的人向实际方面发展，使有工作经验的人向理论方面学习，双方都应弥补自己各自的缺陷。

宗派主义是主观主义在组织关系上的表现，对内的宗派主义妨碍党内的统一和团结，对外的宗派主义妨碍党和全国人民的团结。为克服对内的宗派主义，必须在处理局部和全体的关系、个人和党的关系、外来干部和本地干部的关系、军队干部和地方干部的关系、军队和军队的关系、地方和地方的关系、工作部门和工作部门的关系等方面，提倡“五湖四海”，使党的队伍达到步调一致，“以利战斗”；为克服对外的宗派主义，必须同一切愿意合作及可能合作的人进行合作，而不能排斥他们，否则就不能达到革命胜利的目的。党八股的文风是主观主义在文章中、文件演说中、开会中表现出来的坏风气，只有连同党八股一起彻底抛弃，新的文风才能树立、巩固和发展，革命事业才能不断向前推进。

为了总结历史经验、把整风引向健康深入，1943 年 9 月，中央政治局召开扩大会议，解决“把历史搞清楚”的问题。这次会议时开时停，长达八个半月，对四中全会后的路线进行了彻底的清算，使中共领导层对党在政治上的统一性、组织上的纯洁性、思想上的严肃性和党内斗争的正确方针都有了极深刻的认识。随后召开的六届七中全会原则通过了《关于若干历史问题的决议》，标志着整风运动的圆满结束。延安整风从思想方法上解决问题，“打倒两个主义”，达到了党内团结的目的，成为解决党内问题的一个创举。中共七大以团结的大会、胜利的大会载入史册，为中国革命的胜利奠定了坚实的基础。

第二节　理论和实践相结合的作风

作为实事求是思想路线的主要创始人，毛泽东把“理论和实践相结合”的作风放在三大优良作风的第一位，是因为思想路线具有总领全局的作用，如果在理论联系实际上出了问题，密切联系群众的作风、批评和自我批评的作风即使在局部领域继续得以发扬，也难免出现这样那样的偏差，更难以对作风建设产生全局性的积极影响。中国革命和建设的成功经验与失败教训充分证明了这一点。

理论在指导并转化为实践时总是给实践以一定的自由度，使理论与实践的结合呈现出灵活多样的特点。就实践向理论的提升而言，当那一部分偏离或超越原有理论规范的崭新实践尚未达到成熟程度和显露其普遍意义时，人们对它的认识只是初步的，因而需要进一步大胆实践，创新开拓；随着实践的逐步深入和完善，从理论上做出新的概括与总结的客观条件便基本成熟①。理论和实践相结合，既包括理论的成熟，也包括对实际的正确把握，还包括“理论——实践观念——实践”这一结合过程。“实践、认识、再实践、再认识，这种形式，循环往复以至无穷，而实践和认识之每一循环的内容，都比较地进到了高一级的程度。”②

一、马克思主义中国化的提出

中国共产党把马克思列宁主义的基本原理与中国的具体实践相结合，提出了彻底的反帝反封建的民主革命纲领，提出了农村包围城市、武装夺取政权道路的理论，提出了“从斗争中创造新局面的思想路线”，提出了建立广泛的抗日民族统一战线的政治主张，这为中国共产党适应时局需要、完成历史任务指明了方向。但是，由于党内“左”和右的错误特别是教条主义的恶劣影响，

① 姚润皋，林源：《邓小平实事求是哲学论》，南京大学出版社 1997 年版，第 44～45 页。

② 《毛泽东选集》第 1 卷，人民出版社 1991 年版，第 296～297 页。

党在遵义会议前是在摸索中前进，因此，普遍地深入地研究马克思列宁主义理论的任务，是一个亟待解决并须着重解决的大问题。

在1938年9月29日至11月6日召开的中共六届六中全会上，毛泽东第一次明确提出了“使马克思主义在中国具体化”的口号。他指出，指导一个伟大的革命运动的政党，如果没有革命理论，没有历史知识，没有对于实际运动的深刻了解，要取得胜利是不可能的。马克思、恩格斯、列宁、斯大林的理论，是放之于四海而皆准的理论，不应当把他们的理论当作教条看待，而应当作行动的指南。“马克思列宁主义的伟大力量，就在于它是和各个国家具体的革命实践相联系的。对于中国共产党说来，就是要学会把马克思列宁主义的理论应用于中国的具体的环境。成为伟大中华民族的一部分而和这个民族血肉相联的共产党员，离开中国特点来谈马克思主义，只是抽象的空洞的马克思主义。因此，使马克思主义在中国具体化，使之在其每一表现中带着必须有的中国的特性，即是说，按照中国的特点去应用它，成为全党亟待了解并亟须解决的问题。”① 毛泽东关于马克思主义中国化的论述，主要内容有以下几点：1. 不仅要学习马列主义关于一般规律的结论，而且要学习马列主义观察问题和解决问题的立场和方法②。马列主义是指南而不是公式，只有在面对现实的、历史的、具体的研究中，它才能科学地运用，而只有在具体的运用中，它才成为科学的前提。唯物辩证法是全部思想方法的“原型”，它的所有规律和范畴都具有方法论的功能，因而是一切方法的指南；但是，辩证法若不转化为方法论，进而转化为能够把握现实的认识方法、工作方法，它就失去了存在的根据，失去了活力。2. 必须用马克思主义的方法对中国历史遗产进行批判的总结，从孔夫子到孙中山都要给以总结，要继承这一份珍贵遗产③。3. 要学会把马克思列宁主义理论应用于中国的具体环境。在内容上，要用马克思主义的立场、观点和方法，分析和解决中国革命的实际问题，揭示中国革命发展的客观规律，并把中国人民在长期革命斗争中所积累起来的丰富经验加以科学总结和概括，使之上升为理论，成为中国化的马克思主义。在形式上，要根据中国的民族特点，运用中国人民所喜闻乐见的民族形式，来深入浅出地阐述马克思主

① 《毛泽东选集》第2卷，人民出版社1991年版，第534页。

② 《毛泽东选集》第2卷，人民出版社1991年版，第533页。

③ 同上书，第534页。

义的基本原理，阐明中国革命的理论和政策。

在全会上，张闻天在对抗日民族统一战线与党的组织问题的讨论作结论时，也论述了马克思主义中国化的任务。他说，我们党的十七年，最大的进步是学会了运用马列主义，从抽象的教条的了解，到更具体更深刻更生动的了解马列主义，这是十七年革命实践所得的结果。“组织工作，包含斗争形式、组织形式、工作方法。马克思主义的原则、方法是国际性的，但我们是在中国做组织工作，一定要严格估计到中国政治、经济、文化、思想、民族习惯、道德的特点，正确认识这些特点，再来决定我们的斗争形式、组织形式、工作方法。我们要的是国际主义的内容，民族的形式，我们要使组织工作中国化，否则我们就不是中国的共产党员。将外国党的决定搬到中国来用，是一定要碰钉子的。”① 张闻天关于马克思主义中国化的论述主要有以下内容：1. 我们一定要从书本上学习，但不是会背这些原则就了解了马列主义。我们应该根据这些原则分析当时当地情况，对马列主义边学边用。2. 我们了解了中国社会发展的客观规律，把握阶级斗争规律，依靠这些规定我们的政治方向和工作方针。我们不要怕抛弃马列主义中某些不适合中国情况的原则。3. 我们党今天更能够根据具体情况的分析来决定我们的方针、战略、策略口号。4. 客观情况不是一次就完全能够认识的，必须在斗争实践中不断补充我们的认识。马列主义指导实践，实践又发展马列主义②。

马克思主义中国化命题的提出，表明中国共产党对于中国国情的认识已经出现了一个飞跃。六届六中全会以后，在党中央的号召和毛泽东的带动下，中国共产党内兴起了学习马克思列宁主义理论、总结中国革命历史经验的热潮，党在理论与实际的结合上已经成熟起来。与此同时，中国共产党在对待共产国际的态度上也成熟起来。1943 年 5 月 20 日，共产国际执行委员会总书记季米特洛夫致电毛泽东，通报共产国际执行委员会主席团将于 5 月 22 日公布关于解散共产国际的提议，请中共中央急速讨论这一提议，并将意见告知。5 月 21 日，中共中央政治局会议决定：由毛泽东复电季米特洛夫，表示赞成共产国际执行委员会主席团的提议。5 月 26 日，毛泽东在中共中央书记处召集的延安

---

① 《张闻天文集》第 2 卷，中共党史出版社 1993 年版，第 453 页。

② 转引自：张树军等编：《中国共产党八十年重大会议实录》上册，湖南人民出版社 2001 年版，第 170 页。

干部大会上说，现在需要的是加强各国民族共产党，而无须共产国际的必要了，理由在于：1. “正确的领导需要从仔细研究本国情况出发，这就更加要由各国共产党自己来做。远离各国实际斗争的共产国际，在过去情况比较单纯、变化比较还不很迅速的时候是适合的，现在就不适合了。” 2. “为了迅速地和有效地组织一切国家的反法西斯斗争，国际性的集中组织早已感到不大适宜，这种情况至近来乃特别显著。” 3. “各国共产党的领导干部已经成长起来，他们在政治上已经成熟。……自一九三五年共产国际第七次代表大会以来，共产国际即没有干涉过中国共产党的内部问题，而中国共产党在整个抗日民族解放战争中的工作，是做得很好的。” 毛泽东指出：“共产国际的解散，不是为了削弱各国共产党，而是为了加强各国共产党，使各国共产党更加民族化，更加适应于反法西斯战争的需要。……现在共产国际没有了，这就增加了我们的责任心。”①

在延安整风运动中，党的一些理论工作者和许多重要领导人认识到需要对主要由毛泽东提出的关于中国革命的理论给以适当的命名和正确的评价，相继出现了“毛泽东同志的思想”、“毛泽东同志的思想体系”等概念。1943 年 7 月 5 日，王稼祥首次使用了“毛泽东思想”这个概念。同年 8 月 2 日，周恩来在延安欢迎会上讲话指出，“我们党二十二年的历史证明：毛泽东同志的意见，是贯串着整个党的历史时期，发展成为一条马列主义中国化，也就是中国共产主义的路线！”② 1945 年 6 月，中共七大通过的党章正式规定，“中国共产党，以马克思列宁主义的理论与中国革命的实践之统一的思想——毛泽东思想，作为自己一切工作的指针，反对任何教条主义的或经验主义的偏向”③。

二、“实事求是”的概括

实事求是的思想路线的形成和发展，有两条逻辑线索可循：一条线索是对马克思主义学风深刻内涵的不懈探索，即内容的改造；另一条线索是探索如何精确简练地表达马克思主义学风的实质，即形式的改造。这两条逻辑线索在结构上相互交织，在内容上相互为用，最后达到交汇点——实事求是的思想路线。

① 《毛泽东文集》第 3 卷，人民出版社 1996 年版，第 20 ~ 22 页。

② 《周恩来选集》上卷，人民出版社 1980 年版，第 138 页。

③ 中央档案馆：《中共中央文件选集》第 15 册，中共中央党校出版社 1991 年版，第 115 页。

毛泽东在古田会议前后对思想路线进行过初步的探索，随着此后革命实践经验教训的积累，到延安时期，毛泽东创造性地赋予“实事求是”这一古语以新的哲学内涵，把党的思想路线的探索推向一个新的高度。1938 年 10 月，他在六届六中全会上的《论新阶段》的报告中明确使用了“实事求是”这一命题：“共产党员应是实事求是的模范，又是具有远见卓识的模范。因为只有实事求是，才能完成确定的任务；只有远见卓识，才能不失前进的方向。因此，共产党员又应该成为学习的模范，……只有向民众学习，向环境学习，向友党友军学习，了解了他们，才能对于工作实事求是，对于前途有远见卓识。”① 在这里，毛泽东将实事求是与远见卓识加以对比：实事求是是面对现实，表明踏踏实实的工作态度（工作作风）；远见卓识是面向未来，表明对前途的正确把握。通俗地说，两者就是低头拉车与抬头看路的关系。实事求是的内涵被拓宽了，它已经从古人用来特指治学态度扩大到用于泛指一切具体工作的态度，但还没有从具体工作中剥离出来。另外，毛泽东强调，通过学习掌握确凿的第一手材料是实事求是和远见卓识的前提，这就为后来再度对“实事求是”的涵义进行拓宽奠定了基础。

1940 年 1 月，毛泽东在《新民主主义论》中将“实事求是”作为科学的态度（思想作风）与那种狂妄自大的态度对立起来：“科学的态度是‘实事求是’，‘自以为是’和‘好为人师’那样狂妄的态度是决不能解决问题的。我们民族的灾难深重极了，惟有科学的态度和负责的精神，能够引导我们民族到解放之路。”② 1930 年 1 月，毛泽东曾经说过，中国革命高潮的到来“是站在海岸遥望海中已经看得见桅杆尖头了的一只航船”③。现在，“实事求是”已经被赋予这样一种哲学内涵：它就是远见卓识，所以能像航标一样指引中国革命的巨轮驶向独立和自强的海岸。“实事求是”之所以被赋予这样一种哲学内涵，是因为只有坚持“实事求是”的科学态度，才能够找到真理。这样，一方面，“实事求是”一词获得了“远见卓识”的意义，另一方面，解决全党思想路线问题的哲学基础已经建立，这表明，把实事求是作为马克思列宁主义学风的代名词，这一理论上的跨越将是水到渠成的事情了。毛泽东在 1941 年 5

① 《毛泽东选集》第 2 卷，人民出版社 1991 年版，第 522 ~ 523 页。

② 同上书，第 662 ~ 663 页。

③ 《毛泽东选集》第 1 卷，人民出版社 1991 年版，第 106 页。

月的《改造我们的学习》中完成了这一跨越。他指出，全党的学习方法和学习制度必须得以改造。从学习、研究的方法来说，要研究现状、研究历史、学习国际的革命经验；另外还要确立学习、研究马克思列宁主义理论的目的，即为着解决中国革命的理论问题而学习马克思列宁主义的立场、观点和方法。这种有的放矢的态度也就是实事求是的态度，马克思列宁主义的学习态度。"'实事'就是客观存在着的一切事物，'是'就是客观事物的内部联系，即规律性，'求'就是我们去研究。我们要从国内外、省内外、县内外、区内外的实际情况出发，从其中引出其固有的而不是臆造的规律性，即找出周围事物的内部联系，作为我们行动的向导。而要这样做，就须不凭主观想象，不凭一时的热情，不凭死的书本，而凭客观存在的事实，详细地占有材料，在马克思列宁主义一般原理的指导下，从这些材料中引出正确的结论。"①

实事求是的涵义越来越丰富了，我们不仅看到了实事求是思想路线的各个环节，而且看到这些环节的有机统一：首先，实事求是有感性的一面，即调查研究，它同具体工作相联系。调查研究并非盲目的、无前途的、无远见的经验主义者的作为，而是坚持与实行实事求是的基本方法，是马克思主义理论与实践相结合的途径。调查研究的目的在于进行革命理论的创造并从理论上思考中国革命的实践，依据马克思列宁主义的立场、观点和方法，正确地解释历史中和革命中所发生的实际问题，能够在中国的经济、政治、军事、文化种种问题上给予科学的解释，给予理论的说明。其次，实事求是又有理性的一面，感性认识必须上升到理性认识，用以指导具体工作，并接受实践的检验。如果没有理性上的高瞻远瞩，就会犯诸如"把反对党内资本主义思想的斗争""移到社会经济方面""去反对资本主义的经济成分"的错误②。最后，实事求是的科学态度还同群众路线有着内在的必然联系："真理只有一个，而究竟谁发现了真理，不依靠主观的夸张，而依靠客观的实践。只有千百万人民的革命实践，才是检验真理的尺度。"③ 也就是说，实事求是的"实事"就是与千百万人民群众息息相关的"实事"，这是马克思主义的世界观的基础。

这样，毛泽东把人民群众的根本利益、深入细致的调查研究、踏踏实实的

① 《毛泽东选集》第3卷，人民出版社1991年版，第801页。
② 同上书，第793页。
③ 《毛泽东选集》第2卷，人民出版社1991年版，第663页。

工作态度、马克思列宁主义的学习态度、把握未来的远见卓识、检验真理的实践标准都融入到对实事求是的理解之中，第一次用辩证唯物主义世界观揭示了“实事求是”的哲学含义，这是对“实事求是”认识上的一次巨大理论飞跃，标志着党的思想路线获得了简洁凝炼的表达方式。此后，延安整风扫除了马克思主义中国化的思想障碍，加快了马克思主义中国化的历史进程，第一次把实事求是的思想路线运用到思想改造的实际操作之中，达到了全党思想上的统一。1945 年，毛泽东在七大报告中把“理论联系实际”列为党的三大优良作风的第一条，大会还把实事求是正式写入了党章。从此，实事求是的思想路线在全党正式确立，成为与主观主义相对立的辩证唯物主义思想路线的精辟概括，成为具有中国共产党人特色的立场、观点、方法。毛泽东思想第一次作为指导思想写入党章正是中国共产党人坚持实事求是的思想路线、坚持马克思主义中国化的伟大成果。

第三节　密切联系群众的作风

理论联系实际或曰理论与实际相结合是一个异常复杂的问题。首先，事物是千差万别、多姿多彩的，因而关于事物的理论必然是各各相异，即使对同一事物的解释、剖析及其未来走向之预测也不可能完全相同，甚至会是完全相反的。其次，实际有时空之差异。由于具体实践在时空跨度上的具体条件不同，所以指导实践的理论体系中的具体结论不可能全部取得对象化形式。它们只是部分地得到实现，而程度不同地表现为对理论规范的某种偏离或超越①。再次，理论和实际的结合也是异常复杂的。理论与实践的结合首先是一种具体的结合，同时又是一种历史的、动态的结合，它永远不会停留在一成不变的水平上。在这个永无尽头的结合过程中，必须不断地研究新情况，解决新问题②。最后，在众多事物中总会有一个或几个最重要的、对整个事物发展起决定作用的核心，这就是最大的实际。

对于无产阶级政党来说，理论联系实际，最广大人民的利益无疑就是最大的实际，党的一切理论、路线、方针、政策都必须紧紧围绕这一最大实际展

① 姚润皋，林源：《邓小平实事求是哲学论》，南京大学出版社 1997 年版，第 44 页。

② 同上。

开。所谓一切从实际出发，就是从广大人民群众的需要和觉悟水平出发，向群众学习，向群众作调查，把广大人民群众的需要和可能统一起来，既不落后于群众的觉悟水平，也不超越于群众的觉悟水平。所谓理论联系实际，就是理论同广大人民群众的实践相结合。所谓实事求是，就是按照最广大人民群众的最大利益办事，把人民群众的长远利益和暂时利益结合起来，把国家利益、集体利益和个人利益结合起来。所谓在实践中检验和发展真理，就是说理论来源于人民群众的实践，理论又必须服务于人民群众的实践，并在群众的实践中得到检验和发展①。“马克思主义和其他一切社会主义理论的不同之处在于，它出色地把以下两方面结合起来：既以完全科学的冷静态度去分析客观形势和演进的客观进程，又非常坚决地承认群众（当然，还有善于摸索到并建立起同某些阶级的联系的个人、团体、组织、政党）的革命毅力、革命创造性、革命首创精神的意义。”② 坚持马克思主义群众观点，坚持走群众路线，是由中国共产党的性质和宗旨决定的。群众路线是党的根本政治路线，密切联系群众的优良作风是作风建设的核心。

一、群众观点与群众路线的提炼

遵义会议前，在党的作风建设上，以毛泽东为代表的中国共产党人曾进行了一些探索，但优良作风还没有在全党形成，党和群众的血肉联系在理论上的研究和实践上的探索还不能说是成熟的。红军到达陕北后，国内形势的变化为党对群众路线的实践创新和理论概括提供了条件。1935 年 12 月瓦窑堡会议对国内政治形势的变化总结认为：“目前政治形势已经起了一个基本上的变化，在中国革命史上划分了一个新时期，这表现在日本帝国主义变中国为殖民地，中国革命准备进入全国性的大革命，在世界是战争与革命的前夜。”这标志着“人民”的范围即将随着国内阶级关系的深刻变化而扩大：不仅工农和小资产阶级要抗日，民族资产阶级的政治态度也发生了变化，连国民党内部也会发生破裂，一切抗日的力量都属于“人民”的范畴。因此，中共中央指出：“中国共产党是中国无产阶级的先锋队……同时中国共产党又是全民族的先锋队。”③

---

① 魏钦公：《谈党的三大作风（修订本）》河南人民出版社 1984 年版，第 36 ~ 37 页。

② 《列宁全集》第 16 卷，人民出版社 1988 年版，第 20 页。

③ 中央档案馆：《中共中央文件选集》第 10 册，中共中央党校出版社 1991 年版，第 598，620 页。

可见，在这一形势下，走群众路线就是建立广泛的统一战线，组织千千万万的民众，调动浩浩荡荡的革命大军，向日本帝国主义和反动派进攻。

国共合作抗日战争的环境，给中国共产党的建设带来了严峻的考验。抗日民族统一战线的构成是十分复杂的，其中既有工人、农民、革命知识分子、其他小资产阶级组成的进步力量，也有由民族资产阶级、开明士绅、部分地方实力派组成的中间力量，还有以蒋介石为代表的大地主、大资产阶级组成的顽固派。各派政治力量面对中日民族矛盾这一主要矛盾，在抗日问题上存在共识，但在如何抗日上存在着严重分歧和尖锐的斗争。斗争的焦点是领导权问题。是建立无产阶级领导的各革命阶级联合统治的国家，还是建立大地主大资产阶级统治的国家？这关系到国家的前途和命运。抗日战争时期，中国共产党已是一个经历了一右三“左”考验的、日益成熟起来的政党，她深刻认识到，在带领民众进行革命斗争时，必须同各种非无产阶级在政治上思想上划清界限，不但要同地主、资本家等剥削阶级划清界限，而且要克服农民、小资产阶级的阶级狭隘性，始终保持独立性。

在《论新阶段》中，毛泽东要求共产党员应该做人民群众的朋友，应该虚心向民众学习，决不能做官僚主义的政客。他指出，共产党员不过是全民族中的一小部分，党外存在着广大的先进分子和积极分子，我们必须和他们协同工作，那种自以为是、好为人师的想法是完全不对的。共产党员不应该轻视落后的人们，而是应该亲近他们、团结他们、说服他们，鼓励他们一道前进。共产党员对于在工作中犯过错误的人们，除了不可救药者外，不能采取排斥态度，而应该采取规劝的态度，使其觉悟起来。“共产党员决不可脱离群众的多数，置多数人的情况于不顾，而率领少数先进队伍单独冒进；必须注意组织先进分子和广大群众之间的密切联系。……一个好的共产党员，必须善于照顾全局，善于照顾多数，并善于和同盟者一道工作。”①

1941 年，陕甘宁边区经济面临严重困难，政府要老百姓出万石公粮，还要运输公盐，负担很重。那年边区政府开会时打雷，把县长打死了，有人就说，为什么没有把毛泽东给劈死。毛泽东没有生气，而是作了一番调查，得知确实公粮征收太多②。次年，针对当时边区面临的严重困难，中共中央强调走

① 《毛泽东选集》第 2 卷，人民出版社 1991 年版，第 525 ~ 526 页。

② 《毛泽东文集》第 3 卷，人民出版社 1996 年版，第 338 页。

生产自救的道路，各抗日根据地的党政军学人员和人民群众一道掀起了大规模的生产运动。大生产运动减轻了人民负担，改善了人民生活，成为关心群众疾苦的典范，因而受到了人民群众的拥护和赞扬，密切了党群关系和军民关系，增进了党政军民之间的团结。

1943 年 4 月，周恩来在报告提纲中写道，党的干部要“领导群众，结交朋友”：“（一）领导党的方式和领导群众的方式是不同的，领导群众的方式和态度要使他们不感觉到我们是在领导。（二）领导群众的基本方法是说服，决不是命令；只有在多数已经同意而少数尚不同意的情形下，必要时可用多数的意见强制少数执行。（三）领导群众和结交朋友，领导者自己要起模范作用。（四）领导者在必要时应忘记他所受的侮辱。（五）领导者切勿轻视自己的作用和影响，要戒慎恐惧地工作。”① 同年 6 月，毛泽东在《关于领导方法的若干问题》中指出：“在我党的一切实际工作中，凡属正确的领导，必须是从群众中来，到群众中去。这就是说，将群众的意见（分散的无系统的意见）集中起来（经过研究，化为集中的系统的意见），又到群众中去作宣传解释，化为群众的意见，使群众坚持下去，见之于行动，并在群众行动中考验这些意见是否正确。然后再从群众中集中起来，再到群众中坚持下去。如此无限循环，一次比一次地更正确、更生动、更丰富。这就是马克思主义的认识论。”② 这就把群众意见、群众利益作为衡量领导（方法）正确与否的标准，并把群众路线提高到马克思主义认识论的高度。

1944 年 8 月，毛泽东为《解放日报》社论稿加了这样一段话：“一切问题的关键在政治，一切政治的关键在民众，不解决要不要民众的问题，什么都无从谈起。要民众，虽危险也有出路；不要民众，一切必然是漆黑一团。”③ 这段话一针见血地道出国共两党因世界观不同（是否真正关心人民的疾苦）而导致的方法论上的差异（是否能够得到民众的支持，是否能够运用人民的战术）。同年 9 月，毛泽东发表了《为人民服务》一文，要求全党向张思德学习，指出“只要我们为人民的利益坚持好的，为人民的利益改正错的，我们这个队伍就一定会兴旺起来”④。

① 《周恩来选集》上卷，人民出版社 1980 年版，第 131～132 页。
② 《毛泽东选集》第 3 卷，人民出版社 1991 年版，第 899 页。
③ 《毛泽东文集》第 3 卷，人民出版社 1996 年版，第 202 页。
④ 《毛泽东选集》第 3 卷，人民出版社 1991 年版，第 1004～1005 页。

1945年中国共产党第七次全国代表大会上，毛泽东把密切联系群众的作风列为党的三大作风之一，指出“共产党人的一切言论行动，必须以合乎最广大人民群众的最大利益，为最广大人民群众所拥护为最高标准”①。刘少奇则总结道：“一切为了人民群众的观点，一切向人民群众负责的观点，相信群众自己解放自己的观点，向人民群众学习的观点，这一切，就是我们的群众观点，就是人民群众的先进部队对人民群众的观点。”②

总的来说，中国共产党的群众观点和群众路线在延安整风期间得到了系统化的理论概括和普遍而深刻的实践运作，毛泽东、刘少奇和周恩来等领导人对此做出了重要贡献。群众观点是中共和人民政权机关对待群众的根本观点，是唯物史观的具体体现；把群众观点落实到党的群众工作中去，形成党和政权机关处理党群关系的根本态度和领导方法，就是群众路线，群众路线永远是党的最根本的政治路线。群众观点和群众路线的提炼，标志着中共密切联系群众优良作风的最终形成。

二、民主在党群关系中的重要地位

保持党同人民群众的密切联系，实际就是建立一种良性的党群关系，而要做到这一点，民主是一个必不可少的重要因素，必须不断发展党内民主和人民民主。这不仅是由党的最高宗旨决定的，也是由人民群众作为创造历史之主体的地位决定的。实践证明，群众的民主权利受到尊重，群众的积极性就容易调动起来，党同群众的联系就更加密切；反之，党群关系就容易受到损害。中国共产党提出彻底的反帝反封建的民主革命纲领，领导了轰轰烈烈的争取民主权利的工农运动，在民主实践中不断丰富民主思想，在民主思想的指导下不断在民主实践中探索有效的民主组织形式和民主制度，从而不断地加强同群众的密切联系。

早在土地革命时期，毛泽东就指出民主制度建设的艰巨性和民主制度的巨大威力。“封建时代独裁专断的恶习惯深中于群众乃至一般党员的头脑中，一时扫除不净，遇事贪图便利，不喜欢麻烦的民主制度。民主集中主义的制度，一定要在革命斗争中显出了它的效力，使群众了解它是最能发动群众力量和最利于斗争的，方能普遍地真实地应用于群众组织。”当时井冈山地区工农兵代

① 《毛泽东选集》第3卷，人民出版社1991年版，第1096页。

② 《刘少奇选集》上卷，人民出版社1981年版，第354页。

表会的权力尚未被普遍认识，权力往往集中在执行委员会的手中，而“没有代表大会作依靠的执行委员会，其处理事情，往往脱离群众的意见，对没收及分配土地的犹豫妥协，对经费的滥用和贪污，对白色势力的畏避或斗争不坚决，到处发现”。毛泽东还指出了革命处于低潮与缺少民主运动的关系：“一方面有少数小块地方的红色政权，一方面全国人民还没有普通的民权，工人农民以至民权派的资产阶级，一概没有言论集会的权利，……我们深深感觉寂寞，我们时刻盼望这种寂寞生活的终了。要转入到沸热的全国高涨的革命中去，则包括城市小资产阶级在内的政治的经济的民权主义斗争的发动，是必经的道路。”①

西安事变后，国民党迫于各方面的压力（日本的侵华野心，苏联和英美法支持反日，中国人民的呼声，共产党在西安事变中的和平方针及停止两个政权敌对的政策，资产阶级的分化，国民党的分化等等），在五届三中全会上确定了和平统一等原则。毛泽东于1937年5月8日在党的全国代表会议上指出，“我们说和平取得了，并不是说和平巩固了，相反，我们说它是不巩固的。和平实现与和平巩固是两件事。……在这种情况下，我们的结论不是回到‘停止内战’或‘争取和平’的旧口号去，而是前进一步，提出‘争取民主’的新口号，只有这样才能巩固和平，也只有这样才能实现抗战。”“对于抗日任务，民主也是新阶段最本质的东西，为民主即是为抗日。抗日与民主互为条件，同抗日与和平、民主与和平互为条件一样。民主是抗日的保证，抗日能给予民主运动发展以有利条件。”②

在随后召开的白区工作会议上，刘少奇作了《关于白区的党和群众工作》的报告。他说，“因为环境的变动，新的任务与口号的提出，使得我们党与群众工作的工作方式、组织方式和斗争方式，也必须随之而全部地实行转变。”“我们不是在组织上直接要求群众服从党的指挥，要求群众团体接受党的命令，而是要使群众自愿地接受党的政治主张。我们要求群众接受党的政治主张，同时我们要尊重群众团体在组织上的独立性，尊重群众的民主权利和意见。当着我们的主张只有少数人赞成时，我们在行动上要服从群众的多数，在主张上则保留我们的意见。当我们是多数时，方能要求反对我们的少数服从我

① 《毛泽东选集》第1卷，人民出版社1991年版，第72，77~78页。

② 同上书，第272，274页。

们的意见。只有我们的同志尊重群众，信任群众，群众才会尊重我们，信任我们。”①

张闻天在会议上所作的《白区党目前的中心任务》指出，“关于领导群众斗争的策略在原则上是容易了解的，但在实际的运用上却常常发生极大的困难。……当我们的同志懂得这些原则之后，决不要机械的把这些原则当做死的公式去背诵，而是首先要真正细心的与谨慎的去分析当时当地的具体环境，深刻的去探求革命形势的特点，体验群众的要求、痛苦与他们的每一呼吸与脉搏的跳动，再来决定适当的斗争的口号、策略、工作的方法与方式。”②

1941 年 4 月，邓小平撰文指出，“三三制政权的实质是民主”，既然是几个革命阶级的联合专政，就必然产生政权中的优势问题。“我党必须要掌握这种优势，所以产生了我党对政权的领导问题。优势从何而得？一方面从组织成分上去取得，……但更基本的是从民主政治斗争中去取得，即是说，主要从依靠于我党主张的正确，能为广大群众所接受、所拥护、所信赖的政治声望中去取得。确切地说，党的优势不仅在于政权中的适当数量，主要在于群众的拥护。民主政治斗争可以使党的主张更加接近群众，可以使群众从自己的政治经验中更加信仰我党。”“把优势建筑在权力上是靠不住的。”③ 中国共产党实行全面抗战的路线，在国统区发动抗日民主运动，在敌后发展独立自主的游击战争，在根据地实行减租减息政策，放手发动群众，坚决依靠人民力量，与国民党的包办抗战、压制民众抗日民主权利的片面抗战路线形成了鲜明的对照。

坚持群众路线，意味着让广大人民群众批评和监督，意味着在群众工作中勇于纠正自己的错误。有了人民的广泛批评，党和政府脱离群众的现象就会减少。1947 年底至 1948 年初，整党运动在具备了整党条件的农村基层组织展开。但是在陆续开展的整党运动中，许多地方短时间内出现了“左”的偏向，伤害了当地党员、干部的感情，造成了党员同工作组、贫农团的对立，使土改无法正常进行。这些“左”倾错误的产生，同全国土地会议上对党内不纯问题的估计过重有关，也同缺乏农村基层整党的经验有关。中共中央及时发现并纠正了这些“左”的偏向，各地区普遍邀请党外群众中的积极分子参加整党

① 《刘少奇选集》上卷，人民出版社 1981 年版，第 56，59~60 页。

② 《张闻天文集》第 2 卷，中共党史出版社 1993 年版，第 276~277 页。

③ 《邓小平文选》第 1 卷，人民出版社 1994 年版，第 9~10 页。

会议，认真听取他们的批评意见，请他们共同审查党员和干部，借此克服党内的官僚主义作风、牢固树立全心全意为人民服务的思想作风。毛泽东在晋绥干部会议上讲话指出："在我们的党和政府的组织内，过去存在着某种程度上的成分不纯或者作风不纯的严重现象，许多坏分子混入了党和政府的组织内，许多人发展了官僚主义的作风，仗势欺人，用强迫命令的方法去完成工作任务，因而引起群众不满，或者犯了贪污罪，或者侵占了群众的利益，这些情况，经过过去一年的土地改革工作和整党工作，已经从根本上改变了。"①

第四节 批评和自我批评的作风②

批评和自我批评是一把手术刀，是党防止和克服各种错误思想侵蚀的锐利武器，它对思想开刀，正是为了发现问题、解决问题，为了保持健全的肌体，实行认真的诚恳的批评和自我批评，只会丢掉错误，却能大大提高党的威信，得到最广大人民群众的拥护。马克思主义政党勇于公开承认自己的错误，善于及时纠正自己的错误，长于开展积极健康的思想斗争，这是她遇挫弥坚、由弱到强的重要原因，是战胜自我、战胜困难的强大武器。马克思主义经典作家们对批评和自我批评的极端重要性都有精辟的见解。恩格斯晚年在一封信中指出，马克思在《哥达纲领批判》中所作的"无情的自我批评""引起了敌人极大的惊愕，并使他们产生这样一种感觉：一个能够这样做的党该具有多么大的内在力量啊！"③ 列宁说："一个政党对自己的错误所抱的态度，是衡量这个党是否郑重，是否真正履行它对本阶级和劳动群众所负义务的一个最重要最可靠的尺度。公开承认错误，揭露犯错误的原因，分析产生错误的环境，仔细讨论改正错误的方法——这才是一个郑重的党的标志，这才是党履行自己的义务，这才是教育和训练阶级，进而又教育和训练群众。"④ 毛泽东说："党内批评是坚强党的组织、增强党的战斗力的武器"⑤，"有无认真的自我批评，也是我们

① 《毛泽东选集》第4卷，人民出版社1991年版，第1306页。

② 本节部分内容以《批评、自我批评与马克思主义中国化辨析》为题发表于《山西师大学报（社会科学版）》2011年第3期，另有部分内容以《批评和自我批评的哲学思考》为题发表于《南京社会科学》2011年第12期。

③ 《马克思恩格斯选集》第4卷，人民出版社1995年版，第706页。

④ 《列宁选集》第4卷，人民出版社1995年版，第167页。（着重号为原文所有。）

⑤ 《毛泽东选集》第1卷，人民出版社1991年版，第90页。

和其他政党互相区别的显著的标志之一。”① 邓小平说：“一个党犯错误是难免的，就是犯了错误，也要由自己去总结，自己去解决问题，这样才靠得住。”② 批评和自我批评的优良作风的形成可以说是中国共产党成熟的标志之一。

一、批评和自我批评的哲学思考

批评和自我批评之所以重要，是因为：一方面，人们认识客观事物是由浅入深、由不完全到比较完全的发展过程，在这个过程中，当人们还没有深入地、全面地认识客观事物的时候，或者当客观事物的发展规律还没有完全显现出来的时候，人们的主观认识和客观实际之间就会有不相符合的地方，而认识上的片面性、表面性和主观性，必然会在工作中产生缺点、错误；另一方面，工作中产生缺点错误固然是不可避免的，但不能听任缺点错误的发展，不能听任各种非无产阶级思想在党内合法存在，否则党的事业就会受到损害。党内不同思想的对立和斗争是经常发生的，这是社会新旧事物矛盾和阶级矛盾在党内的反映。问题不在于是否犯错误，而在于犯了错误能不能改正。中国共产党是在批评和自我批评中不断发展壮大的，她经常揭露工作中和领导上的缺点错误，检查犯错误的原因，研究改正错误的办法，并认真地改正错误。批评和自我批评是解决党内矛盾的主要形式，是加强党的团结统一、训练干部、教育群众的有效方法。

（一）批评与价值评价

批评也是一种评价活动。所谓评价，就是主体在对客体的属性和本质进行科学把握的基础上，将自身需要的内在尺度运用于客体，对客体能否满足主体需要进行判断。评价也是一种认识活动，即对客体的观念把握，但评价的主要目的不在于对客体属性、结构、本质的把握，而是着眼于主客体之间的效用关系，即对某种特定事物、现象能否满足主体需要的判别③。评价过程体现出物趋向于人的特点，也就是主体把自己的需要作为主要标准对客体价值做出评判。

价值评价是否科学合理，主要取决于两点，一是主体必须对客体的状况有

---

① 《毛泽东选集》第3卷，人民出版社1991年版，第1096页。

② 《邓小平文选》第3卷，人民出版社1993年版，第27页。

③ 李秀林等：《辩证唯物主义和历史唯物主义原理（第四版）》，中国人民大学出版社1995年版，第365～366页。

正确的认识，二是主体对自身需要有清醒而正确的把握。一方面，判断某一特定事物或现象对主体有没有用处，必须建立在正确把握客体实际状况的基础之上，不了解客体的属性、结构、功能、本质，就无法对客体的效用进行评判。任何事物本身都是一个复杂的矛盾体：它的属性、结构、功能、成份都不会是单一的，而是复合的；不会是单层次的，而是多层次的；不会是凝固不变的，而是复杂多变的；不会是纯粹的正价值或纯粹的负价值，而是正负价值并存、利害成份混杂。事物的某些属性、功能、成份可能是对人有益的，而另一些属性、功能、成份就可能对人造成不利或伤害；对某些人可能是有益的，对另一些人就可能是无关紧要的甚至是有害的；在一定条件下可能对人是有益的，在其他条件下又可能对人形成危害。总之，许多物质客体和精神客体都是利害交织的统一体，只有对客体的各种属性、结构、功能、成份进行全面的、历史的考察，对利与害进行定性而且定量的分析，才能对客体的价值做出综合的判断。另一方面，形成科学的价值评价又必须建立在对主体实际需要的正确认识之上。1. 人的需要有各种层次，有生存的需要，爱和归属的需要，尊重的需要以及自我实现的需要，并且这些需要的满足与人的发展有密切关系。在某个阶段到底应该满足哪个层次的需要，又受一定客观条件的制约。2. 人的需要又是理性因素和非理性因素的错综交织，既有凭情感和直觉把握的因素，又有凭意志控制的因素，还有对主体自身正确认识的因素。3. 需要又可分为个人的需要和社会需要，个人需要的满足必须以不损害他人和社会的需要为前提，否则要进行一定的补偿。自私自利的需要是有害于他人、有害于社会的需要，同时也不利于社会的发展，最终还是会影响到个人利益。当然，个人的利益也是一种客观存在，必须承认、重视个人需要，在不损害他人和社会利益的情况下，为个人需要的实现提供必要的帮助，也是社会发展的一项重要内容。

批评是一种否定性评价，主要就是找出批评对象的缺点、错误和不足。批评的目的不外两种：一种是敌对性批评，是为了震慑、回击对方而揭露其方法上、道义上的弱点；一种是建设性批评，是为了团结自己人或朋友而指出其错误，促使其改正错误，弥补不足。批评有不同于一般评价的特点。1. 在一般评价中，价值客体的范围是非常宽泛的，既有物质客体，又有精神客体，当然，主体本身也可以成为客体；而在批评性评价中，批评的客体是人或人为之事，包括他人（批评）和主体本身（自我批评）。批评和自我批评是改造主观世界的重要方法，经过思想交锋，人们对问题就有了明确性，就对问题的各个方面有了较为全面的了解，因而有助于把问题搞清楚。同时，在思想交锋中，人们立场、观点、方法上的片面性就会暴露出来，而只有发现了缺点才能够改正缺点，所以批评和自我批评有助于人们改正错误。2. 一般的评价包括对对象的正面评价，也包括对对象的负面评价，但批评往往是对对象某些方面做出否定性的评价。批评是对别人的缺点和错误提出意见，自我批评是对自己的缺点和错误做出检查。

（二）自我批评与辩证否定

不管批评的目的何在，批评作为否定性评价都应该是辩证的否定。辩证的否定是扬弃，是包含着肯定因素的否定，有所克服又有所保留。保留是发展的历史延续，是发展中的连续性；克服是发展中的非连续性。同志之间的批评，是为了取长补短，又是为了增进团结，因而批评总是在肯定成绩的基础上的批评，对真正的错误决不姑息，对对方的长处虚心学习。即便是敌对性批评，在批评、批判、抨击敌手的时候，表面上是毫不客气地揭露对方的错误、虚伪、不义，至少在暗地里还是要学习对方的长处。

辩证否定既是世界观，又是方法论，它要求人们用发展的眼光看待一切，用批判的和革命的态度对待世界，对待别人，对待自己。“辩证法在对现存事物的肯定的理解中同时包含对现存事物的否定的理解，即对现存事物的必然灭亡的理解；辩证法对每一种既成的形式都是从不断的运动中，因而也是从它的暂时性方面去理解。”① 辩证的否定是事物内部矛盾运动的结果，是事物自己否定自己、并通过自我否定实现“自己运动”，在这一“自己运动”中自身得到充分发展，呈现出某一特定事物发展的完整过程。

事物自己运动的思想，在黑格尔那里第一次得到了系统的发挥。在他看来，“一切问题的关键在于：不仅把真实的东西或真理理解和表述为实体，而且同样理解和表述为主体。”② 黑格尔所谓的“实体”和“主体”就是自身包含矛盾的、能动的、富有创造力的“绝对理念”，而整个世界无非是“绝对理念”的产物，是“绝对理念”自我创造、自我运动、自我认识、自我实现的过程。撇开黑格尔哲学的唯心主义外壳不论，我们会发现里面包含着“作为

---

① 《马克思恩格斯选集》第2卷，人民出版社1995年版，第112页。

② 黑格尔：《精神现象学》上卷，商务印书馆1979年版，第10页。

推动原则和创造原则的否定性的辩证法”①。不过，辩证法在黑格尔那里被神秘化了，它的革命精神被唯心主义体系所窒息。正如马克思所说，“由于黑格尔根据否定的否定所包含的肯定方面把否定的否定看成真正的和唯一的肯定的东西，而根据它所包含的否定方面把它看成一切存在的唯一真正的活动和自我实现的活动，所以他只是为那种历史的运动找到抽象的、逻辑的、思辨的表达。”② 恩格斯也指出，黑格尔的哲学体系包含着不可救药的内在矛盾：“一方面，它以历史的观点作为基本前提，即把人类的历史看作一个发展过程，这个过程按其本性来说在认识上是不能由于所谓绝对真理的发现而结束的；但是另一方面，它又硬说自己就是这种绝对真理的全部内容。”③

事物自己运动的思想，对于党的建设有着深刻的启示意义：自我批评是党发展壮大的内在动力。“自我批评即是发现工作中的错误，确定其根源，分析产生错误的具体环境，细心的讨论与寻找改正这些错误的方法。这种自我批评，对于党的需要，正象空气太阳之于人身。自我批评是自上而下与自下而上的。自我批评是改善工作的最有效的武器。它可以提高同志们的政治警觉性，可以在错误中教育干部，可以使党内生气勃发，而不是暮气沉沉，所以自我批评不是表示党的衰弱，而正是党的有力量的标记。”④

（三）中共早期不善于正确区分批评和斗争、批评和批判的界限

从批评和自我批评的角度来看，中共早期所犯的这样那样的错误，都是没有能够正确把握好批评和斗争、批评和批判之间的哲学关系的结果。批评，广义地说，指评论（如文艺批评）；也特指提出意见、指出错误或缺点。批判，一义即批评，分清正确与错误、有用与无用；也特指分析、驳斥错误的思想、言行。综合地看，在学术领域，批评和批判是可以通用的，意指以怀疑的精神辨别是与非、正确与错误，并取人之长补己之短，所谓“批判地继承”即指此意。在政治领域或意识形态领域，批评和批判的差别还是非常大的：批评多用于自身内部矛盾，而批判则多用于敌对面或对立面；批评的对象一般是微观的（具体的人和事），甚至可具体到一个细节；而批判的对象一般是宏观的，大到整个人类社会；另外，批评和批判还有程度上的区别，前者多用于不那么

① 《马克思恩格斯全集》第42卷，人民出版社1979年版，第163页。

② 同上书，第159页。

③ 《马克思恩格斯选集》第3卷，人民出版社1995年版，第737页。

④ 《张闻天文集》第2卷，中共党史出版社1993年版，第293页。

严重的问题，而后者则多用于存在严重分歧的场合。唯物辩证法关于矛盾同一性和斗争性的原理是党的批评和自我批评优良作风的哲学理论基础。历史经验告诉我们，只有在政治上、意识形态上和实际操作上正确区分了批评和批判的程度上的差异，才能熟练而恰如其分地运用好批评和自我批评这个武器。实践证明，什么时候这个问题解决得好，中国革命和建设就必然进行得顺利，从而在对批评和自我批评的操作层面体现出更大的宽容性；什么时候在这个问题上出现大的失误，中国革命和建设就必然要走弯路，从而更容易产生急躁心理，在对批评和自我批评的操作层面体现出更多的过火行为。

中国共产党早年因反右而向“左”偏航，起因是由对国民党屠杀政策的仇恨和对陈独秀右倾投降主义的愤怒而日益强化的“左”倾情绪。“除了这种‘左倾情绪’外，还有一个认识问题，即所谓‘左’比右好。‘“左”是站着斗，右是跪着降’，当时在党内（一定范围内）已经形成了舆论。”① 大革命后期，当国民党新老右派逐步将国民革命领导大权揽入怀中之时，陈独秀右倾机会主义在中共党内占了上风，陈独秀仍然以笔头游戏对国民党右派进行“批评”，而没有采取有效的实际行动争夺革命的领导权，这样的“斗争”也就显得苍白无力。这时候，对国民党右派葬送革命的做法进行批评、批判和揭露当然是必要的，但更为重要的是采取实际行动增强革命的实力。

右的错误是把敌人当朋友，“左”的错误则把朋友甚至自己的同志当敌人。大革命失败后，陈独秀作为主要责任人，对他进行组织上的处理当然是必不可少的，否则革命事业将彻底断送，但更为重要的则是在理论上弄清楚为什么会犯右倾机会主义的错误，而不能将他挤出中央了事。“我们把陈独秀赶走得干干净净，结果我们还是跌筋斗。”再后来，“六届四中全会把李立三开除出政治局，要他离开中央工作，虽然中央委员的名义还保留，但实际工作离开了。……赶李立三的那天就是一个筋头，以后翻的也不少。”② “左”倾领导人到了中央苏区后，运用各种手段排挤毛泽东。“毛泽东在井冈山和中央苏区威信很高，而王明路线的领导人上台后没有毛主席那么高的威信，所以他们就调兵遣将，‘钦差大臣’满天飞，派很多人到中央苏区。他们先把毛泽东的党权夺去，再把毛泽东的军权夺去。……他们反‘罗明路线’，就是要使毛泽东

① 李维汉：《回忆与研究》，中央党史资料出版社1986年版，第231页。

② 《毛泽东文集》第3卷，人民出版社1996年版，第358～359页。

在地方上、党里和红军里的威信扫地。"① "左"的领导人把革命阵营内部的斗争当作敌我之间你死我活的残酷无情的斗争，在肃反扩大化上则表现为大批革命干部战士遭到冤杀。这种党内生活的极端不正常一直持续到遵义会议的召开为止。遵义会议是中国共产党第一次独立自主地运用马克思列宁主义基本原理解决自己的路线、方针和政策的会议，也是中国共产党作风上的一个转折点，为党的优良作风的形成和发展提供了组织保证，而且毛泽东一贯倡导的一切从实际出发、独立自主等优良作风开始在党内占主导地位。当然，在充满艰险的革命征途上，要把中国共产党建设成为用马克思主义革命理论武装的、具备优良作风的党，仍是十分艰巨的任务。

二、勇于批评，善于批评

批评和自我批评优良作风的形成，不仅需要有敢于批评和自我批评的勇气，还要有善于进行批评和自我批评的能力。中国共产党成立后，在新民主主义革命斗争实践中，先后出现了陈独秀的右倾错误和瞿秋白、李立三、王明的"左"倾错误，给革命事业造成严重挫折。从理论上深刻揭示错误的思想根源，从形式上探究有效的自我纠错途径，对于党的发展壮大是至为重要的。

（一）《矛盾论》在批评和自我批评优良作风形成中的作用

在延安整风前，党独立自主地解决了军事路线问题和组织路线问题（遵义会议）以及政治路线问题（瓦窑堡会议、洛川会议），然而更深层次也更为棘手的思想路线问题尚未解决，而且抗日战争时期既须反"左"又要反右的严峻形势、党员数量的剧增且党内各种非无产阶级思想亟待克服、局部执政的考验，都意味着对党内以教条主义和宗派主义为要害的不良作风进行彻底清算已刻不容缓了，因而"应当以扫除教条主义思想为主要的目标"②，从哲学高度对党风建设进行系统的理论概括。毛泽东 1937 年 8 月的《矛盾论》可以说是中共对作风建设的哲学理论自觉的先声。

在《矛盾论》中，毛泽东结合中国革命的实际，把列宁关于对立统一规律是唯物辩证法实质和核心的思想进行了展开和发挥。首先，毛泽东指出，就矛盾的普遍性与特殊性而言，"不同质的矛盾，只有用不同质的方法才能解

① 李维汉：《回忆与研究》，中央党史资料出版社 1986 年版，第 338 ~ 339 页。

② 《毛泽东选集》第 1 卷，人民出版社 1991 年版，第 299 页。

决”，“共产党内的矛盾，用批评和自我批评的方法去解决”①。如果不懂共性个性这一“矛盾的问题的精髓”②，就不能正确处理马克思主义普遍原理同中国革命的特殊环境的关系，就不能解决好中国革命的道路问题，就不能提出进而完成马克思主义中国化的任务。遵义会议前党历遭“左”右倾错误的困扰，说到底是不能正确把握中国革命的独特性，不能熟练地“用不同质的方法”去解决“不同质的矛盾”③，在党内关系上不善于把阶级矛盾和党内矛盾相区别、把思想上的错误同政治路线的机会主义相区别、把错误路线的制定者同执行者相区别。其次，在研究矛盾特殊性的问题中，必须研究事物发展过程中主要矛盾和矛盾的主要方面“这两种矛盾情况的差别性或特殊性”或“矛盾力量的不平衡性”④。如果不懂矛盾发展的不平衡，不懂主要矛盾和矛盾主要方面所发生的变化，就不能在时机的把握上、敌友我关系处理上因时因地因势改变政策和策略。大革命失败后企图掀起一浪高过一浪的“革命高潮”之所以是“左”，是不懂革命处于低潮期，应该扎扎实实地做好建立政权的艰苦工作，“用这种红色政权的巩固和扩大去促进全国革命高潮”⑤。福建事变时没有看到国民党阵营的分化，因而红军主力没有援助福建人民政府，也失去了由战略防御转为战略进攻、打破第五次“围剿”的时机。再次，在谈到同一性和斗争性的关系时，毛泽东阐述了对抗在矛盾中的地位以及共产党内正确思想和错误思想斗争在程度上的区别对待问题。如果不懂得矛盾同一性和斗争性的相互依存关系，就不善于以斗争促团结。遵义会议前党内大多数同志不懂党内的思想斗争一般地是非对抗性的，而用处理对抗性矛盾的方法去处理非对抗性矛盾，把思想斗争变成无情打击和肉体惩罚，这就把斗争搞得过火了，同时也没有达到解决思想问题的目的。“目前我们党内的正确思想和错误思想的矛盾，没有表现为对抗的形式，如果犯错误的同志能够改正自己的错误，那就不会发展为对抗性的东西。因此，党一方面必须对于错误思想进行严肃的斗争，另方面又必须充分地给犯错误的同志留有自己觉悟的机会。在这样的情况下，过火的斗争，显然是不适当的。但如果犯错误的人坚持错误，并扩大下去，这种矛

① 《毛泽东选集》第1卷，人民出版社1991年版，第311页。
② 同上书，第320页。
③ 同上书，第311页。
④ 同上书，第326页。
⑤ 同上书，第97页。

盾也就存在着发展为对抗性的东西的可能性。”①

《矛盾论》标志着党对中国革命的现状和前途的认识达到了一个新的高度，也成为党风建设的一个重要的哲学理论座标，它为中国共产党扫除教条主义提供了重要的哲学理论基础，其中关于矛盾同一性和斗争性的论述也为党的批评和自我批评这一优良作风的最终形成奠定了坚实的哲学理论基础。

（二）批评和自我批评是解决党内矛盾的有效途径

在共产国际七大精神指导下，中共中央开始着手系统地批判教条主义，以便把全党的思想路线转到正确的轨道上来，并对纠正党内错误的方法进行了可贵的探索。1937 年 6 月，张闻天在《白区党目前的中心任务》的报告中指出，“思想斗争的主要方式，是说服与教育，而不是打击。对各种不正确思想，应有确当的估计，不要夸大或缩小，或任便给同志们‘戴大帽子’。然而思想斗争是决不能因为过去方式的不好，现在就不要甚至放松的。……如果某一同志同党的路线有不同的意见，那我们相信，他的错误就会不断发生，会从各方面表现出来的。”②

随着抗日战争进入相持阶段，党在整顿党风方面对《矛盾论》的思想不断发展、深化和具体化。1938 年 10 月，毛泽东在中共六届六中全会上提出要有正确的政治路线，要有正确的组织路线、干部路线，并指出：“左”倾路线时期，“党的干部政策和组织政策方面，是犯了严重的原则性的错误的，这表现在宗派倾向、惩办主义和思想斗争中的过火政策。”在这次会议上，毛泽东实际上已提出了要培养正确的批评和自我批评的作风：“对于犯错误的干部，一般地应采取说服的方法，帮助他们改正错误。只有对犯了严重错误而又不接受指导的人们，才应当采取斗争的方法。”③

1939 年 7 月，刘少奇在《论共产党员的修养》的演讲中说，“问题的中心，是在于如何解决党内的矛盾，如何解决这种分歧，如何克服党内各种不正确的、非无产阶级的思想意识。”④ 对于党内错误思想的态度，大致有这么几种：1. 有些党员同情和接受党内某些错误思想，学习党内某些人的坏样子，以满足自己的某些企图和欲望。这是党内的投机分子和品质极不好的党员所采

---

① 《毛泽东选集》第 1 卷，人民出版社 1991 年版，第 335 页。

② 《张闻天文集》第 2 卷，中共党史出版社 1993 年版，第 300 页。

③ 《毛泽东选集》第 2 卷，人民出版社 1991 年版，第 531，527 ~ 528 页。

④ 《刘少奇选集》上卷，人民出版社 1981 年版，第 154 页。

取的态度。2. 有些党员放任党内某些缺点、错误和各种坏的现象不管，放任自流，不愿作斗争，究其实，或者是因为害怕党内斗争和自我批评，认为这对党有害而无益；或者是因为麻木不仁，不愿看到这些现象，对这些现象进行斗争时采取敷衍了事、调和折衷的态度。这是对党责任心薄弱的党员、有浓厚的自由主义思想和犯官僚主义错误的党员所采取的态度。3. 有些党员对党内这些缺点、错误，抱着“深恶痛绝”的态度，随便宣告同犯错误的同志绝交，企图一下子把这些同志从党内肃清，但当碰了钉子之后又悲观失望①。第一种和第二种态度的缺陷在于不愿意或不敢于进行批评，实际上，对于犯有错误的同志，如果不给以严格的批评和锻炼，他们是很难进步的；第三种态度的缺陷在于不善于进行批评，因为不负责任的批评和议论可以引起党内无原则的纠纷和不团结的现象，而党的缺点和错误却不会得到改正。

以延安整风为标志，我党形成了批评和自我批评的作风，并在此基础上形成了一整套批评和自我批评的原则和方针。毛泽东在分析第三次“左”倾路线的成因及危害时指出，“左”倾机会主义路线没有将对付敌人和对付犯错误的同志加以区别，“而把用于对付敌人的方法来对付了同志，在党内造成了一种乱斗的习惯，不分青红皂白，大事小事，一律都是‘最坚决无情的斗争’，到处都是‘仇恨’与‘斗争的积极性’，造成党内离心离德、惶惶不可终日的局面。这种反科学的小资产阶级主观主义的乱斗法，如果不肃清，党要达到真正的团结与统一是不可能的。”② 毛泽东总结了党的历史上的经验教训，同时又针对整风当中在批评问题上出现的偏差，提出了“惩前毖后，治病救人”的总方针。“惩前毖后”，就是对以前的错误进行认真的揭发和严肃的分析批判，从而使以后的工作不重犯这些错误；“治病救人”，则是指开展批评和自我批评的目的是从团结的愿望出发，帮助同志改正缺点和错误，而不是为了整人。“惩前毖后，治病救人”是延安整风的正确方针，也是解决党内矛盾的成功经验，这一方针旨在“既要弄清思想又要团结同志”③，把团结的愿望、目的与批评和自我批评武器的运用有机地结合起来，达到了统一思想、团结全党的目的。

---

① 《刘少奇选集》上卷，人民出版社 1981 年版，第 155 页。

② 《毛泽东文集》第 2 卷，人民出版社 1993 年版，第 347 页。

③ 《毛泽东选集》第 3 卷，人民出版社 1991 年版，第 938 页。

1944年4月，毛泽东做了《学习和时局》的讲演，对王明“左”倾机会主义路线的错误评价道，“我党历史上，曾经有过反对陈独秀错误路线和李立三错误路线的大斗争，这些斗争是完全应该的。但其方法有缺点：一方面，没有使干部在思想上彻底了解当时错误的原因、环境和改正此种错误的详细办法，以致后来又可能重犯同类性质的错误；另一方面，太着重了个人的责任，未能团结更多的人共同工作。这两个缺点，我们应引为鉴戒。”① 1945年2月15日，毛泽东在中共中央党校讲话指出，“首先是从团结出发，从团结全党出发，从团结一百万党员出发，从四万万五千万人民的利益出发。”“第二是要分析。分析就要批评，批评自己也要批评别人。”“我们讲团结，是从团结全党出发，不是从团结一个山头出发，不是从团结小部分人出发。如果不谨慎，头一步走得就不对，就不是为了团结，第二步分析工作、批评工作也不很妥当，那末，落下去的地方就必然是不团结。这种情况，我们党的历史上曾经有过不少。”② 延安整风是我党历史上极其光辉的一页，也是国际共产主义运动中的一个伟大创举，它在党的作风建设历程中发挥了巨大的作用。在延安整风中，批评和自我批评这一有效整风形式得到娴熟运用，勇于批评和善于批评被发挥到了极致，自我批评极大地提高了全党把马克思主义和中国的实际问题相结合的自觉性。经过延安整风，中国共产党达到了空前的团结。

第五节　三大优良作风形成的历史必然性及其辩证关系

社会历史进程有着不以人的意志为转移的内在的历史必然性。作为中国社会历史进程的组成部分，三大优良作风的形成也有其历史必然性。这里讨论的重点是：三大优良作风为什么会在20世纪40年代延安整风时期最终形成？“它发生的那个时代和那些条件”③ 是什么？三大优良作风之间又有什么样的内在联系？

一、三大优良作风形成的历史必然性分析

中国共产党优良作风的形成是一个长期的发展过程，而这里所说的“历

① 《毛泽东选集》第3卷，人民出版社1991年版，第938页。
② 《毛泽东文集》第3卷，人民出版社1996年版，第253，257页。
③ 《马克思恩格斯选集》第4卷，人民出版社1995年版，第217页。

史”是指狭义的历史，即延安时期这个历史片断或历史节点；这里所说的“必然性”也是指狭义的“必然性”，即“三大优良作风形成”这一特定历史事件的必然性，这是一种因果关系的必然性，是一系列主客观条件交互作用的结果。

首先，党的发展既有许多成功的经验，也经历了一右三“左”的深刻教训。正确总结正反两方面的经验教训，为优良作风的形成提供了丰富的素材，也是党坚持理论和实践相结合、主观和客观相统一的生动体现。

优良作风酝酿和萌发的过程，也是党领导人民同错误倾向不断斗争的过程。1927 年和 1934 年革命的两次大失败迫使共产党人对失败的原因进行反思，以便从中得到有益的启示。然而对这两次影响革命全局的失败进行深刻的反思，决不可能短期内完成并达成共识，反思是一个长期的思想斗争过程。大革命失败后，出于对国民党屠杀政策的仇恨和对陈独秀右倾投降主义的愤怒，党内激起并不断强化着“左”倾情绪，这种情绪企图在中国革命的低潮期掀起一浪高过一浪的革命高潮。从思想根源上说，“左”倾情绪基于对大革命失败的反思，但由于时间仓促，这种反思既不深刻也不成熟，而且由于“‘左’是站着斗，右是跪着降”的认识“当时在党内（一定范围内）已经形成了舆论”①，它不过是简单的逆向思维的产物。于是，中国共产党迅速向“左”偏航，从瞿秋白到李立三再到王明，以“左”反“左”，层层加码，其间以毛泽东为代表的党内健康力量，对错误的路线进行了种种抵制甚至提出过尖锐的批评，但由于党内批评和自我批评的武器还不能够正确运用，毛泽东等的正确意见受到压制和否定，“左”的指导思想长时间在党内占支配地位，这种状况一直持续到遵义会议的召开为止。

红军到达陕北后，既须反“左”又须反右的严峻形势促使共产党人对“左”右倾向的成因进行深刻反思，并对这两种倾向进行坚决而有力的斗争。1937 年 6 月，张闻天在《白区党目前的中心任务》的报告中指出，关门主义“把群众中极端复杂的问题简单化”，“不去认真的了解群众而脱离群众”，“自高自大，目空一切”，“只能走直路，不能走弯路”，“拒绝利用敌人内部的一切矛盾”，“把自己的愿望当做实际”，实质上“是把领导先锋队的领导党组织

① 李维汉：《回忆与研究》，中央党史资料出版社 1986 年版，第 231 页。

的原则与方法，去领导群众”①。1939 年 10 月，毛泽东在《 <共产党人>发刊词》中指出，统一战线、武装斗争和党的建设是战胜敌人的“三个主要的法宝”，党的组织“是掌握统一战线和武装斗争这两个武器以实行对敌冲锋陷阵的英勇战士”，“中国共产党的政治路线的重要一部分，就是同资产阶级联合又同它斗争的政治路线”②。抗日战争中，中共一直坚持既反对右倾机会主义又反对“左”倾机会主义，坚持发展进步势力、争取中间势力、反对顽固势力的策略，坚持有理有利有节的原则，以斗争为求团结的手段，以团结一切抗日力量战胜敌人为目的，在斗争中逐渐成熟起来。

其次，党的主要领导人关于党的作风方面的理论概括日益系统化，为党风建设提供了重要的理论指导，也为优良作风的形成奠定了理论基础。

长征结束后，特别是抗日民族统一战线建立后，党的主要领导人终于有了难得的相对稳定的环境，同时一批优秀的马克思主义理论工作者相继到达延安，为马列主义著作的编译出版做出了重大贡献，这使得党的主要领导层能够接触较多的马列主义著作，也有条件集中力量进行深入的理论研究，从而中共对党的建设的理论概括也日益系统化。1936 年 7 月 15 日，刘少奇撰文首次谈到要肃清空谈的“领导作风”和“工作作风”③，到 1937 年 5 ~ 6 月党的全国代表会议（当时称苏区代表会议）和白区工作会议期间，“作风”一词已相当多地出现在毛泽东、刘少奇、张闻天的讲话中。1937 年 7 月和 8 月，毛泽东写下《实践论》和《矛盾论》，为作风建设的理论概括奠定了哲学基础。1937 年 9 月，毛泽东写下了第一篇专门论及党的作风的文章《反对自由主义》，列举了自由主义的种种表现，从组织纪律、阶级根源、思想方法和政治表现四个方面对自由主义进行了揭露和批判，号召全党团结起来同这种严重的恶劣倾向作坚决的斗争。

在延安整风时期，毛泽东对“实事求是”的经典概括④，对“从群众中来，到群众中去”的经典提炼⑤，以及“打倒两个主义，把人留下来”的整

① 《张闻天文集》第 2 卷，中共党史出版社 1993 年版，第 297 ~ 298 页。
② 《毛泽东选集》第 2 卷，人民出版社 1991 年版，第 606，613，608 页。
③ 《刘少奇选集》上卷，人民出版社 1981 年版，第 41，45 页。
④ 《毛泽东选集》第 3 卷，人民出版社 1991 年版，第 801 页。
⑤ 同上书，第 899 页。

风方法的确定①，表明中共对党风的认识达到了一个新的高度。党风理论的成熟集中体现为“三风”理论，即反对主观主义以整学风，反对宗派主义以整党风，反对党八股以整文风。毛泽东一方面把学风和文风从党风中剥离出来，着意强调学风问题是“一个非常重要的问题”，“第一个重要的问题”②，并强调反对主观主义和宗派主义必须对它们的避难所党八股一同清算，另一方面又强调党风、学风和文风的统一性，“学风和文风也都是党的作风，都是党风。”③ 这理论上的一“分”一“合”，意味着党风理论的深化。

再次，党风建设的重要性得到党内普遍认同，为优良作风的最终形成提供了思想条件。

如果说遵义会议开始纠正党内错误的指导思想，那么这种纠正还只是在中央领导层展开，并且基于策略上的考虑还有所保留，还没有形成全党的共识，因为解决思想问题需要一定的时间进行反思，需要一定的客观条件的支撑。到达陕北后，特别是在抗日战争相持阶段，虽然解放区进入最艰苦最困难的时期，面临着对敌斗争的极大困难和物质生活的困难，但敌后抗日根据地的建立和巩固使中国共产党领导的抗日力量站稳了脚根。延安相对稳定的形势使中共有可能从各个战场抽调一部分负责干部到延安集中精力进行整风，敌后也利用战争和生产的间隙开展整风。

延安整风经历了准备阶段、全党普遍整风阶段和高级干部“把历史搞清楚”阶段。第一阶段：1941 年 5 月，毛泽东在延安干部会上作了《改造我们的学习》的报告，对整风运动进行思想动员，拉开了整风运动的帷幕。同年 9 月，在中央政治局会议上，毛泽东提出了“打倒两个主义，把人留下来”的要求④，目标直指指导思想上的主观主义特别是教条主义和组织上的宗派主义，为整风运动奠定了基调。第二阶段：1942 年 2 月毛泽东的《整顿党的作风》和《反对党八股》两个报告标志着全党普遍整风的开始，同年 5 月毛泽东的《在延安文艺座谈会上的讲话》为文艺界的整风指明了方向。第三阶段：为了把整风引向深入，1943 年 9 月中央政治局进行了长达 8 个月之久的时开时停的会议，之后又于 1944 年 5 月进行了长达 11 个月之久的六届七中全会，

① 《毛泽东文集》第 2 卷，人民出版社 1993 年版，第 375 页。

② 《毛泽东选集》第 3 卷，人民出版社 1991 年版，第 813 页。

③ 同上书，第 812 页。

④ 《毛泽东文集》第 2 卷，人民出版社 1993 年版，第 375 页。

对历史上的经验和教训进行了全面的总结和清算，通过了著名的《关于若干历史问题的决议》，整风运动圆满结束。经过全党的努力，延安整风真正形成了自党的高层到广大普通党员的普遍共识，达到全党空前的团结。

最后，党通过整风的实践找到了具有独创性的有效的整风形式，这是优良作风在理论上和实践上不断充实、完善、丰富和发展的现实依托。

遵义会议之前，党在纠正一右二“左”错误时常常出现斗争的过火行为，没有在理论上弄清楚犯大错的原因。“左”倾机会主义路线没有将对付敌人和对付犯错误的同志加以区别，而把用于对付敌人的方法用来对付同志，在党内造成了一种乱斗的习惯。遵义会议让对“左”的错误负有责任的领导干部继续留任、把变换中央总负责人的工作留待适当时候完成，可以说是“治病救人”的先声。

红军到达陕北后，党对这一问题的反思不断深化。1937 年 6 月，张闻天在党的白区工作会议上的报告中指出，“思想斗争的主要方式，是说服与教育，而不是打击。对各种不正确思想，应有确当的估计，不要夸大或缩小，或任便给同志们‘戴大帽子’。然而思想斗争是决不能因为过去方式的不好，现在就不要甚至放松的。”① 同年 8 月，毛泽东在《矛盾论》中阐述了对抗在矛盾中的地位，并从哲学高度强调共产党内正确思想和错误思想斗争在程度上的区别对待问题：“党一方面必须对于错误思想进行严肃的斗争，另方面又必须充分地给犯错误的同志留有自己觉悟的机会。”②

毛泽东总结了党的历史上的经验教训，同时又针对整风当中在批评问题上出现的偏差，提出了“惩前毖后，治病救人”的总方针。“惩前毖后”，就是对以前的错误进行认真的揭发和严肃的分析批判，从而使以后的工作不重犯这些错误；“治病救人”，则是指开展批评和自我批评的目的是从团结的愿望出发，帮助同志改正缺点和错误，而不是为了整人。这一方针把团结的愿望与批评和自我批评武器的运用有机地结合起来，达到了统一思想、团结全党的目的。在延安整风中，党内斗争的准则得以科学地确立，把阶级矛盾和党内矛盾相区别、把思想上的错误同政治路线的机会主义相区别、把错误路线的制定者同执行者相区别，这是党成熟的体现，标志着党独创性地找到了有效的整风形

① 《张闻天文集》第 2 卷，中共党史出版社 1993 年版，第 300 页。

② 《毛泽东选集》第 1 卷，人民出版社 1991 年版，第 335 页。

式，也成为优良作风由可能性向现实性转化的最关键一环。

综上所述，党的发展历程中的经验教训为党风建设提供了丰富的感性材料，党的主要领导人对党风建设的理论概括体现了从感性认识到理性认识的飞跃，整风得到全党普遍认同促成了优良作风形成由可能性向现实性的转化，而“惩前毖后，治病救人”的有效整风形式则实现了优良作风的最终形成。

二、三大优良作风的内在辩证关系

中国共产党在革命实践中形成了理论和实践相结合的作风、密切联系群众的作风、批评和自我批评的作风。这三大优良作风的形成是一系列主客观条件综合作用的结果，而三大作风也体现着党对这些客观条件和主观条件及其相互关系的成熟把握。优良作风不仅是全党共同努力的、长期坚持的倾向性行为，从更高的角度和更深的层次看，它也是马克思主义世界观和方法论的体现。

“理论和实践相结合”体现着主观指导和客观实际的关系。改造客观世界需要主观的指导，而主观世界也要在改造客观世界的过程中得到改造，这其实是同一过程的两个方面。从深层次来说，“理论和实践相结合”这一优良作风是“实事求是”思想路线的具体体现。中国共产党优良作风形成的过程，正是党不断纠正自身大小错误的过程。一般地说，小错误的影响是局部的（当然那种“牵一发而动全身”的小错误除外），而大错误特别是路线错误则影响党的工作的全局，尤为甚者，思想路线出了偏差，那就不仅是影响全局，而且还影响深远了。人的认识来源于实践，又指导着实践；党的思想路线来源于党及其领导下的广大群众的实践，又指引着实践的方向。思想路线正确了，政治路线、组织路线、军事路线才能正确；思想路线出了问题，那革命的损失就严重了。遵义会议解决了当时最为紧要的军事路线和组织路线问题，而把政治路线和思想路线留待适当时候解决。其实，遵义会议之所以能够力挽狂澜，得益于古田会议前后以毛泽东为代表的党内正确力量对思想路线进行的初步探索，他们身体力行，影响、说服了一批同志率先觉悟起来。通过延安整风，实事求是的思想路线得以正式确立，党达到了此前未有的团结，更说明了思想路线不愧为三大优良作风第一位。

“密切联系群众”体现着党的最高宗旨及其根本实现途径，是党的政治路线的核心内容。从 1929 年周恩来首次使用“群众路线”一词，到 1943 年毛泽东提出“从群众中来，到群众中去”，再到 1945 年刘少奇对“群众观点”的提炼，中国共产党人对密切联系群众的认识不断提高。正如毛泽东所说，“一切问题的关键在政治，一切政治的关键在民众”①，民众乃是最大的政治。红军到达陕北后，中共中央即着手解决遵义会议未来得及解决的政治路线问题，即建立最广泛的抗日民族统一战线，最大限度地团结一切可以团结的力量，去战胜最大的敌人日本军国主义。“密切联系群众”也是党的组织路线的基础。狭义地说，党的组织路线就是党管干部；广义地说，党的干部要“从群众中来”，而且还要“到群众中去”，即从群众中培养和选拔，到群众中去锻炼和成长。从根本上说，党的事业就是群众的事业，缺乏了群众这块土壤，党的干部就会枯竭，党的事业也就无从谈起。

“批评和自我批评”体现着党自我更新的内在机制。从积极意义上说，批评他人也好，批评自我也好，都是为了更好地“自己发展”。批评他人，他人的错误是一面镜子；他人的批评，是帮自己找不足；自我批评，是自我否定和自我更新的理论自觉。从这个意义上说，批评和自我批评的实质是自我批评。正由于自我批评的这种重要地位，毛泽东在七大《论联合政府》的报告中是用“自我批评”来称谓第三大优良作风的，这应该是刻意为之：中国共产党作为一个整体是在自觉地纠正自己历史上的错误，而不是在外来批评压力下的被迫行为。从遵义会议开始纠“左”，到六届七中全会《关于党的历史问题的决议》完成对教条主义和宗派主义的思想清算，长达10年之久，这次自我批评的收获是马克思主义中国化的硕果——毛泽东思想。当然，就党内同志与同志之间、党的各级组织之间、党与其他政党团体之间、党群之间又存在着相互批评的关系，但这并不影响自我批评作为批评之实质的地位，反而恰恰体现了党的自我更新的力量之源仍在于广大人民群众。

① 《毛泽东文集》第3卷，人民出版社1996年版，第202页。

第三章

执政条件下作风建设的初步探索

从执政规律的角度来看，某个集团或政党取得执政地位，意味着该集团或政党在国家中的角色发生了质的变化。执政者能否意识到自身角色转变，从而它看待问题的视角和制定政策的导向是否发生相应的转换，将深刻影响到其执政命运。早在抗日战争即将胜利之时，中国共产党就对未来执政问题进行了理论准备和制度探索。1944 年，郭沫若的《甲申三百年祭》备受中国共产党的重视，并被作为整风文件来学习，表明中国共产党“坚决不做李自成”的决心。1945 年 7 月，当黄炎培向毛泽东谈到“其兴也勃焉，其衰也忽焉”的历史周期率时，毛泽东明确回答道：“我们已经找到新路，我们能跳出这周期率。这条新路，就是民主。只有让人民来监督政府，政府才不敢松懈。只有人人起来负责，才不会人亡政息。”① 中华人民共和国的成立，标志着中国共产党在国家中的地位发生了根本性的转变，也就是说她扮演的角色已由带领广大人民群众夺取全国政权转变为带领广大人民群众进行国家建设。这种角色的变化，必然要求中国共产党进行视角转换，即以执政党的视角从思想上、组织上、作风上、制度安排上做出相应的调整，不仅要保留“旧我”的有机成分，搞好党的建设，继续发扬党的优良传统和作风，而且要着力塑造“新我”，不断探索执政规律，处理好党的执政规律、社会主义建设规律和人类社会发展规律的辩证关系。

---

① 中共中央文献研究室：《毛泽东年谱（1893～1949）》中卷，中央文献出版社人民出版社 1993 年版，第 610 页。

第一节　执政地位对党风和党风建设的影响

执政党的作风建设与它执政前的作风建设相比，有其连续性的一面，又有其独特性的一面。就连续性来说，执政党要继承优良传统并发扬光大；就独特性来说，执政党必须尽快适应角色变化，适应相对于执政前的异质性。执政党的独特性体现在以下几个方面。一是非执政党只要搞好自身建设就行了，至于整个社会风气的提升与下滑则主要地不是自己的责任，至少社会把这种责任归到执政党的头上去；而执政党则必须承担起自身建设和社会风气建设的责任，执政后比执政前的责任大大增加了。二是民众对政党的选择是在几个政党中挑选较为满意的政党，而党风比对手好是吸引民心的一个重要因素，因此执政党必须不断超越自我才不至于失却民众的期望。三是对于中国共产党这样的以革命形式夺取政权的政党来说，执政前和执政后的异质性更为明显：在取得全国政权之前，艰险的处境迫使其成员和党组织不得不高度重视自身建设；执政后，党所面临的危险从公开状态转为潜在状态，容易使部分党员丧失警惕性，这就会给党风建设带来新的难题。党在国家生活中地位的变化对党风和党风建设的影响是多方面的，体现在党的各级组织和党员个人的思想、政治、组织、工作和生活各方面。就影响的性质来说，既存在有利因素，也有着潜在挑战。

一、有利因素

新中国成立以后，党的工作重心由乡村转移到城市，开始了由城市领导乡村的时期，党的历史地位也随之由夺取政权转变为执掌政权。中国共产党获得执政地位后，她在国家生活中的地位和作用发生了一系列根本性变化：党的中心任务由领导人民夺取全国政权转变为领导人民进行国家建设，实践范围比执政前更大了；党掌握了国家权力资源和思想文化资源的主导权；党的组织迅猛扩大，党员数量激增；经济社会建设的大发展使得社会阶级和阶层的分化组合异常剧烈；党同人民群众的关系获得了新的内容，党的路线方针政策主要通过国家政权落实到群众的实践之中，党保持同人民群众血肉联系的工作变得异常重要、复杂和艰巨。

执政地位给中国共产党带来的有利因素体现在以下几个方面。

1. 执政地位的获得，意味着中国共产党拥有了强大的执政资源，包括权力资源、组织资源和思想文化资源，意味着党有了更好的条件实现全心全意为人民服务的最高宗旨。

就权力资源来说，最集中体现在制定路线方针政策、指导国家发展、推荐重要领导干部以及运用国家人力物力财力等方面。建国初期，旧的经济结构解体，新的经济体系尚在形成中。在城市，工商业界遇到严重的困难，而投机商人乘机囤积居奇，试图操纵上海等大城市的物价，夺取商品市场的领导权。为沉重打击投机势力，稳定国内市场，中央财委统一安排，各地一致行动，乘市场高价之际大量抛售，利用国营经济的压倒性优势，摧毁了投机资本家操纵市场、左右物价的能力。在农村，从1950年起至1953年春，新解放区分期分批地有计划有步骤地开展了土地改革，各地派出大批工作队到农村领导土改，使农村生产力从地主阶级封建土地所有制的束缚之下获得解放。强大的权力资源使得人民政府在努力恢复生产的同时，能够运用行政手段和经济手段打击投机势力，统一全国财政工作，控制通货膨胀，稳定市场物价，国家财政收支接近平衡，为国民经济的进一步恢复和发展准备了条件，也为新中国的工业化开辟了道路。

就组织资源来说，一方面，党员数量迅速增长，到1950年6月30日，党员已超过500万人，比1949年底的450万人增加了50万人，其中约有200万是1949年以后入党的新党员①。另一方面，全国各民族、各民主阶级、各民主党派、各人民团体的大团结，已经在政治上和组织上形成，富农的政治态度一般地也比以前有了改变，民族资产阶级参加了人民民主政权和国家建设，大部分愿意接受社会主义改造，这就为从新民主主义社会向社会主义社会过渡奠定了基础。

就思想文化资源来说，它是全党和全国人民的精神支柱和行为规则。“统治阶级的思想在每一时代都是占统治地位的思想。这就是说，一个阶级是社会上占统治地位的物质力量，同时也是社会上占统治地位的精神力量。支配着物质生产资料的阶级，同时也支配着精神生产资料。”② 中国共产党拥有了思想文化资源的主导权，就能更好地对广大人民进行马克思主义教育，提高他们的阶级觉悟，也有利于对各种非马克思主义、非无产阶级思想进行批判，有利于

① 陈文斌等：《中国共产党执政五十年》，中共党史出版社1999年版，第20页。

② 《马克思恩格斯选集》第1卷，人民出版社1995年版，第98页。

肃清封建主义的思想流毒。

2. 在建国初期，党和人民政府领导全国人民在全国范围内建立起新民主主义的政治制度和经济制度，国民经济得到恢复和发展，人民民主专政得到巩固，党群关系更加广泛、更加深入、更加紧密，人民群众参加国家建设的政治积极性更加高涨。

在城市，工厂实行了民主化管理，工人切身感受到自己是企业的主人，劳动态度变得积极主动。同时，大部分工商业者逐步认识到社会主义是大势所趋、人心所向，只有走社会主义道路才有发展前途。在工人阶级的积极推动下，在一些进步工商业者的带动下，资本主义工商业的社会主义改造进行得比较顺利。在农村，土地改革完成后，通过推行农业合作化，广大农民群众对走社会主义道路的热情高涨，农村的生产关系实现历史性变革，极大地解放了农村生产力，基本上保障了城乡人民对农产品的需要。与此同时，作为城乡联系纽带的个体手工业也完成了逐步向手工业生产合作社的过渡。三大改造顺利完成，我国和平地实现了生产关系的深刻变革，人民群众积极参加国家建设、积极支持抗美援朝和“三反”、“五反”，他们的创造性实践为党制定方针政策提供了可靠的现实依据，也为党的各项方针政策的贯彻落实提供了很好的社会条件，良好的社会风气还为党风的良性发展提供了一个健康的社会环境，使党内的不正之风难以在社会上兴风作浪。

3. 成为执政党后，党的工作重心由乡村移到了城市、由领导人民群众夺取全国政权转向领导全国各族人民进行国家建设。党面临的是一个巨大的全新的未知领域，这为党提供了一个广大的用舞之地，为马克思列宁主义普遍原理与中国革命和建设实践相结合提供了新的发展空间，党必须不断地从新的实践中摸索和总结，来完成前所未有的新任务。由于这一客观情况的制约，也由于党中央和主要领导人谨慎、清醒，建国初期的七年中，党内的主观主义主要表现为“左”倾急躁情绪和落后于形势的右倾错误，而很少发生以引经据典为特征的教条主义错误。

如何实现从新民主主义向社会主义的过渡，马克思主义经典作家的著作上找不到现成的答案，这就必须从中国具体国情出发，走出一条中国特色的社会主义改造的道路。在中国这样一个落后的农业国，虽然个体经济和资本主义经济在国民经济中占有相当大的比重，但强大的国营经济和工农间的政治经济联盟又迫使民族资产阶级接受和平改造。党中央和毛泽东根据我国的具体情况，灵活地提出了一系列最能被广大人民群众所接受的过渡形式，避免步子太大而引起各种损失，取得了良好的效果：一方面，农民和手工业者从自己的实际经验中逐步体会到社会主义的优越性，从而自愿地参加合作社运动；另一方面，民族资产阶级逐步感到非走社会主义道路不可，自愿接受社会主义改造，这就使工业生产力不至于遭到破坏。

二、潜在挑战

事物总是两方面的。执政地位在给党风建设带来机遇的同时，也带来了潜在的挑战。

1. 中国共产党成为全国范围的执政党，拥有了强大的执政资源，加大了发生官僚主义的潜在危险。首先，执政后，如何理顺党政关系成为一个亟待解决的大难题。建国后不久，中央宣传部及新华总社就发出“凡属政府范围的事由政府颁布”的通知，指出党的各级党报“不再用行政命令的态度和口气，而应该用号召、建议和商讨的态度和口气”，因为“报纸用行政命令的态度和口气，不仅现在是错误的，就是过去也是不对的。”① 然而，党政关系对经济社会发展有着深远影响，这是一个难以解决的深层次问题，后来的实践证明了这一点。其次，掌握了权力资源，就必须对权力进行有效的制约，否则很容易造成权力滥用；同时，不法资本家采用隐蔽的手段向党和国家干部进行糖衣炮弹的进攻，更增加了某些干部变质的危险性。正如中共中央 1951 年 12 月 1 日在《关于实行精兵简政、增产节约、反对贪污、反对浪费和反对官僚主义的决定》中所指出的，“自从我们占领城市两年至三年以来，严重的贪污案件不断发生，证明 1949 年春季党的二中全会严重地指出资产阶级对党的侵蚀的必然性和为防止及克服此种巨大危险的必要性，是完全正确的。现在是全党动员切实执行这项决议的紧要时机了。再不切实执行这项决议，我们就会犯大错误。”② 最后，自 1947 年至 1948 年“三查”、“三整”以来，由于革命形势不断发展，又增加了大量的新党员，还没来得及进行有计划的教育训练，这就使整顿党风显得更加紧迫了。

2. 建国后，党领导全国人民在短时期内实现了国家财政经济状况的好转，

---

① 陈文斌等：《中国共产党执政五十年》，中共党史出版社 1999 年版，第 2 页。

② 中共中央文献研究室：《建国以来重要文献选编》第 2 册，中央文献出版社 1992 年版，第 483 页。

完成了土地改革，实现了对农业、手工业和资本主义工商业的社会主义改造，赢得了人民群众的拥护和爱戴。但是，在党群关系得到发展的同时，也有一些党员干部滋生了骄傲自满情绪。在党内关系上，骄傲自满情绪表现为不遵守党的民主集中制和集体领导的原则，不服从党领导，不受党的纪律的约束，不按党的章程办事。这种情绪如果得不到坚决的制止，就会发展为计较地位、争夺权力，拉拉扯扯、拉帮结派，甚至走上破坏党、分裂党的道路，损害党的利益，危及党的生存。在党外关系上，骄傲自满情绪表现为“左”倾关门主义：看不起民主党派和民主人士，认为革命胜利后民主党派任务已尽，对于民主人士担任人民政府的领导职务不服气；主张国营经济要无限制地发展，对民族资产阶级过分强调斗争和限制，要求尽早消灭私人资本主义；在土地改革中，侵犯中农利益、忽视中农重要性、破坏富农经济、对地主普遍扫地出门、乱打乱杀的现象时有发生。这些作法虽是少数现象，但严重危及党群关系和社会稳定，必须坚决予以遏制和纠正。

3. 执政后，党面对的是一个全新的实践领域，实践中遇到的很多问题不可能从书本上或从过去的经验中找到现成答案，这就促使党必须从实际出发，创造性地解决现实问题，并不断地进行理论概括，再经实践检验后用于指导新的实践。当工作进展顺利的时候，全党很容易达成一致意见，也就没有必要先从理论上找根据进行论证。但是，当工作出现意料不到的不利情况时，如果党内出现意见分歧而又不能有效地通过组织手段从思想上解决好问题，则很容易到过去的经验中或马克思主义经典作家的理论中寻找理论支撑，这就会给教条主义留下生长点。建国初期教条主义虽很少发生，但 60 年代后期教条主义开始盛行却着实与社会主义建设实践经验不足有着很深的渊源关系。

例如，1950 年 7 月 30 日，邓子恢撰文指出，公营企业中的工会工作者与企业行政管理人员、政府工作人员之间，在“基本立场”一致（即都是为国家、同时也是为工人自己的利益服务）的前提下，在“具体立场”上仍有所区别（他们各自的工作岗位、任务不同）。即使在公营工厂中，工会仍有“代表工人利益”、“保护工人群众日常切身利益”的基本任务，而不能脱离这个基本任务，成为“厂方的附属品”。当厂方某些规定或措施对工人不利时，工会工作者就应该反映工人的意见，同厂方商量修改完善①。刘少奇、李立三等都同意此种观点。然而，在1951年12月召开的全国总工会第一次党组扩大会议上，李立三却因此受到批判，并被解除中华全国总工会主席的职务，理由是犯了严重的工团主义、经济主义和主观主义的错误。

再如，1951年4月17日，中共山西省委在报告中认为，随着农村经济的恢复与发展，农民自发力量也在发展，它不是向着我们所要求的现代化和集体化的方向发展，而是向着富农的方向发展。对于私有基础，不应该是巩固的方针，而应当是逐步动摇它，削弱它，直至否定它。对此，刘少奇在批示中指出，"在土地改革以后的农村中，在经济发展中，农民的自发势力和阶级分化已开始表现出来了。党内已经有一些同志对这种自发势力和阶级分化表示害怕，并且企图去加以阻止或避免。他们幻想用劳动互助组和供销合作社的办法去达到阻止或避免此种趋势的目的。已有人提出了这样的意见：应该逐步地动摇、削弱直至否定私有基础，把农业生产互助组织提高到农业生产合作社，以此作为新因素，去'战胜农民的自发因素'。这是一种错误的、危险的、空想的农业社会主义思想。"不过，毛泽东没有支持刘少奇的意见，而支持了山西省委的意见"②。

又如，1955年春季，农村出现紧张形势。邓子恢认为，这固然有农民小生产者对社会主义改造抵触的一面，但主要还是因为农业合作化、粮食统购统销、对私改造三管齐下，加之工作上的命令主义作风违背了自愿互利政策。农业合作化的方针应该是必须搞好，必须慎重，必须稳步前进。邓子恢的这种观点被批为"右倾的错误"、"经验主义性质的错误"。后来的历史证明，"把这些问题当作是挑起两条道路、两条路线的争论，而给予斥责和批判，这实际上是否定了中央原来制定的、体现于两个互助合作决议文件的正确方针，损害了党内民主讨论和实事求是的传统作风，助长了业已存在的'左'的思潮，给农业生产带来以后长时间的本来可以避免的损失。"③

---

① 张树军等编：《中国共产党八十年重大会议实录》上册，湖南人民出版社2001年版，第348页。

② 刘崇文，陈绍畴：《刘少奇年谱（1898～1969）》下卷，中央文献出版社1996年版，第282～283页。

③ 张树军等编：《中国共产党八十年重大会议实录》上册，湖南人民出版社2001年版，第383～384，393，398页。

第二节　建国初期的党风建设实践

在建国前的七届二中全会上，毛泽东告诫全党要加强思想建设，警惕居功自傲情绪和资产阶级糖衣炮弹的进攻。“我们很快就要在全国胜利了。……夺取这个胜利，已经是不要很久的时间和不要花费很大的气力了；巩固这个胜利，则是需要很久的时间和要花费很大的气力的事情。……因为胜利，党内的骄傲情绪，以功臣自居的情绪，停顿起来不求进步的情绪，贪图享乐不愿再过艰苦生活的情绪，可能生长。因为胜利，人民感谢我们，资产阶级也会出来捧场。敌人的武力是不能征服我们的，这点已经得到证明了。资产阶级的捧场则可能征服我们队伍中的意志薄弱者。可能有这样一些共产党人，他们是不曾被拿枪的敌人征服过的，他们在这些敌人面前不愧英雄的称号；但是经不起人们用糖衣裹着的炮弹的攻击，他们在糖弹面前要打败仗。我们必须预防这种情况。……务必使同志们继续地保持谦虚、谨慎、不骄、不躁的作风，务必使同志们继续地保持艰苦奋斗的作风。我们有批评和自我批评这个马克思列宁主义的武器。我们能够去掉不良作风，保持优良作风。”① 为了在执政条件下更好地保持党的优良传统和作风，1949 年 11 月 9 日，中共中央发出的《关于成立中央及各级党的纪律检查委员会的决定》指出，“我们的党已成为全国范围内执政的党，各级民主政府已经建立或将建立，我党与党外人士，合作事务已日益繁多。为了更好地执行党的政治路线及各项具体政策，保守国家与党的机密，加强党的组织性与纪律性，密切联系群众，克服官僚主义，保证党的一切决议的正确实施，决定成立中央及各级党的纪律检查委员会。中央纪律检查委员会，在中央政治局领导下进行工作”②。中央及各级党的纪律检查委员会的成立，为全党在执政条件下的作风建设奠定了组织基础，为在新的历史条件下保持党的优良传统和作风提供了监督保障。

一、整党整风运动

中共中央于 1950 年 5 月 1 日发出《关于全党全军进行大规模整风运动的指示》。中央指出，我党已取得全国胜利，两年多来增加了党员 200 万，其中

① 《毛泽东选集》第 4 卷，人民出版社 1991 年版，第 1438 ~ 1439 页。

② 陈文斌等：《中国共产党执政五十年》，中共党史出版社 1999 年版，第 3 页。

很多人的思想作风极为不纯，还没有来得及给以有计划的教育训练，老党员老干部中也有很多人骄傲自满，发展了严重的命令主义作风，采取蛮横态度去完成工作任务，引起人民不满，甚至有贪污腐化、政治上堕落颓废、违法乱纪等极端现象发生，因此中央决定在全党范围内进行一次大规模的整风。整风的重点，是各级担负领导工作的党员干部。只有把领导干部特别是高级干部的作风整顿好了，才能更好地整顿全党的作风①。6 月 6 日，党的七届三中全会召开，主要任务是制定正确的路线、方针和政策，以极大的力量继续完成民主革命尚未彻底完成的任务，同时恢复经济，发展生产，安定人民生活，以巩固新生的人民政权，把革命事业继续推向前进。毛泽东在《为争取国家财政经济状况的基本好转而斗争》的书面报告中指出，要“坚决地执行中央关于巩固和发展党的组织的指示，关于加强党和人民群众联系的指示，关于开展批评和自我批评的指示，关于全党整风的指示。鉴于我们的党已经发展到四百五十万人，今后必须采取谨慎地发展党的组织的方针，必须坚决地阻止投机分子入党，妥善地洗刷投机分子出党。必须注意有步骤地吸收觉悟工人入党，扩大党的组织的工人成分。在老解放区，一般地应停止在农村中吸收党员。在新解放区，在土地改革完成以前，一般地不应在农村中发展党的组织，以免投机分子乘机混入党内。全党应在一九五〇年的夏秋冬三季，在和各项工作任务密切地相结合而不是相分离的条件之下，进行一次大规模的整风运动，用阅读若干指定文件，总结工作，分析情况，展开批评和自我批评等项方法，提高干部和一般党员的思想水平和政治水平，克服工作中所犯的错误，克服以功臣自居的骄傲自满情绪，克服官僚主义和命令主义，改善党和人民的关系。”② 在《不要四面出击》的讲话中，毛泽东指出：“为了孤立和打击当前的敌人，就要把人民中间不满意我们的人变成拥护我们。……民族资产阶级将来是要消灭的，但是现在要把他们团结在我们身边，不要把他们推开。……这些人中间有许多人过去是我们的敌人，现在他们从敌人方面分化出来，到我们这边来了，对这种多少有点可能团结的人，我们也要团结。……总之，我们不要四面出击。四面出击，全国紧张，很不好。我们绝不可树敌太多，必须在一个方面有所让步，有所缓和，集中力量向另一方面进攻。我们一定要做好工作，使工人、农民、小

---

① 陈文斌等：《中国共产党执政五十年》，中共党史出版社 1999 年版，第 15 页。

② 《毛泽东文集》第 6 卷，人民出版社 1999 年版，第 72 页。

手工业者都拥护我们，使民族资产阶级和知识分子中的绝大多数人不反对我们。”[①] 关于整风问题，毛泽东指出，整风也是为了团结工人、农民、小资产阶级、民族资产阶级，缓和阶级间的紧张空气[②]。这次整风经过思想动员、学习文件、结合工作进行检查和整风总结几个阶段，到同年冬季，整风运动基本结束，提高了干部的思想政策水平，改进了工作作风，密切了党群关系。

1950 年的整风运动时间较短，党内思想不纯和组织不纯问题没有得到根本性解决，因此，1951 年 2 月 18 日，中共中央决定对党的基层组织进行有计划、有准备、有领导的普遍整顿，整党时间为三年，首先将混入党内的阶级异己分子、叛变分子、投机分子、蜕化变质分子等清洗出去，然后将不完全具备党员条件和不够党员条件的消极落后分子加以区别，对其中经过教育仍确实不合党员条件者劝其退党，务使这些退党者自愿退出，不伤感情。3 月 28 日，刘少奇在第一次全国组织工作会议上作了《为更高的共产党员条件而斗争》的总结报告，分析了党员不够标准或不完全够标准的原因：1. 大部分是由于在过去接收党员时降低了条件，同时在党内对党员的教育工作没跟上，没有尽力把不够标准的党员提高到适当的标准上来。不过，由于那时还没有取得革命的胜利，反动派还统治着中国，加入共产党的人还要担负遭受反动派迫害的危险，而党也处于严重的战争环境。这样，在艰苦的条件下，落后分子、投机分子、反动分子就不会或很少加入共产党，这是一种自然的客观限制[③]。2. 小部分是由于党员赶不上形势的发展，不愿或者不能在新的形势下担负起新的革命任务，丧失了党员的条件。出现这种“赶不上形势”的情况有两方面的原因。一是这“小部分”自身的原因。全国胜利后，有些人认为加入共产党不仅不要担负多少艰险，而且可以获得个人的许多保障、荣誉和地位，于是落后分子、投机分子、反动分子就会希望加入到党内，还会有不少坏分子积极地要钻进党内来。二是群众觉悟的普遍提高使得这“小部分”相对地落后了。革命胜利后，工人阶级和广大的劳动群众已经能够自由地接触与学习马克思列宁主义，已经掀起了全国规模的阶级斗争和反帝国主义的斗争，普通工人和其他劳动人民的觉悟程度都提高了，作为工人阶级先锋队的共产党员的条件必须更加

① 《毛泽东文集》第 6 卷，人民出版社 1999 年版，第 74～76 页。

② 陈文斌等：《中国共产党执政五十年》，中共党史出版社 1999 年版，第 19 页。

③ 《刘少奇选集》下卷，人民出版社 1985 年版，第 66～68 页。

提高，同时也可能提高①。报告认为，进行整党和处理党员的问题，不仅要坚持党的原则，在通常情况下，还必须取得基层组织中一切好党员的赞成和拥护，取得党外群众的赞成和拥护②。

1951年底，刘青山、张子善贪污大案被揭发，中央决定在党政机关工作人员中开展“三反”运动，决定把反贪污、反浪费、反官僚主义作为贯彻精兵简政、增产节约这一中心任务的重大措施，采取自上而下和自下而上相结合的方法检查贪污浪费现象。从此，“三反”运动在全国展开。1952年1月26日，中共中央发出指示，要求依靠工人阶级，团结守法的资产阶级及其他市民，在城市中限期展开大规模的坚决彻底的反对行贿、反对偷税漏税、反对盗骗国家财产、反对偷工减料、反对盗窃经济情报的“五反”斗争。“在这个斗争中，各城市的党组织对于阶级和群众力量必须作精密的部署，必须注意利用矛盾、实行分化、团结多数、孤立少数的策略，在斗争中迅速形成‘五反’的统一战线。”③ 2月3日，中央要求把“三反”运动和整党运动结合进行，在“三反”的基础上进行党员八项标准的教育，进行登记、审查和处理，要求各级党委、政府、群众团体和部队的领导机关对所属干部作一次深刻的考察和了解，毫不迟疑地开除一批丧失无产阶级立场的贪污蜕化分子出党，撤销一批严重的官僚主义分子和居功自傲、不求上进、消极疲蹋、毫不称职的分子的领导职务，并大胆地坚决地提拔一批有德有才的优秀分子到各种工作的领导岗位上来。11月，10万名整党干部深入农村，整党成为全党范围的运动。党政机关支部结合“三反”运动、总结工作、整顿队伍、干部鉴定等进行了整顿；工矿、企业支部与“三反”、“五反”运动及民主改革、生产改革等工作结合进行了整顿；学校支部结合思想改造和清理“中层”等工作进行了整顿；农村支部利用冬季农闲时期，组织工作队以整党为中心，与生产及整顿互助合作组等工作相结合进行了整顿。在整顿党的基层组织的同时，各级党组织还有准备有领导地进行了建党工作④。1953年1月5日，中共中央又发出指示，要求各级领导机关结合整党建党及其他工作，从处理人民来信入手，坚决地开展反

① 《刘少奇选集》下卷，人民出版社1985年版，第66~69页。

② 同上书，第75页。

③ 陈文斌等：《中国共产党执政五十年》，中共党史出版社1999年版，第49页。

④ 陈文斌等：《中国共产党执政五十年》，中共党史出版社1999年版，第50~51页。

官僚主义、命令主义和违法乱纪的“新三反”运动，以发扬正气，压倒邪气①。至1953年6月，整党方面，有32.8万人离开党组织，其中开除23.8万人，劝退9万人；建党方面，全国接收新党员107万，全国党员由1950年底的582万人发展到636.9万人，新建党支部8.2万个，全国党支部由1950年底的24.6万个发展到32.8万多个②。

二、增强党的团结

1953年6月14日至8月12日中共中央召开全国财经工作会议期间，高岗利用党批评财经工作中的缺点错误的机会，进行分裂党的活动，攻击刘少奇和周恩来等党和国家领导人。同年9至10月，中共中央举行全国组织工作会议，饶漱石积极支持和参加高岗的分裂党、篡夺党和国家最高权力的活动。党中央及时觉察并制止了他们的阴谋。1954年2月6～10日，中共七届四中全会召开，揭露和批判了高、饶的阴谋，一致通过了《关于增强党的团结的决议》，维护和加强了党的团结和统一。

《关于增强党的团结的决议》指出，我们现在还采取着和资产阶级联合的政策，而小资产阶级还像汪洋大海似地包围着我们；我们的党很大，党内的马克思列宁主义的教育还很不够，一部分干部中的思想政治情况还相当复杂；一部分干部甚至某些高级干部对于党的团结的重要性还认识不足，对于集体领导的重要性还认识不足，对于巩固和提高中央威信的重要性还认识不足；特别是在中国新民主主义革命胜利后，党内一部分干部滋长着一种极端危险的骄傲情绪，他们因为工作中的若干成绩就冲昏了头脑，忘记了共产党员所必须具有的谦逊态度和自我批评精神，夸大个人的作用，强调个人的威信，自以为天下第一，只能听人奉承赞扬，不能受人批评监督，对批评者实行压制和报复，甚至把自己所领导的地区和部门看作个人的资本和独立王国。鉴于这一切情况，中央认为，当此我国实行社会主义改造的紧要历史关头，有极大的必要来唤起全党同志更加注意提高革命警惕性，更加增强党的团结③。《决议》还提出了要求全党高级干部遵守的六条规定：“（一）党的团结的利益高于一切，因此应

---

① 陈文斌等：《中国共产党执政五十年》，中共党史出版社1999年版，第66页。

② 同上书，第51页。

③ 中共中央文献研究室：《建国以来重要文献选编》第5册，中央文献出版社1993年版，第127～128页。

当把维护和巩固党的团结作为指导自己言论和行动的标准，即有利于党的团结的话就说，不利于党的团结的话就不说，有利于党的团结的事就做，不利于党的团结的事就不做。（二）党是工人阶级先进分子的统一的集中的组织，党的团结的唯一中心是党的中央，因此，必须把任何地区、任何部门的党的组织及其工作看作是在中央统一领导下的整个党及其工作的不可分割的一部分，反对任何派别思想、小团体习气、地方主义、山头主义和本位主义，反对任何妨碍中央统一领导、损害中央的团结和威信的言论和行动。（三）党的团结的重要保证之一是严格遵守民主集中制，严格遵守集体领导的原则，因此必须坚决反对分散主义和个人主义，反对把自己领导的地区和部门当作独立王国，反对把个人放在组织之上，反对不适当地过分地强调个人的作用，反对骄傲情绪和个人崇拜。（四）全党高级干部的重要的政治活动和政治意见应该经常向所属的党的组织报告和反映，其关系特别重大者则应直接向党中央的政治局、书记处或中央主席报告和反映；如果避开中央来散布个人的或小集团的政治意见，这在党内就是一种非法活动，就是违反党的纪律、破坏党的团结的活动，就必须加以反对和禁止。（五）全党高级干部应根据增强党的团结的原则来检查自己的言论和行动，凡是不利于党的团结的言论和行动都必须改正。（六）对于任何有损党的团结的言论和行动应当进行批评和斗争。”①

刘少奇在全会上作了《为增强党的团结而斗争》的报告。关于党的团结的极端重要性，他指出，党的团结是党的生命，对于党的团结的任何损害，就是对于敌人的援助和合作②。关于党内团结的现状，他认为，我们提出增强党的团结的要求，揭露党内的缺点，并不是否认党基本上是团结一致的、巩固的、健全的；换言之，党在基本上的团结、巩固、健全，并不是说党已经没有缺点，而是说党已经有了很好的条件来考察和克服自己的缺点③。关于增强党的团结的方法，他强调，为了增强党的团结，我们党不但不允许缩小党内民主和缩小党内的批评和自我批评，而且必须保证充分发展党内民主，充分发展党内的批评和自我批评。我们每个同志都需要别人帮助，每个同志如果有了缺点，犯了错误，就都是党的损失，大家就都有责任来帮助他克服缺点，改正错

---

① 中共中央文献研究室：《建国以来重要文献选编》第5册，中央文献出版社1993年版，第129～130页。

② 《刘少奇选集》下卷，人民出版社1985年版，第127页。

③ 同上书，第125页。

误。“在我们党内，批评和自我批评的原则还不是在所有的环节都能畅通无阻的。这种情形必须改变，因为它危害着我们党的进步，危害着我们党与群众的联系，也危害着我们党的团结。”① 关于党内批评或斗争的区别对待，他指出，一方面，对于那种具有在性质上比较不重要的缺点或犯有在性质上比较不重要的错误的同志，或者对于虽具有严重或比较严重的缺点、犯有严重或比较严重的错误，但在受到批评教育以后，仍能把党的利益放在个人利益之上，愿意改正并实行改正的同志，应当采取“与人为善”、“治病救人”的方针。对于他们的缺点或错误必须按照情况进行严肃的批评或斗争，以达到团结的目的，应当给他们改正的机会，而不应当故意将他们的个别的、局部的、暂时的、比较不重要的缺点或错误夸大为系统的、严重的缺点或错误，因为这样做就不是从团结出发，就不能达到团结的目的，就不利于党。“另一方面，对于那种有意地破坏党的团结，而与党对抗，坚持不改正错误，甚至在党内进行宗派活动、分裂活动和其他危害活动的分子，党就必须向他们进行无情的斗争，给以严格的制裁，甚至在必要时将他们驱逐出党。因为只有这样，才能维护党的团结，才能维护革命的利益和人民的利益。”②

周恩来在《增强党的团结，反对资产阶级个人主义》的发言中说，如果不把问题提得这样严重，全党、首先是高级干部便不会认识这种状况的危险性，甚至还会自觉地或者不自觉地听任这种危险的萌芽蔓延滋长，以致贻害全党。个人主义的反党活动已不甚可能以公开面目反对党的领导，而是躲藏在党的正确路线的旗帜下，利用某些领导同志的缺点和个别错误以及党内某些不同的意见，进行暗中挑拨和散布流言，有时更假借名义，进行非法活动，以便达到个人企图③。周恩来指出，要善于区别不利于党的团结的言论和行动与有利于党的团结的言论和行动，善于区别流言蜚语、个人攻击与党内的批评和自我批评，善于区别破坏团结的非法活动与一般性的自由主义，善于区别严重的个人主义与一般的骄傲情绪④。犯了不利于党的团结的严重错误的人，应该保持正确的态度：1. 应该依靠党；2. 应该求教于马克思列宁主义和毛泽东思想；3. 应该努力反省，用党的尺度来衡量，并且要准备经过一个认识、斗争和痛

---

① 《刘少奇选集》下卷，人民出版社 1985 年版，第 128～129 页。

② 同上书，第 130 页。

③ 《周恩来选集》下卷，人民出版社 1984 年版，第 120 页。

④ 同上书，第 123～124 页。

苦的过程；4. 应该靠同志们的帮助①。

邓小平在《骄傲自满是团结的大敌》的发言中说，骄傲的人总觉得自己了不起，因而常常觉得党和别人对他重视不够，对他没有什么温暖，反而觉得那些拉拉扯扯、吹吹拍拍的人对他很好，对他有温暖，而这种东西就是一种腐蚀剂。骄傲会把自己所领导的工作或地区摆在一种不恰当的错误的地位。骄傲的人往往只看到自己的工作做得好，不大看得见别的人、别的部门、别的地区的工作也做得好。遇到表扬多一点的时候，就有一点飘飘然。在对待与别的部门、别的地区的关系上，多注意自己方面的困难，忽视对方的困难，不大注意照顾别人，甚至连一点亏也不能吃。在同志之间，看自己的长处多，对自己的短处看不见，或者看得很少，对别人的短处看得很多，长处看不到。对一些非原则问题，一些技术性的问题，也斤斤计较，相持不下，不善于让步，不善于等待。如果我们沾染了骄气，就不能前进，就不会兢兢业业地工作，在工作当中就不可避免地要犯严重的错误。如果这种骄气不及时改正，让其发展下去，我们就经不起敌对阶级和敌对思想的任何袭击②。

七届四中全会后，全党围绕加强党的团结、保持党的优良作风进行了讨论，开展了批评和自我批评，收到了良好的效果。1955 年 3 月，中国共产党全国代表会议决定开除高、饶的党籍，并撤销他们的党内外各项职务。高饶事件的处理，对于增强党的团结和统一、防止类似事件的发生，是有积极作用的，它不仅给全党提供了成功处理党内矛盾的经验，也给党的全体干部带来克服个人主义、防止个人野心及增强团结的深刻教育。

第三节　八大前后党风建设的理论概括

从建国到 1957 年上半年，党风总的来说是好的，主要表现在：首先，党的指导思想是正确的，坚持了实事求是的思想路线，根据我国国情提出了切实可行的目标和任务，并一一得以实现。其次，党正确地处理同民族资产阶级、同知识分子的关系，使社会主义改造和社会发展能够基本顺利地进行，尽管在改造的后期由于要求过急、工作过粗而形成了一些长期的后遗症，但社会主义

① 《周恩来选集》下卷，人民出版社 1984 年版，第 125～127 页。

② 《邓小平文选》第 1 卷，人民出版社 1994 年版，第 203～206 页。

制度毕竟基本上确立起来。再次，坚持党的集体领导和党内民主，党内生活状况基本正常。最后，党在八大前后正确分析了三大改造后国内形势和主要矛盾的变化，提出了党在今后的根本任务，并制定了党在经济、政治、组织等方面的方针和政策，取得了探索中国社会主义建设道路的重要成果，并根据建国以来党风建设的经验教训对党风建设进行了新的理论概括。

一、坚持实事求是，反对主观主义

三大改造的完成，标志着社会主义革命的基本结束，党的工作重心即将转到大规模的经济建设上来，许多熟悉的工作即将成为过去，大量不熟悉的事情需要去探索。社会主义建设是一项长期的、艰巨而复杂的任务，要适应这一变化并带领全国人民进行大规模的经济建设，必须坚持党的实事求是的思想路线。然而，当时党内存在的种种不良倾向已显露出偏离实事求是的思想路线的苗头，如1955年第四季度经济建设中出现的层层抬高数量指标和忽视综合平衡的急躁冒进、急于求成的思想倾向，对于完成党所要担负的重大任务产生着极大的负面影响。

刘少奇在八大所作的政治报告中总结了党的实事求是的思想路线的形成过程①。他说："中国共产党的领导的力量，在于它有马克思列宁主义的思想武器，有正确的政治路线和组织路线，有丰富的斗争经验和工作经验，善于把全国人民的智慧集中起来，并且把这种智慧表现为统一的意志和有纪律的行动。"② 党能否坚持正确的路线，关键在于"各个时期广大党员首先是党的高级干部是否善于用马克思列宁主义的立场、观点和方法去总结斗争中的经验，坚持真理，修正错误"，"这是考验党的干部的马克思列宁主义觉悟水平高低的主要标志"。遵义会议前，党虽然积累了丰富的经验，但当时党的领导机关没有给以认真的研究，所以虽否定过几次错误路线，但实际上只是处分了犯错误的领导者，并没有正确地分析那些错误及其思想认识根源，因而就不可能帮助党的干部提高觉悟水平。党在1935年的转变，基本上就是多数党的高级干部从失败中得到了经验，提高了觉悟的结果。此后，党中央系统地帮助全党干部逐步地了解马克思列宁主义的理论和实际相结合的原理，了解我们的主观认

---

① 当时尚没有"实事求是的思想路线"的说法，《刘少奇选集》下卷中也没有"思想路线"一词，而用的是"正确思想和错误思想"、"正确路线和错误路线"、"思想方法"等语。

② 《刘少奇选集》下卷，人民出版社1985年版，第264页。

识必须符合于客观实际的原理①。刘少奇还提出了有效地反对主观主义的途径：1. 必须系统地提高党的马克思列宁主义水平，督促干部特别是高级干部系统地学习马克思列宁主义，加强在新党员中理论和实际统一的教育，加强党的理论工作。2. 必须加强对于实际情况的调查研究工作，因为过去几年中党的工作中所犯的右倾保守、急躁冒进和强迫命令的错误都是由于没有认真地、正确地研究实际情况和集中群众经验的缘故②。

邓小平在八大所作《关于修改党章的报告》中，从是否坚持群众路线的角度分析了党内主观主义产生的原因。他说，执政党在不断胜利的形势下，一些党员容易滋生骄傲自满情绪，高高在上，不接近群众，不重视调查研究，不了解工作中的真实情况。他们往往不是从客观的实际条件和人民群众的具体实践出发，来考虑和决定他们的工作，而是从不确切的情况出发，从想象和愿望出发，主观主义地考虑和决定他们的工作。“因此，他们作出的决议、指示虽然很多，但有的不完全正确，有的甚至完全错误。他们在执行中央和上级的指示的时候，往往不采取同下级同志和群众商量的办法，不结合当时当地的具体情况，而只是机械地盲目地搬运。他们往往满足于表面上的成绩，而不注意工作的实际效果，或者只看到工作中好的方面，看不到工作中坏的方面，或者只追求数量，不讲究质量。他们对自己的工作心中无数，常常‘左’右摇摆，有时表现为右倾保守，思想落后于实际，有时又表现为急躁冒进，贪多求快，超过实际的可能。”③ 1956 年 11 月，邓小平在会见国际青年代表团时说，“一个国家的问题是多方面的，不论是革命时期还是建设时期，如何使马克思列宁主义与各个时期的具体情况相结合，这是一个需要不断解决的问题。”对于中国的社会主义建设来说，“如果普遍真理不与中国的实际相结合，或者结合得不好，那末就会造成很大的损失”④。

二、坚持党的群众路线

中国共产党成为执政党后，脱离群众的危险比执政前大大增加了，因此坚持党的群众路线、更紧密地依靠人民群众、全心全意为人民服务就更为必要

① 《刘少奇选集》下卷，人民出版社 1985 年版，第 266～267 页。

② 同上书，第 268～269 页。

③ 《邓小平文选》第 1 卷，人民出版社 1994 年版，第 221～222 页。

④ 同上书，第 258，259 页。

了。刘少奇在八大报告中指出："我们的全部力量的源泉在于我们能够密切地依靠工人阶级和人民群众。""一个好党员、一个好领导者的重要标志，在于他熟悉人民的生活状况和劳动状况，关心人民的痛痒，懂得人民的心；他坚持艰苦朴素的作风，同人民同甘苦共患难，能够接受人民的批评监督，不在人民面前摆任何架子；他有事找群众商量，群众有话也愿意同他说。只要我们的党是由这样的党员组成的，我们就永远有无穷无尽的、不可征服的力量。"①

邓小平在八大报告中关于群众路线的论述主要包含以下内容：1. 坚持人民群众必须自己解放自己，党的任务就是全心全意为人民服务，党的领导作用就是正确地给人民群众指出斗争方向，帮助人民群众自己动手创造自己的幸福生活。2. 党的领导工作能否保持正确，决定于它能否采取"从群众中来，到群众中去"的方法。如果不能这么做，则党同人民群众的关系问题仍然得不到真正解决。3. 工人阶级的政党不是把人民群众当作自己的工具，而是自觉地认定自己是人民群众在特定的历史时期为完成特定的历史任务的一种工具，因此，党没有超乎人民群众之上的权力②。坚持群众路线，就必须与形形色色的官僚主义作坚决的斗争。邓小平提出要着重反对三种形式的官僚主义：1. 事务主义和文牍主义的官僚主义。这种官僚主义的主要表现是，把自己的绝大部分时间用在文电和不必要的过多的开会上面，很少深入基层，很少深入了解群众的要求，很少研究群众的经验，不关心群众痛痒，对群众要求迫切解决的问题抱一种无动于衷的态度。2. 骄傲自满的官僚主义。这种官僚主义的主要表现是，夸大个人的作用，强调个人的威信，只能听人赞扬，不能受人批评和监督，甚至于对批评者进行压制和报复。3. 命令主义的官僚主义。这种官僚主义的主要表现是，作出指示、决议前，不同群众商量，在执行决议、指示时，不是采取说服教育的方法，而是企图一切依靠命令行事③。为了坚持群众路线、反对官僚主义，邓小平提出了以下具体措施：着重进行党的群众路线的教育；有系统地改善各级领导机关的工作方法，使领导工作人员有足够的时间深入群众进行调查研究，防止领导机关的官僚化；健全党和国家的民主生活，使各级党的代表大会和人民代表大会成为充分反映群众意见、开展批评和争论

① 《刘少奇选集》下卷，人民出版社 1985 年版，第 273，275 页。

② 《邓小平文选》第 1 卷，人民出版社 1994 年版，第 217～218 页。

③ 《邓小平文选》第 1 卷，人民出版社 1994 年版，第 222～223 页。

的讲坛；加强党和国家的监察工作，及时发现和纠正各种官僚主义现象；进行经常性的整党整风，着重检查群众路线的执行情况①。

三、坚持民主集中制原则

民主集中制是党的根本的组织原则，是党的群众路线在党的工作中的具体应用，是民主基础上的集中和集中指导下的民主。1956 年 1 月苏共二十大揭露了斯大林的错误，在中国共产党内引起巨大震动：如果说斯大林的错误不是制度造成的（如中共所认为的那样），那么比较合理的解释就是斯大林的独断专行没有受到应有的制约。因此，中共八大特别强调了扩大党内民主和实行集体领导的辩证统一。1. 发扬党内民主可以比较全面地了解事物发展过程的各个侧面，一切重大问题的决定都要在适当的集体中经过充分的讨论，容许不同观点的无拘束的争论，以便比较全面地了解党内外群众的各种意见，当然必须有正确的动机并按正常程序进行。2. 党内民主生活的扩大，决不是减弱了而恰恰是加强了党的集中制，党员的创造性的发扬，决不是减弱了而恰恰是加强了党的纪律性。同样，党的集体领导原则决不是否认个人负责的必要和领导者的重要作用，而恰恰是领导者能够充分正确地和最有效地发挥个人作用的保证②。3. "在目前，党的上下级关系中的缺点，从总的方面说来，主要地还是对于发扬下级组织的积极性创造性注意不足。不适当的过分的中央集权，不但表现在经济工作、文化工作和其他国家行政工作中，也表现在党的工作中。"③如果不注意改变这种情况，那么就不会有真正的民主集中制。4. 要坚持集体领导原则，反对个人崇拜，因为"个人决定重大问题，是同共产主义政党的建党原则相违背的，是必然要犯错误的，只有联系群众的集体领导，才符合于党的民主集中制原则，才便于尽量减少犯错误的机会"④。5. 马克思主义从来没有否认领袖人物对于政党的作用。领袖是"最有威信、最有影响、最有经验"的人们，是在群众斗争中自然而然地产生的，而不能是自封的，他们不应该在群众之上，而应该在群众之中，不应该在党之上，而应该在党之中。6. "个人崇拜是一种有长远历史的社会现象，这种现象，也不会不在我们党的生

① 《邓小平文选》第 1 卷，人民出版社 1994 年版，第 223 ~ 224 页。
② 《刘少奇选集》下卷，人民出版社 1985 年版，第 270 ~ 271 页。
③ 《邓小平文选》第 1 卷，人民出版社 1994 年版，第 227 页。
④ 同上书，第 229 页。

活和社会生活中，有它的某些反映。我们的任务是，继续坚决地执行中央反对把个人突出、反对个人歌功颂德的方针，真正巩固领导者同群众的联系，使党的民主原则和群众路线，在一切方面都得到贯彻执行。”①

四、正确处理人民内部矛盾，加强对执政党的批评和监督

建国以后，中国共产党根据形势的需要，花很大的精力去探索正确处理人民内部矛盾的问题。1956 年 4 月，毛泽东在《论十大关系》的讲话中指出，“我们有意识地留下民主党派，让他们有发表意见的机会，对他们采取又团结又斗争的方针。一切善意地向我们提意见的民主人士，我们都要团结。”我们要使民主党派和我们的关系得到改善，“尽可能把他们的积极性调动起来为社会主义服务。”② 1957 年 2 月，毛泽东在《关于正确处理人民内部矛盾的问题》的讲话中，把人民内部矛盾作为国家政治生活的主题，认为革命时期的大规模的急风暴雨式的群众阶级斗争已经基本结束，但阶级斗争还没有完全结束，还提出了一系列方针政策，阐明了“百花齐放，百家争鸣”“长期共存，互相监督”的方针，主张以此繁荣文学艺术、发展文化科学，正确处理共产党和各民主党派的关系。毛泽东在这个讲话中指出，“我们现在的任务，就是要在整个人民内部继续推广和更好地运用”批评和自我批评这个方法③。“企图用行政命令的方法，用强制的方法去解决思想问题，是非问题，不但没有效力，而且是有害的。我们不能用行政命令去消灭宗教，不能强制人们不信教。不能强制人们放弃唯心主义，也不能强制人们相信马克思主义。凡属于思想性质的问题，凡属于人民内部的争论问题，只能用民主的方法去解决，只能用讨论的方法、批评的方法、说服教育的方法去解决，而不能用强制的、压服的方法去解决。人民为了有效地进行生产、进行学习和有秩序地过生活，要求自己的政府、生产的领导者、文化机关的领导者发布各种适当的带强制性的行政命令。没有这种行政命令，社会秩序就无法维持，这是人们的常识所了解的。这同说服教育的方法去解决人民内部的矛盾，是相辅相成的两个方面。”④

同一时期，刘少奇也提出，“人民内部的矛盾，现在是大量地表现在人民

① 《邓小平文选》第 1 卷，人民出版社 1994 年版，第 234 ~ 235 页。

② 《毛泽东文集》第 7 卷，人民出版社 1999 年版，第 34 ~ 35，36 页。

③ 同上书，第 211 页。

④ 同上书，第 209 ~ 210 页。

群众同领导者之间的矛盾问题上。更确切地讲，是表现在领导上的官僚主义与人民群众的矛盾这个问题上。”① 人民内部矛盾一般地说基本上是非对抗性矛盾，因此，处理人民内部矛盾，不能采取处理对抗性矛盾那样的办法，而要采取和风细雨的办法，小民主的办法，“我们共产党人不是斗争的嗜好者，我们在主观上没有必要去故意地、人为地使斗争激烈化，使斗争紧张起来，似乎非要斗一下我们才舒服，不斗一下就不过瘾。但我们也不害怕斗争，在需要用强硬的斗争的办法来解决矛盾的时候，我们是不吝惜斗争的。我们采取什么方针和方法来解决矛盾，不是凭主观愿望决定的，而是由客观矛盾的性质决定的。只在必要的时候才采取强力的办法、压服的办法。凡是可以采取说服、教育、团结的办法来解决问题的时候，我们都是采取说服、教育、团结的办法。”②

执政党掌握着强大的执政资源特别是权力资源，如果不能得到应有的监督，就可能造成滥用手中权力以权谋私的恶果，因此必须接受人民群众和党外人士的批评和监督。邓小平认为，我们同党外人士的合作中间是有斗争的，这是不可避免的。“但是问题不在这里，而在于这些党外的民主人士，能够对于我们党提供一种单靠党员所不容易提供的监督，能够发现我们工作中的一些我们所没有发现的错误和缺点，能够对于我们的工作作出有益的帮助。”“共产党总是从一个角度看问题，民主党派就可以从另一个角度看问题，出主意。这样，反映的问题更多，处理问题会更全面，对下决心会更有利，制定的方针政策会比较恰当，即使发生了问题也比较容易纠正。”③

---

① 《刘少奇选集》下卷，人民出版社1985年版，第303页。

② 同上书，第302页。

③ 《邓小平文选》第1卷，人民出版社1994年版，第225，273页。

第四章

在曲折中发展：1957～1976 年的党风建设

从 1957 年下半年起，“左”的思想开始抬头并逐渐占了上风，政治上的“左”导致 1958 年经济上的“大跃进”，使生产遭到很大破坏。党内外急躁冒进的情绪严重，党的优良作风受到很大冲击。从 1958 年 11 月第一次郑州会议到 1959 年庐山会议前，中共中央对纠“左”进行了几个月的探索，并在 1960 年冬开始进行调整，到了 1962 年，经济和社会发展状况开始好转，逐步恢复到原来的水平，而优良作风也得到一定程度的修复。但由于指导思想上的问题没有根本解决，实事求是的思想路线并没有取得全局性的恢复，只是在局部领域发挥作用，“左”的错误难以得到实质上的纠正，反而发展到“文化大革命”的极左错误，优良作风遭到严重破坏。“一个党犯错误是难免的，就是犯了错误，也要由自己去总结，自己去解决问题，这样才靠得住。”① 只有认真总结历史经验教训，才能提高党的自我纠错能力，才能不断发扬优良作风，更好地推动党的建设和社会发展。

第一节　实事求是的“困惑”

思想路线对于政治路线、组织路线和党的方针政策的影响总是深层次的和全局性的，执政党思想路线出现大的偏差，则社会发展必然受到巨大的消极影响。1957 年后的“左”是从反右开始的，主要表现为对当时我国社会发展阶段的误断和对社会主义社会阶级斗争形势的误断，从认识论根源上说，就是偏离了实事求是的思想路线。本来，中共八大《关于政治报告的决议》说，“我国的无产阶级同资产阶级之间的矛盾已经基本上解决”，“我们国内的主要矛

① 《邓小平文选》第 3 卷，人民出版社 1993 版，第 27 页。

盾已经是人民对于建立先进的工业国的要求同落后的农业国的现实之间的矛盾，已经是人民对于经济文化迅速发展的需要同当前经济文化不能满足人民需要的状况之间的矛盾”，这是一个符合我国国情的实事求是的论断。然而，后来毛泽东的思路发生了变化，在1957年八届三中全会上做出“无产阶级和资产阶级的矛盾，社会主义道路和资本主义道路的矛盾，毫无疑问，这是当前我国社会的主要矛盾”的论断①，后来又认为我国社会主义制度的确立只不过是“在生产关系的所有制方面取得基本胜利”，而“在生产关系的其他方面以及上层建筑的某些方面即思想战线方面和政治战线方面，则或者还没有基本胜利，或者还没有完全胜利，还有待于尔后的努力”②。这种论断上的失误，不仅影响到对知识分子的地位和作用的判断，还和对社会主义社会阶级斗争的误断有着不解之缘。此后，政治上的“左”成了挥之难去的魔咒，尽管也有几次反“左”，甚至曾一度提倡搞实事求是年，却因在“左”的框架内进行反“左”，因而总是以反右而告终，最后背离了实事求是的思想路线。

一、实事求是的复杂性

“左”的指导思想并不是径直向着错误越来越严重的方向发展的，它遭遇到党内坚持实事求是的力量的不同程度的抵制，经历了多次反复进退的变化。从1957年下半年开始到“文化大革命”爆发前，党内坚持实事求是的力量和“左”的指导思想的博弈呈现出一定的“规律性”：当“左”的错误导致经济社会发展严重受挫的时候，坚持实事求是的力量就会暂时稍占上风，当情况刚刚好转的时候，“左”的指导思想又会占据君临一切的地位。这样，实事求是的内在的复杂性明显地体现出来。

从当时的历史发展来看，党对于“什么是社会主义，如何建设社会主义”并不很清楚，在社会主义建设中出现了不少失误，而在不断纠正错误的过程中，党的建设和国家建设在曲折中前进，这种曲折前进突出地体现在毛泽东经常“自己跟自己打架”上。在党内健康力量和“左”的错误的博弈中，有的人善于及时发现他人和自己的错误并从失误中吸取教训，有的人则发现和纠正

① 中共中央文献研究室：《建国以来重要文献选编》第10册，中央文献出版社1994年版，第606～607页。

② 1958年3月毛泽东为重印《<中国农村的社会主义高潮>的按语》所写的说明。中共中央文献研究室：《建国以来重要文献选编》第7册，中央文献出版社1993年版，第257页注［1］。

的慢一些，有的人不愿承认错误，更有的人随风倒、看风使舵，这就使得实事求是变得更为复杂。从 1957 年到“文化大革命”前夕，有两次大的纠“左”行动：第一次持续时间较短，从 1958 年 11 月初第一次郑州会议到 1959 年 7 月中旬庐山会议前半程，共计八个半月，后因错误地发动了对彭德怀的批判、进而在全党错误地开展了“反右倾”斗争而中断；第二次从 1960 年冬到 1962 年北戴河会议之前，共计一年半时间，后因八届十中全会重新把阶级斗争扩大化并绝对化而受到严重干扰，但经济方面的调整一直持续到 1965 年，扭转了基本比例严重失调的困难局面，使国民经济得到恢复和发展，当年国民经济发展达到建国以来最好水平。

1957 年 9 月，毛泽东在八届三中全会上正式提出国内主要矛盾问题，不久把“无产阶级和资产阶级的矛盾，社会主义道路和资本主义道路的矛盾”作为我国社会的主要矛盾。这次会议还开始从经济方针方面批评 1956 年的反冒进。1958 年 1 月，毛泽东在南宁会议上开始将反冒进同政治联系起来，同右派进攻联系起来，把它作为一个政治大问题，强调必须从思想上、政治上彻底澄清。3 月，在成都会议上毛泽东把批判反冒进的调子又提高了一步，认为从领导方法上说，“冒进”是马克思主义的，而反冒进是非马克思主义的，是把个别的、特殊的东西误认为一般的、全面的东西，只听少数人的意见，没有反映广大群众的意见。在这次会议上，毛泽东还提出了“两个剥削阶级”和两种个人崇拜的错误观点，这在他的个人威望越来越高的情况下，助长了全党和全国人民对他的个人崇拜。5 月，八大二次会议正式通过中共中央根据毛泽东倡议而提出的“鼓足干劲，力争上游，多快好省地建设社会主义”的总路线，正式改变了八大一次会议关于国内主要矛盾的正确分析。8 月，北戴河会议把“大跃进”和人民公社化运动迅速推向高潮，以高指标、瞎指挥、浮夸风、共产风为主要标志的“左”倾错误严重地泛滥起来，使国家经济建设和社会发展受到严重损害，而且经济上的“左”和政治上的“左”相互推动、相互感染，各种不良倾向在“左”的幌子下滋生蔓延开来。

面对“大跃进”的热气腾腾的局面，党中央和毛泽东开始冷静下来，并领导全党努力纠正已发现的“左”倾错误。在 1958 年 11 月的郑州会议上，毛泽东批评了企图在社会主义社会人为取消商品生产和商品交换的幼稚想法，肯定了商品生产和商品交换在社会主义条件下的积极作用。在同月举行的武昌会议和八届六中全会上，毛泽东在强调总路线的前提下，提出了“压缩空气”、降低过高指标的主张，并承认搞社会主义建设没有经验，这对于给“大跃进”降温、对于遏制急于过渡到共产主义社会的势头，是有积极意义的。1959年2月27日至3月5日的第二次郑州会议纠正了“一平、二调、三收款”的错误做法，确定了“统一领导，队为基础”的方针，对于稳定生产关系、稳定民心起了重要的作用。1959年7月2日至8月1日，中共中央在庐山召开政治局扩大会议，本意也是在“大跃进”和人民公社的前提下总结经验教训，克服缺点错误，继续纠正“左”的错误。但是，在随后的八届八中全会上，纠“左”的议题换成了“反对右倾机会主义向党猖狂进攻”的问题。此后，政治上的“左”导致经济上继续向“左”前进，1959年和1960年农业在国民经济中所占比重由1958年的33.5%分别下降到24.2%和20.1%，国民经济比例严重失调，粮棉油料等主要农产品严重下滑。从第一次郑州会议开始的这次纠“左”，是在维护“三面红旗”的大前提下进行的局部调整，只是一种实践本能的反应，还不是一种意识的自觉，退却和降温都只是量的减少，远不是对“左”的错误的质的改变，因而并不能纠正全局性的错误，难以从根本上解决问题，也难以遏制更大灾难的发生①。

1960年12月24日至1961年1月18日，中共中央在北京举行了中央工作会议和八届九中全会，正式通过“调整、巩固、充实、提高”的方针。这次会议的召开，是由于“大跃进”、人民公社化运动的失误使国家生产建设和人民生活都出现了严重困难。“大跃进”遭到惨重失败，归根到底是主观脱离了客观、思想脱离了实际。错误是从思想路线的偏差开始的，要纠正错误、克服困难，就必须首先从端正思想路线入手。毛泽东在两个会议上作了重要讲话，中心思想是要求全党恢复实事求是的传统，加强调查研究，搞一个实事求是年。1961年3月，毛泽东在广州会议上出人意料地表扬了坚持农村调查研究的邓子恢，称跟邓“统一了”，并再次敦促与会者都去作调查研究。会后中央下发给各中央局、各省市自治区的信中有一句关键的话：“在调查的时候，不

① 陈文斌等：《中国共产党执政五十年》，中共党史出版社1999年版，第174~175，187，197，217页。

张树军等编：《中国共产党八十年重大会议实录》下册，湖南人民出版社2001年版，第564，606页。

要怕听言之有物的不同意见，更不要怕实践检验推翻了已经作出的判断和决定。”① 5 月，刘少奇在中央工作会议上谈到天灾和人祸时说，“从全国范围来讲，有些地方，天灾是主要原因，但这恐怕不是大多数；在大多数地方，我们工作中间的缺点错误是主要原因。”“总是九个指头、一个指头，这个比例关系不变，也不完全符合实际情况。我们要实事求是，是怎么样就是怎么样，有成绩就是有成绩，有一分成绩就是一分成绩，有十分成绩就是十分成绩。”他还警告说，“好在现在我们能够回头，能够总结经验，能够改过来，还不是路线错误。但是，如果现在我们还不回头，还要坚持，那就不是路线错误也要走到路线错误上去。”② 会议根据毛泽东的意见作出规定，一是普遍地轮训干部，二是对最近几年受到批判和处分的干部进行甄别平反。

1962 年 1 月 11 日至 2 月 7 日，中央在北京召开了扩大的工作会议（七千人大会）。这次会议发扬了民主，开展了批评和自我批评，初步总结了“大跃进”以来的经验教训，对于统一全国思想、提高认识和纠正工作中发生的“左”的错误起了积极的作用。会上，大家根据当时的认识水平，对“大跃进”以来所犯错误的根源进行了分析：1. 经验不够。刘少奇说，“一五”时期没有犯大的错误，“二五”时期反而犯了大的错误，除经验不足外，还因不够谦虚谨慎、骄傲自满等③。毛泽东认为，“在社会主义建设上，我们还有很大的盲目性。社会主义经济，对于我们来说，还有许多未被认识的必然王国。……我们应当在今后一段时间内，积累经验，努力学习，在实践中间逐步地加深对它的认识，弄清楚它的规律。”④ 2. 违背民主集中制。毛泽东说，“如果没有充分的民主生活，没有真正实行民主集中制，就不可能实行批评和自我批评这种方法。……没有民主，意见不是从群众中来，就不可能制定出好的路线、方针、政策和办法。”⑤ 邓小平指出，“没有了民主，就不可能有集中，从而也就不可能有认识的统一，行动的统一。”⑥ 3. 丢掉了实事求是的传统和作风。会上列举的主观主义、不实事求是的表现有：不调查研究，以感想代替政

---

① 张树军等编：《中国共产党八十年重大会议实录》下册，湖南人民出版社 2001 年版，第 642 页。

② 《刘少奇选集》下卷，人民出版社 1985 年版，第 337～338 页。

③ 同上书，第 423～424 页。

④ 《毛泽东文集》第 8 卷，人民出版社 1999 年版，第 302～303 页。

⑤ 同上书，第 293～294 页。

⑥ 《邓小平文选》第 1 卷，人民出版社 1994 年版，第 305 页。

策；瞎指挥，办事不听群众的意见，不同群众商量；弄虚作假，欺骗上级；封锁消息，不让上级了解真实情况；盲目执行上级指示，不从本地实际出发；为了争名誉、出风头，不惜向党作假报告，有意夸张成绩，隐瞒缺点，掩盖错误①。4. 只反右不反“左”。反右派斗争和批评反冒进、反右倾，实际上形成了不正常的政治风气：不许党员和群众提出不同意见，否则就很容易被扣上有思想政治问题乃至反党分子的帽子；不许批评工作中的缺点错误，特别是领导人的缺点错误，否则就可能被指责反对党的领导；过火的党内斗争，对敢于说真话的同志不适当地进行打击、处分。刘少奇认为，不应该树立“左”比右好、“左”是方法问题右是立场问题的错误观点，不应该把经济建设中的一些具体问题看作“左”或右的问题。朱德认为，在群众运动中，偏向往往不好把握，越走越偏；“左”的偏向也带群众性，而且不容易看清，不容易制止②。会上，各级领导还勇于承担责任，带头进行自我批评。

此后，中央在经济领域、知识分子地位和甄别平反方面都进行了努力，为国民经济的恢复和发展、为继承和发扬党的优良传统和作风起了积极的推动作用。当然，1961 年和 1962 年的这次纠“左”努力对于“三面红旗”仍是完全肯定的，不敢越雷池一步。其后，1962 年 9 月的八届十中全会认为整个社会主义社会历史时期都存在着无产阶级和资产阶级之间的阶级斗争，1963 年城乡“四清运动”中毛泽东又提出“官僚主义者阶级”的概念，到 1965 年 1 月又进一步提出“党内走资本主义道路的当权派”的概念。这种状况充分说明，要做到真正地、一贯地坚持实事求是并不是一件容易的事情。

下面我们从理论上分析实事求是的复杂性。首先，实事求是是世界观和方法论的辩证统一。实事求是是一条无尽的螺旋曲线，这条螺旋曲线是由无数个小圆圈构成的，每一个具体的“实事求是”就是一个小的圆圈。就其世界观意义来说，必须坚持实事求是的全局性、导向性和根本性。如果在大的目标上不能坚持实事求是，那么即使在具体事情上能够做到实事求是，也难以挽回全局性的失误；如果忽视实事求是的世界观意义而片面强调其方法论意义，为方法而方法，就极有可能陷入拿思想修剪事实的窘境，从而使实事求是沦为论证

---

① 张树军等编：《中国共产党八十年重大会议实录》下册，湖南人民出版社 2001 年版，第 673 页。

② 张树军等编：《中国共产党八十年重大会议实录》下册，湖南人民出版社 2001 年版，第 674 ~ 675 页。

工具，而失去其方向性和指导作用。就其方法论意义来说，实事求是的活力在于，把已认识到的客观规律自觉运用到实践中去解决具体问题。如果只有总体上的实事求是，而没有具体的实施步骤，那么实事求是就成了空洞的口号，不会有多大的生命力。其次，实事求是有其感性的一面，又有其理性的一面。从感性认识发展到理性认识，“求”出了“是”，认识过程并未结束，还要用这个“是”指导实践，并在实践中接受裁决。即使在理论的真理性得以确认后，认识过程也不会终结，还要经历从理性认识到实践的飞跃，这个过程包含着一系列新的从感性到理性的飞跃，忘记了这一点，就会在理论联系实际时出现种种偏差，也可能把理解了实事求是当成是掌握了绝对知识。最可怕的是这样一种情况：在理性上明确了实事求是的重要性，而对实际情况做出的判断与实际情况相去甚远，却又自以为坚持了实事求是的思想路线。之所以出现这种情况，是因为，理性认识特别是正确的理性认识形成以后，似乎是以“纯粹的形式”存在，如果没有及时地用新的感性材料加以补充和丰富，没有从新的“实事”中去“求是”求发展，从而推动理性认识自身的改造，“实事求是”就会成为套话，有其名而无其实。可见，坚持实事求是，必须坚持从实际出发，区别对待地区性差异、阶段性差异和条件性差异，积极投入到“实事”中去，深入生活，联系群众，掌握切实可靠的第一手资料，还要努力发挥自己的主观能动性，自觉地进行自我改造，加强思维锻炼，并运用正确的思维方法，不断从变化了的“实事”中继续“求是”。

二、“文化大革命”严重偏离实事求是轨道

党内纠正“左”的错误的努力虽然在局部特别是经济领域取得了成果，但党内“左”倾理论并没有得到根本纠正，反而沿着“左”的方向越滑越远，诱发了社会极左思潮的盛行和泛滥，最终导致“文化大革命”的发生。1966年5月开始的全国性的“文化大革命”，是党内“左”倾理论发展的顶点，它以对社会主义社会阶级斗争的理论误断和“整党内那些走资本主义道路的当权派”的错误实践为主要特征，是毛泽东个人专断作风逐步损害党的民主集中制以及个人崇拜现象严重发展的结果，也是林彪、江青等人别有用心地利用和助长毛泽东的“左”倾错误的结果。

毛泽东发动“文化大革命”的主要论点是：“一大批资产阶级的代表人物、反革命的修正主义分子，已经混进党里、政府里、军队里和文化领域的各界里，相当大的一个多数的单位的领导权已经不在马克思主义者和人民群众手

里。党内走资本主义道路的当权派在中央形成了一个资产阶级司令部，它有一条修正主义的政治路线和组织路线，在各省、市、自治区和中央各部门都有代理人。过去的各种斗争都不能解决问题，只有实行文化大革命，公开地、全面地、自下而上地发动广大群众来揭发上述的黑暗面，才能把被走资派篡夺的权力重新夺回来。”① 这些主要论点被概括为“无产阶级专政下继续革命的理论”。形成这种理论错误，是因为毛泽东虽然在一定程度上看到了商品生产对于社会主义的意义，但未把商品经济与私有制和资本主义加以区分，对生产力发展后造成贫富分化的趋势心存忧惧，而他所采取的应对措施有着强烈的社会平等、社会公正的价值取向和空想社会主义、平均主义色彩。

这个理论严重背离实事求是原则，是对中国国情的严重误断。1. 它无视我国已经消灭了剥削阶级、已经确立社会主义制度的事实，把社会主义社会存在的阶级和阶级斗争的残余当成整个社会主义历史阶段始终存在着阶级、阶级矛盾和阶级斗争；它把从资本主义到社会主义之间需要一个过渡时期的正确原理理解为从资本主义到共产主义之间都是过渡时期，都存在着无产阶级同资产阶级之间尖锐激烈的阶级斗争；它教条主义地理解列宁关于“小生产每日每时地自发地大量地产生资本主义”、“无产阶级专政是新形势下阶级斗争的继续”等论述，断言社会主义社会整个阶段存在着资本主义复辟的危险性，并以此为理论根据，发动大规模的急风暴雨式的群众运动，把斗争的矛头指向根本不存在的所谓“资产阶级司令部”。2. 它混淆了人民内部思想认识、学术观点上的矛盾同敌我矛盾之间的界限，混淆了阶级社会进行政权更替的政治革命和消灭了剥削阶级后以建立新的社会秩序为主要任务的社会革命，错误地认为在社会主义制度已经确立10年后的中国，仍要搞一个阶级推翻另一个阶级的政治大革命，并提出用彻底揭露、彻底批判、打倒、清洗的方法来解决人民内部的思想问题、精神世界的问题，把“上层建筑领域中的社会主义革命进行到底”，把领导权掌握在无产阶级手中。这种革命性质上的误断，造成了敌我的颠倒，为打倒一大批党和国家的各级领导干部提供了重要的理论依据。3. 它片面强调无产阶级专政镇压剥削者反抗的职能，而忽视无产阶级专政的组织社会主义建设的主要职能，把阶级斗争放在“纲”的位置，顶多用“抓革命”来“促”一下社会主义经济建设和文化建设的“生产”。这不仅背离了历史唯

① 《关于建国以来党的若干历史问题的决议》。

物主义的基本原理，而且违背了全国人民的要求和愿望。

“实践证明，‘文化大革命’不是也不可能是任何意义上的革命或社会进步。它根本不是‘乱了敌人’而只是乱了自己，因而始终没有也不可能由‘天下大乱’达到‘天下大治’。”① 正因为如此，党内健康力量在“文化大革命”期间对“左”倾错误进行了程度不同的抵制。1967 年 2 月，在由周恩来主持的中央碰头会上，老帅们就运动要不要党的领导、应不应将老干部统统打倒、要不要稳定军队等重大原则问题，与康生等展开了针锋相对的斗争，这是按照党的组织原则以合法的形式为恢复党的八大正确路线而进行的一次重大努力②。1971 年林彪事件后，周恩来“正确地提出要批判极左思潮的意见”③，在可能的条件下和范围内进行纠“左”：努力阻止和减少“左”倾错误的破坏，逐步恢复党和国家的正常工作，使国民经济在相对稳定的局势下摆脱困境，改善了人民的生活状况；坚持又红又专，反对无政府主义和空头政治；重申农村人民公社分配必须兼顾国家、集体和个人三者利益，坚持各尽所能、按劳分配的原则，反对把党的政策允许的多种经营当作资本主义去批判；周恩来还亲自指导文化、卫生、体育等战线加紧肃清极左思潮的影响；在毛泽东的过问下，周恩来想方设法解放和使用广大老干部，使越来越多的老同志重新担任了中央和地方的领导职务，成为不断纠正“左”的错误的重要力量。但是，毛泽东不愿从根本上推翻自己“左”的理论和实践，担心批极左将导致对“文化大革命”的否定，因而主张应当批林彪的修正主义、分裂、阴谋诡计、叛党叛国的极右，这使得周恩来领导的批判极左思潮、纠正“文革”错误最终遭到挫折。1975 年，在毛泽东支持下，邓小平恢复了组织生活，主持中央日常工作，开始了力挽危局的全面整顿。邓小平召开了军委扩大会议和解决工业、农业、交通、科技等方面问题的一系列重要会议，努力排除各种干扰，着手从整顿领导班子、批判和消除派性入手，大刀阔斧地对许多方面的工作进行整顿，使形势有了明显好转。但是，由于毛泽东并不是要由此而从根本上纠正“文化大革命”的错误，整顿工作受到了很大的限制，后来“批邓、反击右倾翻案风”破坏了各条战线经过整顿刚刚出现的比较稳定的局势，整顿中提出

---

① 《关于建国以来党的若干历史问题的决议》。

② 这次努力被诬为“二月逆流”而受到压制和打击。

③ 《关于建国以来党的若干历史问题的决议》。

的许多正确政策和采取的措施被肆意批判，纠“左”努力再度遭受挫折。

总之，“文化大革命”不仅在指导思想上背离了实事求是的思想路线，而且在实践上也是极端错误的，是一场全局性的、长时间的左倾严重错误。幸运的是，在此期间，党内健康力量和广大人民同“左”倾错误和林彪、江青反革命集团的艰难曲折的斗争却一直没有停止的，这些纠“左”努力促使广大干部群众逐步认识到“文化大革命”的错误和林彪、江青反革命集团的险恶用心，为后来的新一轮解放思想奠定了社会基础。

第二节 群众运动的得与失

群众路线是党政机关处理同人民群众关系的根本态度和根本方法。既然是根本态度和根本方法，它就带有宏观指导意义，因而必须在工作中把它具体化。群众运动就是群众路线的一种方法，是指有广大人民群众参加的、具有较大规模和声势的活动。群众运动的方法，有利于组织群众有声有色地同各种不公平或不平等的腐败现象做斗争。需要强调指出的是，群众路线和群众运动是内容和形式的关系，群众运动只是群众路线的一种形式，而不是群众路线的全部，忽视了这一点，就可能在工作中因着意追求群众运动的形式而丢掉群众路线的实质，容易导致一刀切、走极端等形式主义恶果。

一、正确对待群众运动的积极意义

群众运动一般都声势浩大，影响广泛。在党的正确领导之下，群众运动能够显示出巨大的威力，动员民众的参与热情，增强人们的信心，而且感染力很强，民众对党的路线方针政策的认同会在群众运动中迅速得以放大、扩展。在一定条件下，群众运动是无产阶级政党贯彻群众路线的一种必要的形式，中国现代史上不乏群众运动成功运用的先例：新民主主义革命时期的工人运动、农民运动、学生运动、青年运动、妇女运动，对于宣传革命理想，对于推动革命形势向前发展，都有促进作用；1942 年开始的大生产运动使抗日根据地克服了财经困难，减轻了人民负担，密切了党和人民、军队和人民的关系，为抗日战争的胜利奠定了物质基础；新中国成立以后，1951 年至 1952 年的“三反”、“五反”运动打击了资产阶级的违法活动，纯洁了干部队伍，巩固了人民民主专政，巩固了国营经济的领导地位，为工商业的社会主义改造创造了有利条件；农业合作化运动有效地制止了农村的两极分化，调动了农民的生产积极性，在毛泽东的大力支持下，七届六中全会通过的《关于农业合作化问题的决议》加快了合作化高潮的到来，1956 年高级社发展突飞猛进，农业社会主义改造基本顺利完成，实现了农民个人所有制向社会主义集体所有制的转变。

从“大跃进”开始，毛泽东更对大规模的群众运动情有独钟了。“文化大革命”之前，他可以容许对党在社会主义建设中所犯的错误进行局部的纠正，但对于包括“大跃进”在内的“三面红旗”是不容许怀疑和反对的；在“文化大革命”期间，他决不能容忍对“文化大革命”本身有丝毫的怀疑。尽管“大跃进”和“文化大革命”都有严重的“左”的错误成份，并严重脱离中国国情，但毛泽东所看重的是其中的积极意义①。

首先，苏联人民在革命和建设中所表现出的极大创造力也使毛泽东深深地受到感染。早在建国前夕，他就认为：“过去蕴藏在地下为外国人所看不见的伟大的俄国无产阶级和劳动人民的革命精力，在列宁、斯大林领导之下，像火山一样突然爆发出来了。”② 1957 年，他在《关于正确处理人民内部矛盾的问题》的讲话中指出，“我们作计划、办事、想问题，都要从我国有六亿人口这一点出发，千万不要忘记这一点”，“这是我们的本钱”③。

其次，毛泽东认为，苏联在斯大林时期似乎对于人民群众的重视还不够，而只有充分发挥人民群众的作用才能减少领导人的失误，使社会主义建设事业更顺利地展开。因此，他在八大二次会议的讲话提纲中写道，“劳动人民中蕴藏了丰富的积极性”，“我们不提‘技术决定一切’、‘干部决定一切’之类的口号”。

再次，新中国成立后，社会面貌虽然发生了重大变化，但中国与西方国家的发展水平仍很悬殊，而且由于两大阵营的对立，帝国主义对新生的人民政权仍是一个极大的威胁，这就为民族自卑心理的存在和延续提供了土壤。针对此，毛泽东在不同场合提出“东风压倒西风”、“西方世界的太阳是傍晚的没落的太阳，……我们就是不要被它们吓倒，不要怕他们”的观点，认为“对

---

① 以下五个自然段的观点部分参考：刘家钦：《美国因素对毛泽东发动“大跃进”的影响》，《阜阳师范学院学报（社会科学版）》2003 年第 5 期；刘家钦：《毛泽东在 1958 年发动“大跃进”的国际因素分析》，《阜阳师范学院学报（社会科学版）》2004 年第 2 期；刘家钦：《苏联因素对毛泽东发动“大跃进”的影响》，《安徽史学》2005 年第 5 期。

② 《毛泽东选集》第 4 卷，人民出版社 1991 年版，第 1470 页。

③ 《毛泽东文集》第 7 卷，人民出版社 1999 年版，第 227～228 页。

西方的崇拜是一种迷信”，“现在这种迷信正在逐渐破除”①。为克服这一社会主义建设的巨大精神障碍，毛泽东反复强调“劲可鼓而不可泄”。从八届三中全会开始到八大二次会议，毛泽东接连不断地对1956年的反冒进进行批判，就是他着重于算政治账的突出表现。

复次，针对当时人民群众文化技术水平低下、对大规模经济建设缺乏信心的状况，毛泽东号召“破除迷信、解放思想”，提倡搞群众运动，轰轰烈烈，不要寻寻觅觅，冷冷清清，甚至提出短期内“超英赶美”的目标②，认为群众自己动手，可以用自己的智慧创造各种各样的经验。

最后，苏联领导人的大国沙文主义作风不仅严重损害了中国革命和建设事业，而且极大地伤害了中国人民的民族感情。同时，“一五”计划由于缺乏经验而不得不主要以苏联为样板来指导建设，也不利于充分调动人民群众的建设积极性。因此，毛泽东力图找出一条具有中国特色的社会主义建设道路，通过“在重工业优先发展的条件下，工业和农业同时并举，大型工业和中小型企业同时并举”的方针，尽快把我国建设成为一个具有现代工业、现代农业和现代科学文化的伟大社会主义国家。1958年9月，毛泽东指出，发展钢铁工业一定要搞群众运动，什么工作都要搞群众运动，没有群众运动是不行的。他对那种认为工业方面搞大规模群众运动是不正规、农村习气和游击作风的意见，进行了批评。10月，冶金部连续召开两次现场会，介绍土法炼钢方法，动员大破所谓“保守思想”和“怀疑论”，会后全国掀起了土法炼钢的高潮。到10月底，随着全民大办钢铁的群众运动的迅猛开展，全国用于钢铁战线的劳动力由几百万增加到6000万人，全国新建炼钢炼铁的土炉达到几百万座③。

此后，毛泽东越来越热衷于依靠群众运动来解决政治和经济问题，对群众运动由充分信任到极力推崇，将群众运动绝对化，群众运动几乎成了群众路线的同义语。

其实，群众运动和群众路线并不是一回事，而且群众运动积极意义的发挥是有条件和范围的，一旦超出了这个范围，其积极意义就会走向反面。刘少奇在七千人大会上从理论上把群众路线与群众运动进行了区分。他说，把群众运

---

① 《毛泽东文集》第7卷，人民出版社1999年版，第407，404页。

② 张树军等编：《中国共产党八十年重大会议实录》上册，湖南人民出版社2001年版，第494页。

③ 陈文斌等：《中国共产党执政五十年》，中共党史出版社1999年版，第171~173页。

动当作群众路线的唯一方式是不正确的。“违反群众路线的所谓‘群众运动’，不仅不能真正反映群众的意见和要求，而且损害了群众的积极性，损害了党的威信。”那么，如何才能发挥群众运动的积极意义呢？“只有在一点一滴的、细致的、艰苦的群众工作的基础上，才能有既轰轰烈烈、又踏踏实实的健康的群众运动。”① 邓小平也在会上说，“这几年，我们搞了许多大运动，差不多是把大运动当作我们群众路线的唯一的形式，天天运动，这是不好的”，“群众运动搞得好不好，也是要看我们经常的工作基础搞得好不好。”② 衡量群众运动的得和失，不能只看到其中的一方面，必须综合地看，而衡量得大于失还是得不偿失，根本的标准，正如邓小平后来所说，“应该主要看是否有利于发展社会主义社会的生产力，是否有利于增强社会主义国家的综合国力，是否有利于提高人民的生活水平”③。

二、群众运动消极作用的分析

群众运动也有其消极作用，正如洪水可以冲掉一切不干净的东西，但也可能毁掉人的生命财产。建国以后的群众运动也有许多深刻的教训：1. 农业合作化运动在 1955 年下半年以后要求过急、工作过粗、改变过快、形式过于简单划一，留下了很多后遗症。2. “大跃进”、人民公社普遍废除了过去一些行之有效的制度和方法，实行“大兵团作战”，造成劳动力窝工浪费，劳动效率低，农活质量差④。3. 其中最典型的例子莫过于毛泽东亲自发动和领导的“文化大革命”，它给党、国家和各族人民带来严重灾难，但毛泽东却始终认为这是他对马克思主义的重大发展，是防修反修的重大战略措施，而且始终认为群众运动是社会主义民主的主要表现，其主流是好的，大方向是正确的。其实，“文化大革命”名义上是直接依靠群众，实际上既脱离了党的组织，又脱离了广大群众。

群众运动的消极作用既有其固有的内在原因，也有外在的影响，特别是领导方法上的失误会加剧群众运动的破坏性。从群众运动本身来看，它具有如下特点：1. 群发性。群众运动是有广大群众参与的大规模的活动，因而一旦发

---

① 《刘少奇选集》下卷，人民出版社 1985 年版，第 404 页。
② 《邓小平文选》第 1 卷，人民出版社 1994 年版，第 313～314 页。
③ 《邓小平文选》第 3 卷，人民出版社 1993 年版，第 372 页。
④ 陈文斌等：《中国共产党执政五十年》，中共党史出版社 1999 年版，第 180 页。

动起来就具有很大的威力。在正确指导思想的引导下，这种威力的发挥无论对于革命还是对于建设来说都是一笔可贵的政治资源，否则如果指导思想出现偏差，或被一些别有用心的人利用，偏离了群众路线的轨道，群众运动就具有很大的破坏性。2. 阵发性。群众运动不是群众路线的长效机制，而具有非连续性的特征。社会的可持续发展不能建立在群众运动的基础上，群众运动要和法制的完善相结合。3. 可控性差。群众运动必须有正确的思想加以引导，有群众的迫切要求，有健全的法制进行有效约束，将其控制在合理的限度之内。4. 过分倚重于群众运动容易导致工作方式简单化。群众运动并不是一年到头全搞运动，不是一律的这里运动什么那里也运动什么。如果只满足于形式而缺乏深入细致的工作，是搞不好的。

关于领导方法对群众运动的影响，刘少奇有许多精彩的论述。他认为，“群众运动必须从实际出发，必须是出于群众的自觉自愿的行动。”① 如果脱离生产力的水平和群众的意愿而以行政命令的方式开展群众运动，则会带来许多不良后果。这些错误主要是：1. 以党代群，“用党的组织代替人民代表大会和群众组织，使它们徒有其名，而无其实”，其后果是“使我们耳目闭塞，脱离群众”②。2. 热衷于搞突击工作。许多人、许多单位“不注意建立经常工作，不注意在经常工作中积累经验、联系群众”，以为“只靠突击性的群众运动，就可以把事情办好”。然而实际上，“没有经常工作，不把经常工作做好，就不会有真正的群众运动”③。3. 热衷于搞形式主义，“把敲锣打鼓、虚张声势、开一些没有内容的大会、作一些空洞的大报告，看成是群众运动和群众路线”。这样的所谓“群众运动”，“并没有真正的群众基础，而是在强迫命令的情况下进行的，表面上似乎轰轰烈烈，实际上空空洞洞”④。4. 把反对所谓“群众运动”的人上纲上线，“谁如果不同意那种‘群众运动’，就被认为是否认群众的干劲，泼群众的冷水，泄群众的气。”⑤ 5. 不能正确区分“实事求是的干劲”和“主观主义的干劲”，把两者混为一谈。“有不少干部，自以为是，自作聪明，不同群众商量，独断专行地强制群众去干一些蠢事，把群众的干劲

---

① 《刘少奇选集》下卷，人民出版社 1985 年版，第 403 页。

② 同上书，第 402 ~ 403 页。

③ 同上书，第 403 页。

④ 同上书，第 404 页。

⑤ 同上。

白白地浪费掉了，挫伤了群众的积极性。……如果不严肃地批评他们的错误，并且制止他们继续蛮干下去，那末，群众的真正的干劲是不可能发挥出来的。"① 6. 用高指标来鼓舞群众的干劲，认为"指标低了，就不能鼓足人民群众的干劲，指标高一点，才能鼓足干劲，指标越高，人民群众的干劲就越大"，而实际上有时候"指标很高，人民的干劲反而落下来了，因为达不到这样高的指标"②。

"文化大革命"就难以称得上"从实际出发"的群众运动，它违背了最大程度团结群众的宗旨。恩格斯说："任何地方发生革命动荡，其背后必然有某种社会要求"，革命"是民族的要求和需要的自发的不可遏止的表现"③。"文化大革命"从任何意义上说都不是革命运动，它是在社会主义条件下、由执政党的领袖亲自发动和领导、以所谓"无产阶级专政下继续革命"理论为指导、由党的中央委员会做出决定并号召全民参加的、"一个阶级推翻一个阶级"的政治大革命，它笼罩着反修防修的神圣光环，其重点是整所谓党内走资本主义的当权派，形式是发动亿万群众自下而上地揭露党和国家的黑暗面，全面夺权④。"文化大革命"也反不了官僚主义。"文化大革命"中被打倒的一大批党政领导干部中，没有一个主要罪名是犯官僚主义错误的，相反，发动"文化大革命"本身，就表现出高高在上、滥用权力、脱离实际、脱离群众意愿、不关心群众疾苦的最大的官僚主义⑤。官僚主义是长期历史遗留下来的复杂的社会污垢、是经济文化不发达的产物，是缺乏民主和法制、高度集权、行政职责不分明、干部职务终身制等政治经济体制不完善所表现出来的一种弊端。反对官僚主义，最根本的是完善法律制度，完善监督机制和建立长效机制。

片面强调群众运动与片面理解民主有密切的关系。本来，民主在本质上是一种国家形式，需要通过宪法与较完备的法律来体现人民的意志，规范人们行动，领袖、干部和一般群众都要服从宪法与法律，人人应在法律面前平等。然而，毛泽东并不认为民主主要体现在法治上，因而他倚重于群众运动，孰料恰

---

① 《刘少奇选集》下卷，人民出版社 1985 年版，第 404～405 页。

② 同上书，第 430 页。

③ 《马克思恩格斯选集》第 1 卷，人民出版社 1995 年版，第 483 页。

④ 席宣，金春明：《"文化大革命"简史》，中共党史出版社 1996 年版，第 2 页。

⑤ 同上书，第 362 页。

恰是对秩序、法制、规章的极大破坏。从1959年庐山会议开始，党内民主生活不正常，并逐步波及到国家政治生活的各个领域，貌似民主的群众运动越来越频繁，规模越来越大，但也越来越偏离群众路线，到“文化大革命”，群众运动很大程度上成了“运动群众”，实际上严重背离了群众路线。“文化大革命”放弃了党对群众运动的领导，由“群众自己解放自己”，而不“采取任何包办代替的方法”，使群众运动陷入放任自流的境地。更为甚者，林彪、江青等人鼓吹“群众运动天然合理”、“踢开党委闹革命”，起着蛊惑人心、推波助澜的作用，极大地加剧了社会动荡，群众运动的消极作用暴露无遗。

改革开放以后，中国共产党总是从坚持党的领导、人民当家作主和依法治国相统一的角度来贯彻群众路线，这是在认真总结历史经验教训的基础上做出的正确抉择。

第三节　民主集中制的削弱与破坏

马克思和恩格斯在创建无产阶级政党的过程中，深刻论述了党内实行民主和集中原则的重要性，为民主集中制原则的确立奠定了理论基础。恩格斯说过，共产主义者同盟“本身是完全民主的，它的各委员会由选举产生并随时可以罢免”①；又说过，“如果有人向我说，权威和集中是两种在任何情况下都应当加以诅咒的东西，那么我就认为，说这种话的人，要么不知道什么叫革命，要么只不过是口头革命派。”② 列宁在建设俄国工人阶级政党的过程中，进一步发展了马克思和恩格斯关于党的组织原则的思想，明确提出了民主集中制的概念。列宁时期俄共（布）党的建设的主要趋势是集中制的加强，这种状况是俄共（布）和第一个社会主义国家所处的环境造成的，列宁认为这个时期只能如此。另外，列宁之所以能够一再强调集中，是因为在俄共党内民主有较深的基础，而集中则比较薄弱。当时党内派别的存在本身就说明，列宁所说的“行动一致，讨论自由和批评自由”不但允许党员保留个人意见，甚至不但允许党员以各种公开的方式宣传、讨论自己的主张，而且还允许这种意见

---

① 《马克思恩格斯选集》第4卷，人民出版社1995年版，第200页。

② 同上书，第606页。

以非正式组织的形式存在①。毛泽东也曾反复讲到，民主集中制是民主基础上的集中和集中指导下的民主，只有实行这样的制度才能做到："一方面，确实扩大党内的民主生活；又一方面，不至于走到极端民主化，走到破坏纪律的自由放任主义。"② 但是，这个组织原则还需要在实践中逐步完备，并形成可操作的具体规范。建国后，中国共产党曾在这方面做出过不少努力，但在八大之后的 20 年中，党和国家的民主集中制逐渐削弱，尤其是在"文化大革命"中遭到严重破坏，导致党的优良作风失去制度保障而遭受重大挫折。

一、集体领导原则的逐步削弱

在战争年代，中国共产党面临着严酷的革命形势，因而在民主集中制建设上侧重于集中这一面，民主的一面更多地是依赖于领导人的个人倾向和自觉程度。到了抗日战争后期，由于革命战争需要强调集中的一面，1942 年 9 月中国共产党通过了《关于统一抗日根据地党的领导及调整各组织间关系的决定》，正式确定党的一元化领导原则："党是无产阶级的先锋队和无产阶级组织的最高形式，他应该领导一切其他组织，如军队、政府与民众团体。根据地领导的统一与一元化，应当表现在每个根据地有一个统一的领导一切的党的委员会（中央局、分局、区党委、地委）。"③ 这样的规定在原则上是正确的，对于在战争环境里协调党政军民各种组织的关系，对于集中力量、统一指挥，对于保证革命战争的胜利起了重要作用。集体领导是党的领导的最高原则之一，是民主集中制在党的领导工作中的体现，即使规定了党领导一切，也应该是党的各级委员会的集体领导。不过，在实施过程中，党的一元化领导往往不同程度地变成了党决定一切以至党管理一切。虽然中共中央多次强调指出，党的领导是思想上、政治上的领导，是通过党员的模范作用而实现的，并且在 1948 年发出《关于健全党委制》的决定，强调"党委制是保证集体领导、防止个人包办的党的重要制度"④，但在革命战争年代没有也不可能制定明确的条例来保证党的集体领导的实施和党政关系的协调。建国以后，一元化领导这种权力高度集中的体制被沿袭下来。

---

① 王长江：《世界政党比较概论》，中共中央党校出版社 2003 年版，第 26～27 页。

② 《毛泽东选集》第 2 卷，人民出版社 1991 年版，第 529 页。

③ 中央档案馆：《中共中央文件选集》第 13 册，中共中央党校出版社 1991 年版，第 427 页。

④ 《毛泽东选集》第 4 卷，人民出版社 1991 年版，第 1340 页。

本来，随着执政环境的改善和社会主义制度的确立，民主集中制应该不断完善，相应地，优良作风应该以制度化的形式巩固起来，建国初期的实际工作大体上也是这么做的，并且取得了经济迅速恢复和发展的辉煌成就。但社会主义制度确立后，毛泽东本人的注意力仍然主要是放在破除旧的生产关系、旧的意识形态、旧的生活习俗等方面①，而且对各种非无产阶级思想的侵蚀估计得越来越严重。1957 年 4 月，中共中央决定全党进行一次普遍而深入的整风运动，以克服近几年来党内新滋长的脱离群众和脱离实际的官僚主义、宗派主义和主观主义。整风的主题是正确处理人民内部矛盾，方法是进行严肃认真而又和风细雨的思想教育和恰如其分的批评和自我批评，目的是“惩前毖后，治病救人”，提高全党的马克思主义思想水平，改进作风，更好地适应社会主义改造和社会主义建设的需要，更好地调动一切积极力量，团结一切可能团结的人，为建设伟大的社会主义国家而奋斗。整风一开始，中共广泛邀集民主党派和无党派人士帮助整风。大多数党外人士出于善意从不同角度对中共提出批评，这对于中共改正缺点、改进作风是大有裨益的。与此同时，出现了不和谐音，少数人发表煽动性言论，企图改变关于正确处理人民内部矛盾的主题，扭转社会主义方向。5 月，针对右派分子的进攻，毛泽东在《事情正在起变化》一文中给党内整风运动加上一条批判修正主义的内容，并指出，党内“一部分人有修正主义或右倾机会主义错误思想”，“这些人比较危险，因为他们的思想是资产阶级思想在党内的反映，他们向往资产阶级自由主义，否定一切，他们与社会上资产阶级知识分子有千丝万缕的联系”②，因此，“共产党整风告一段落之后，我们将建议各民主党派和社会各界实行整风”，以“孤立少数右翼分子”③。6 月，反右派斗争开始，并且冲击了党内的整风运动，此后错误就越来越多了，如邓小平后来所说，“错误在于扩大化”④。

1958 年 1 月的南宁会议上，毛泽东把反冒进同政治联系起来，同右派进攻联系起来，并认为这是个大的政治问题，必须从思想上、政治上彻底澄清，

---

① “我注意得较多的是制度方面的问题，生产关系方面的问题。至于生产力方面，我的知识很少。”

《毛泽东文集》第 8 卷，人民出版社 1999 年版，第 303 页。

② 中共中央文献研究室：《建国以来重要文献选编》第 10 册，中央文献出版社 1994 年版，第 264 页。

③ 同上书，第 270 页。

④ 《邓小平文选》第 2 卷，人民出版社 1994 年版，第 294 页。

否则就无法前进。毛泽东对集体决定的正确的东西进行不容申辩的指责，如同对待右派一样进行过火批判和否定，从此党内组织生活开始出现个人专断的格局。3 月，毛泽东在成都会议上提出个人崇拜有两种，一种是正确的，如对马克思、恩格斯、列宁、斯大林正确的东西，我们必须崇拜，永远崇拜；另一种是不正确的崇拜，不加分析，盲目服从，这就不对了。反个人崇拜的目的也有两种，一种是反对不正确的个人崇拜，一种是反对崇拜别人，要求崇拜自己。在会上，他还对个别人提出的“相信毛主席要到迷信的程度，服从要到盲从的程度”的说法表示了欣赏。他的这种“新的”观点和态度，明显违背了八大所提出的反对个人崇拜的正确思想。1959 年庐山会议期间，彭德怀在给毛泽东的一封信中认为，1958 年以来，小资产阶级狂热病、浮夸风普遍地滋长起来，一些“左”的倾向有了相当程度的发展，总想一步跨进共产主义；还认为“大跃进”以来经济比例严重失调，希望这次会议系统地总结去年下半年以来工作中的成绩和教训，达到明辨是非、提高思想的目的①。黄克诚、张闻天、周小舟等党内高级干部也表达了自己对所谓“三面红旗”的忧虑与批评。孰料，毛泽东在评估“大跃进”的后果时更多地是算政治账而不是经济账，于是会议议程急转直下，从纠“左”变成了反右，变成了批判彭黄张周等人的所谓“右倾机会主义”错误。在随后召开的八届八中全会上（8 月 2 日至 8 月 16 日），毛泽东断言，庐山出现的这一场斗争是一场阶级斗争，是过去 10 年社会主义革命过程中资产阶级与无产阶级两大对抗阶级的生死斗争的继续②。凭心而论，彭德怀写信给毛泽东反映广大党员和人民群众的要求，是完全符合党的组织原则的，体现了党的高级干部对党的事业的忠诚和高度责任感，但他却从此大祸临头，并被无端剥夺了为自己辩护的权利。这是一个危险的先例，党内不同意见的争论被错误地上升到阶级斗争的高度，在政治上党的集体领导原则受到破坏，助长了毛泽东的个人专断作风和党内个人崇拜的发展。从庐山会议开始，阶级斗争被直接引申到党内，中央政治局常委之间已经不是平等的关系了，大批敢于讲真话、坚持原则的同志受到打击，本来已经不正常的党内政治生活更加不正常了。

在 1962 的年七千人大会上，毛泽东、刘少奇重点论述了党的民主集中制

① 陈文斌等：《中国共产党执政五十年》，中共党史出版社 1999 年版，第 187 页。

② 同上书，第 188 页。

问题，以图通过党内正常的民主生活总结党在社会主义建设过程中存在的经验教训，统一全党认识，进一步贯彻对国民经济实行的“调整、巩固、充实、提高”的方针。然而半年之后的八届十中全会上，毛泽东对七千人大会前后的实践作了错误的判断和总结，把与他不同的意见批判为“黑暗风”、“单干风”、“翻案风”，并把这种分歧看成走资本主义道路还是走社会主义道路的斗争，甚至认为这就是在党内、在上层出现的修正主义，因此阶级斗争必须年年讲、月月讲、天天讲。全会《公报》提出，“在无产阶级革命和无产阶级专政的整个历史时期，在由资本主义过渡到共产主义的整个历史时期（这个时期需要几十年，甚至更多的时间）存在着无产阶级和资产阶级之间的阶级斗争，存在着社会主义和资本主义这两条道路的斗争”，“这种阶级斗争是错综复杂的、曲折的、时起时伏的，有时甚至是很激烈的。这种阶级斗争，不可避免地要反映到党内来”①。这是自 1957 年反右派斗争以来，党内在关于社会主义社会的阶级和阶级斗争问题上的“左”倾错误的发展和集中反映，并且得以系统化，较之过去的错误论述是一次很大的升级，同时又是“无产阶级专政下继续革命”理论的雏型②。尽管毛泽东在八届十中全会上重申延安整风时期对待犯错误同志的正确方针，但由于把整个前提搞错了，甚至是颠倒了，把党内的一些不同意见分歧错误地当作“右倾机会主义”或“修正主义”进行批判，就不可能做到正确处理党内的不同意见分歧，反而使一些同志蒙受不白之冤，使党蒙受重大损失。1963 年中央在《关于目前农村工作中若干问题的决定（草案）》（即《前十条》）中提出“阶级斗争，一抓就灵”的口号，在《关于农村社会主义教育运动中的一些具体政策的规定（草案）》（即《后十条》）中首次使用了“以阶级斗争为纲”的提法③。此后不久，加强和深化阶级斗争成为解决困难的方针，阶级斗争扩大化、绝对化的错误，不可避免地从经济、政治领域扩展到意识形态领域，从文艺界扩展到哲学、经济学、历史学、教育学等各个学术领域。阶级斗争的观念甚至还渗透到道德领域，成为人们日常生活的一部分。随着“文化大革命”的爆发，民主集中制遭受到越来越严重的破坏。

---

① 陈文斌等：《中国共产党执政五十年》，中共党史出版社 1999 年版，第 246 页。

② 金春明：《“文化大革命”史稿》，四川人民出版社 1995 年版，第 87 页。

③ 逄先知，金冲及：《毛泽东传（1949～1976）》，中央文献出版社 2003 年版，第 1322，1329 页。

二、“文化大革命”中民主集中制遭到严重破坏

从 1957 年下半年开始，党的一元化领导逐渐变成了党领导一切、党决定一切、党管理一切，甚至成了党委书记领导一切、大权独揽、个人专断，到“文革”爆发时在党中央已实际上形成毛泽东个人专断凌驾于集体领导之上的局面。具体而论，在“文化大革命”的不同时期，民主集中制遭受破坏的程度是不一样的。

“文革”初期，中央领导机构和地方党组织还在正常运转。毛泽东坚持认为自己是正确的，这样，当他继续推行实际上错误的方针而不可能按正常民主程序获得多数人支持时，就不能不更加需要依靠个人的绝对权威。他批评了中央派工作组的作法，中央正式于 1966 年 7 月 27 日作出决定撤出了全部工作组，各级领导纷纷靠边站，许多单位党委名义尚存，实际上不起作用了。八届十一中全会改选中央政治局常委，刘少奇、周恩来、朱德、陈云的副主席职务没有经过任何法定程序被实际上不明不白地取消了。全会调整后的中央领导机构也没有正常运转，中央文化革命小组却在毛泽东个人的直接领导下发挥越来越大的作用。在地方，许多党的基层组织和干部被指责为执行了“资产阶级反动路线”而成为受批判的对象，“文化大革命”从文教部门和党政领导机关向企业和农村蔓延，使工农业生产开始陷入全面混乱的局面。1967 年 1 月，从上海开始，夺权之风迅速刮遍全国，党委、政府被“踢开”，代之以革命委员会，其组织原则是实行一元化的领导，可以说是战争年代形成的一元化领导体制的极端发展。夺权运动加剧了人民群众和干部队伍的严重分裂，也使全国处于无政府状态的极度混乱之中。

为了稳定“文化大革命”的格局，1969 年 4 月召开了党的九大。九大在思想上、政治上和组织上的指导方针都是错误的，是对民主集中制的严重破坏。1. 九大的政治报告以“无产阶级专政下继续革命”为核心，使“文化大革命”的错误理论和实践合法化。2. 大会通过的党章把毛泽东思想的形成和发展，完全归功于毛泽东一个人，而不提党中央的集体领导和其他党的卓越领导人的重大作用。3. 党章写明党的领袖和接班人，还取消了有关党员的权利的规定，使广大一般党员只有义务而没有权利，违反了党的民主集中制原则。因此，九大在党的历史上不可能有什么积极意义。九大以后，还进行了“整党建党”，各地陆续恢复了党委会和其他各级组织，恢复了大多数党员的组织生活，这对抵制各种破坏活动、稳定社会局势具有一定的积极作用。但是，应

当看到，这次整党有很大的局限性。第一，错误的指导方针。这次整党是“文化大革命”的一部分，其指导方针以所谓“无产阶级专政下继续革命”的理论为思想基础，把“对于阶级敌人进行战斗”作为建党的唯一宗旨和要求，而只字不提经济建设和正确处理人民内部矛盾。第二，特殊的指导机构。这次整党的指导机构不是党的各级委员会和根据党的决定组成的特定机构，而是军代表、核心小组、联席会等不正常的机构，甚至某些非党的群众组织也通过“群众评议”发挥了不应有的重大作用。第三，不正常的整党形式。这次整党同广大党员恢复组织生活相结合，就这一点来说是有积极意义的，但又突出“吐故纳新”，使许多造反派人物涌入党内，造成组织严重不纯。

1973 年 8 月召开的中共十大继续了九大的错误。在关系党和国家命运的大事上，如十大代表的选举、文件的起草、党章的修改、中央领导机构人选的确定等，不是经过党中央集体认真讨论决定，而是由毛泽东个人或由他指定人讨论决定。十大政治报告认为“九大的政治路线和组织路线都是正确的”，认为林彪事件恰恰证明了社会主义历史阶段始终存在着阶级、阶级矛盾和阶级斗争，并把“天下大乱，达到天下大治”、“过七八年再来一次”认定为“客观规律”。

总之，“文化大革命”期间，“毛泽东同志的‘左’倾错误的个人领导实际上取代了党中央的集体领导”，“他的个人专断作风逐步损害党的民主集中制”①。究其原由，毛泽东越来越过分地强调生产关系、上层建筑的反作用，强调意识形态的作用，主张以革命去促生产，因此他欣赏并肯定“政治挂帅”、“突出政治”这样一些似是而非的口号，而当这种主张在实践中碰壁之后，毛泽东又没有正确地总结经验教训，而是笼统地从阶级斗争、路线斗争方面找原因，以致把党内的分歧看得越来越严重，把建设社会主义不同方法的分歧看成是两个阶级、两条道路的斗争，把党内和社会上的黑暗面看得越来越严重，从而产生了危机感。如果只是一种政治警惕性，即使有些过分，还不至于造成太大的恶果。但是，当这种警惕性已经转化为现实的估量和政策的时候，性质就完全不同了。毛泽东对党和国家的政治形势以及社会阶级关系作了完全不符合实际的估计，并且采取了错误的方法，必然形成初衷和后果的严重背

① 《关于建国以来党的若干历史问题的决议》。

离[1]。当个人专断逐步成为事实的时候，和领袖的态度高度一致就被看成了最高纪律。在中国共产党的历史上，毛泽东曾经多次是正确路线的代表人，这本来是符合实际的。但是，把路线讲得越来越严重，越来越神圣，就产生了绝对化的弊病：路线错了，一切皆错；路线正确，就一切正确。毛泽东既然是正确路线的代表，谁不同意他的意见很自然就会被认为是不同意正确路线，甚至被说成是反对正确路线[2]。在权力过分集中于一个人的条件下，出于毛泽东的威信和维护党的团结，有些问题在党内也确实没有反对过，"真实情况是难于反对"[3]。权力过度集中助长个人崇拜，个人崇拜强化个人专断，党的集体领导和民主集中的制度势必受到损害。

难能可贵的是，1975 年邓小平主持中央日常工作期间进行了各方面的整顿，其中党的整顿是一个重要内容。他强调加强党的领导，反对派性，指出要在全国范围内对党组织从思想上、组织上进行一次整顿是十分必要的。以整党为核心的全面整顿，体现了反"左"倾错误斗争的深化，对各方面的整顿起到了促进作用，也为后来的拨乱反正奠定了思想基础和组织基础。

---

① 席宣，金春明：《"文化大革命"简史》，中共党史出版社 1996 年版，第 53～54 页。
② 席宣，金春明：《"文化大革命"简史》，中共党史出版社 1996 年版，第 36 页。
③《邓小平文选》第 2 卷，人民出版社 1994 年版，第 309 页。

第五章

优良作风的恢复与发展

“文化大革命”结束后，我国社会主义建设进入了一个新的历史发展时期。以邓小平为代表的中国共产党人坚持马克思主义普遍原理与中国社会主义建设的具体实践相结合，适应国内外形势的变化和人民群众的强烈要求，重新确立了实事求是的思想路线，明确提出“实事求是的思想路线”的概念，使党的优良作风得到恢复与发展；果断地实行改革开放政策，并在改革开放的过程中第一次用新的思想、观点比较系统地回答了“什么是社会主义”和“如何建设社会主义”等一系列基本问题，形成了建设有中国特色社会主义的伟大理论。正确的指导思想、正确的路线方针政策和改革开放的实践，为党风建设提供了新的契机，也提出了更高的要求。

第一节　实事求是的思想路线的重新确立

对于一个政党来说，思想路线关系重大，这是一个带有全局性的重要问题。历史告诉我们，如果党不能一贯地坚持实事求是而走向思想僵化，那么党的事业就要遭受严重挫折。“文化大革命”结束后，我国的各项事业经历了一段徘徊时期，而这一徘徊时期恰恰正是解决思想路线这一关键问题的时期。经过真理标准的大讨论，实事求是的思想路线在与“左”的错误的较量中占据了上风，为全面开创社会主义建设新局面扫清了最大的思想障碍，而社会主义初级阶段的历史定位则在冲破传统僵化体制的束缚与确立完全新型的政治经济体制之间架起了一道桥梁。

一、解放思想就是实事求是

“文化大革命”期间，“左”倾理论占据统治地位，林彪、江青反革命集团大搞禁区，制造迷信，把人们的思想封闭在他们的假马克思主义的圈子里，不准越雷池一步，否则就要追查，就要扣帽子、打棍子，使得人们不敢开动脑筋，思想处于僵化半僵化状态。粉碎“四人帮”以后，“两个凡是”又成为教条主义在新形势下的翻版，它偏执于毛泽东晚年关于“无产阶级专政下继续革命”的理论和实践，使人们无法摆脱“文化大革命”所造成的巨大历史阴影，难以开创中国社会主义建设新局面。在这种情况下，只有解放思想，才能恢复实事求是的思想路线。

1977 年 4 月 10 日，邓小平在给党中央的信中指出：“我们必须世世代代地用准确的完整的毛泽东思想来指导我们全党、全军和全国人民，把党和社会主义的事业，把国际共产主义运动的事业，胜利地推向前进。”5 月 24 日和 7 月 21 日，他在两次讲话中又指出，“毛泽东思想是个思想体系”，“我们不能够只从个别词句来理解毛泽东思想，而必须从毛泽东思想的整个体系去获得正确的理解”，“只有这样，才不至于割裂、歪曲毛泽东思想，损害毛泽东思想”①。邓小平的“完整准确”说是对以“两个凡是”为代表的“左”的指导思想发起的第一波冲击，它把晚年毛泽东个人的思想与作为科学理论体系的毛泽东思想加以明确的区分，批评了超出真理适用范围、不顾具体“问题”、“时间”、“地点”、“条件”的教条主义的错误作法。邓小平还指出，毛泽东继承列宁，加以总结、创造，把党风大为发展。我们党很完整的作风，经过延安整风已经建立起来了②。他认为，培养好的风气，群众路线和实事求是是“最根本”、“最主要”的东西③。9 月 19 日，他在讲话中提出，实事求是“是毛泽东哲学思想的精髓”④。

更为重要的是，邓小平经过对中国社会主义建设中经验和教训的深刻反思，第一个提出了“实事求是的思想路线”的概念，把党对实事求是的认识推向一个新的高度。1978 年底，他在《解放思想，实事求是，团结一致向前看》的重要讲话中指出：“关于真理标准问题的争论，的确是个思想路线问题，是个政治问题，是个关系到党和国家的前途和命运的问题。实事求是，是无产阶级世界观的基础，是马克思主义的思想基础。过去我们搞革命所取得的

---

① 《邓小平文选》第 2 卷，人民出版社 1994 年版，第 39，43，42 页。

② 中共中央文献研究室：《邓小平思想年谱》，中央文献出版社 1998 年版，第 29 页。

③ 《邓小平文选》第 2 卷，人民出版社 1994 年版，第 45，57 页。

④ 同上书，第 67 页。

一切胜利，是靠实事求是；现在我们要实现四个现代化，同样要靠实事求是。"① 1980年2月29日，他在中共十一届五中全会上讲话指出，"实事求是，一切从实际出发，理论联系实际，坚持实践是检验真理的标准，这就是我们党的思想路线。"② 党的十二大《党章》指出："党的思想路线是一切从实际出发，理论联系实际，实事求是，在实践中检验真理和发展真理。"这些内容之间存在着严密的逻辑性关系："一切从实际出发"是说人的认识和实践活动要以"实事"为出发点和归宿，要着眼于为改变现实的实践服务；"理论联系实际"是指用以指导实践的理论（"求"得的"是"）要同实际（"实事"）有机地结合起来——当然，"实际"应该照顾到全面和局部、个别与一般，而"联系"也要注意"理论"与"实际"的双向（互动）作用；"实事求是"既有感性上的体悟，又有理性上的把握；"在实践中检验真理和发展真理"既保证了"是"的可靠性，又保证了实事求是的循环往复的无尽运动，从而保证了"是"的创新性。

实事求是作为思想路线，内涵越来越丰富，而且层次性也更加明显。邓小平赋予"实事求是"三个方面的涵义：1. 实事求是是党的优良传统和作风的集中体现；2. 实事求是是党的最基本的认识方法、工作方法和思想方法，是党在革命与建设中对马克思主义的认识论的具体运用；3. 明确提出了党的实事求是的思想路线这一科学概念，把它作为马克思主义、毛泽东思想科学理论体系的"精髓"和"灵魂"，作为马克思列宁主义科学性的最根本体现③。在这三层涵义中，第一层涵义同实践的关系最近，既揭示了党的优良作风是一脉相承，又指出优良作风是党的形象，实事求是是优良作风的内核；第二层涵义揭示了优良作风的生命活力在于思想方法和工作方法的不断创新；第三层涵义上升到总领全局的高度。这是在改革开放的条件下党对"实事求是"认识上的新飞跃。

邓小平还揭示了解放思想和实事求是的辩证关系。1978年5月，《实践是检验真理的唯一标准》的发表引起了很大争论，邓小平多次表达了对该文的支持，并结合真理标准的讨论强调思想路线问题的重要性。7月21日，他在

① 《邓小平文选》第2卷，人民出版社1994年版，第143页。

② 同上书，第278页。

③ 姚润皋，林源：《邓小平实事求是哲学论》，南京大学出版社1997年版，第11页。

同中宣部负责人的谈话中就真理标准的讨论指出，不要再下禁令、设禁区了，不要再把刚刚开始的生动活泼的政治局面向后拉。次日，他说，《实践是检验真理的唯一标准》这篇文章，是马克思主义的。争论不可避免，争得好，根源就是“两个凡是”①。9 月，他又在不同场合指出，禁区的害处是使人们思想僵化，不敢根据自己的条件考虑问题；连理论要通过实践来检验这样的问题还要引起争论，可见思想僵化②。年底，他在《解放思想，实事求是，团结一致向前看》的重要讲话中指出：“目前进行的关于实践是检验真理的唯一标准问题的讨论，实际上也是要不要解放思想的争论。……只有解放思想，坚持实事求是，一切从实际出发，理论联系实际，我们的社会主义现代化建设才能顺利进行，我们党的马列主义、毛泽东思想的理论也才能顺利发展。”③ 1980 年 12 月 25 日，他在中共中央工作会议上进一步指出：“解放思想，就是使思想和实际相符合，使主观和客观符合，就是实事求是。”④

在这里，思想解放的内涵、要求和归宿有着明确规定：解放思想的要求就是坚持实事求是原则，坚持了实事求是才是真正的解放思想⑤。如果说解放思想是“让思想冲破牢笼”，那么这个“牢笼”是指僵化的、教条的思维方式，而不是指活生生的实践。解放思想的立足点是实事求是，是毫不动摇地贯彻以经济建设为中心、坚持四项基本原则、坚持改革开放的基本路线，是坚持实践这个检验真理的唯一标准、用“三个有利于”判断各方面工作的是非得失，是不断研究新情况、解决新问题、不断把各项改革推向前进。解放思想的第一种情况是，在思想保守、落后于客观实际的时候，解放思想的要求就是打破这种落后观念的束缚，使思想观念跟上客观实际的变化发展，这是解放思想的一种表现，一个要求；解放思想的第二种情况是，主观思想失去了客观根据，试图摆脱客观规律的控制，如脱缰的野马在盲目冒险中奔驰，此时解放思想的任务就是纠正这种空想的冒险的主观主义，使主观符合客观，使主体的思想观念回到客观规律和客观条件的基础上⑥。形象地说，前一种情况就是“不及”，

① 中共中央文献研究室：《邓小平思想年谱》，中央文献出版社 1998 年版，第 72 ~ 73 页。

② 同上书，第 80，79 页。

③ 《邓小平文选》第 2 卷，人民出版社 1994 年版，第 143 页。

④ 同上书，第 364 页。

⑤ 林源：《马克思走进新世纪》，安徽人民出版社 2003 年版，第 222 页。

⑥ 同上书，第 223 页。

即思想跟不上形势的发展，这时需要的是大胆摆脱传统保守观念的束缚；后一种情况就是“过”，即思想像断线的风筝，这时需要的是冷静而又谨慎地进行思想着陆，绝不是鼓励其胆子再大一点。解放思想与实事求是是辩证统一的，正确把握解放思想的科学内涵，必须做到全面而准确。所谓全面而准确，就是说要认识到解放思想的客观依据是客观实际，对于不同的主体或同一主体的不同时空条件，主体的主观思想倾向是不同的，因而解放思想的任务就会有不同的要求，要区别对待主观思想的“过”与“不及”，对症下药。一方面，该胆大的时候应当丢掉思想包袱，放手大干一场。在客观规律允许的范围内，在具备客观条件的情况下，大胆地进行理论创新和卓有成效的工作，可以收到很好的实践效果。另一方面，该心细的时候应当谨慎从事。轻视甚至无视客观规律而迷信胆量，反而会使实践在错误理论的指导下越来越偏离正常轨道；对错误的实践进行概括，抽引出错误的理论观点，再以此指导实践，再进行理论概括，就会使错误的理论一步步升级，形成恶性循环。所以，解放思想不是《逍遥游》里的那种“无所待”的“游无穷”，而是自觉地把思想认识从不合时宜的观念、做法和体制的束缚中解放出来，从对马克思主义错误的和教条式的理解中解放出来，使我们的思想和行动更加符合客观实际，使党的路线方针政策更加符合社会主义初级阶段的国情。

邓小平不仅从理论上揭示了实事求是的思想路线的深刻内涵，而且在实践中坚持实事求是、有错必纠的原则，力主对过去一些错误进行纠正。在他的督促下，关于我国管理技术水平低的问题，关于科学技术没有阶级性、要学习世界一切先进技术先进成果的问题，关于研究资本主义国家的社会结构的问题，关于为天安门事件平反的问题，都得到了解决或开始逐步解决。最为重要的是，在他和胡耀邦的主持下起草的《关于建国以来党的若干历史问题的决议》经过多次修改，于1981年6月27～29日召开的十一届六中全会上通过，科学地确立了毛泽东和毛泽东思想的历史地位，标志着党在指导思想上拨乱反正的完成。

二、重振马克思主义学风

党的思想路线是指以一定的世界观和方法论为立足点，对指导党的实践活动的思想方法和思想原则的高度概括，而思想路线体现到具体的工作中，则必然形成一定的作风。坚持实事求是的思想路线，必须落实到正确认识理论与实践关系问题上，即必须坚持马克思主义学风。也许正因为如此，毛泽东在三十年代初提出思想路线的命题之后，在延安时期破解这一命题时，经常强调实事求是是“科学态度”、“党性的表现”、“马克思列宁主义的学风”等等。执政后，马克思列宁主义理论和中国实际相结合，必须用马克思列宁主义之“矢”去射中国社会主义建设之“的”。要射这个“的”，必须找到这个“的”。没有好的学风，就不能正确地抓住党在各个历史阶段中心任务这个“的”，就不能真正地坚持实事求是的思想路线，也就不可能有效地抵制不良作风、将党的优良作风发扬光大。1957 年下半年开始的 20 年中，马克思主义学风没有很好地在党内坚持下来，尤其在“文化大革命”期间党风建设受到很大损害。由此看来，实事求是的思想路线重新确立之后，必须在这一思想路线的指引下重振马克思主义学风，认真做好理论与实践的结合问题，才能围绕党的中心任务进行党风建设，使党风建设为这一中心任务服务。

首先，理论联系实际必须从实际出发，从中国的基本国情出发，在此基础上制定适合国情的方针政策。

党的十一届三中全会以后，在认真总结我国社会主义建设的历史经验教训的基础上，对中国国情的研究才真正上升到对社会主义社会发展阶段的具体认识上来。1979 年 3 月 30 日，邓小平在党的理论工作务虚会上说：“现在搞建设，也要适合中国情况，走出一条中国式的现代化道路。……中国式的现代化，必须从中国的特点出发。”① 考虑到底子薄、人口多、耕地少等特点，中国的现代化必然是长期的。这种对中国国情和社会主义长期性的认识，是社会主义初级阶段理论形成的基石。1981 年 6 月党的十一届六中全会通过的《关于建国以来党的若干历史问题的决议》认为“我们的社会主义制度还处于初级阶段”，“我们已经建立了社会主义制度，进入了社会主义社会，任何否认这个基本事实的观点都是错误的”，“我们的社会主义制度由比较不完善到比较完善，必然要经历一个长久的过程”。这是第一次明确提出“社会主义初级阶段”，而且是以党的决议的形式进行表述，因而具有更大的广泛性、严肃性、规范性和权威性。1982 年党的十二大指出：“我国的社会主义社会现在还处在初级发展阶段，物质文明还不发达。”之后，随着以城市经济体制改革为中心的全面改革的展开，人们的眼界大大拓展，对社会主义初级阶段的认识也越来越丰富了。1986 年 9 月党的十二届六中全会通过的《关于社会主义精神

---

① 《邓小平文选》第 2 卷，人民出版社 1994 年版，第 163 ~ 164 页。

文明建设指导方针的决议》初次对社会主义初级阶段的经济特征进行概括，认为在我国的社会主义初级阶段，“不但必须实行按劳分配，发展社会主义的商品经济和竞争，而且在相当长的历史时期内还要在公有制为主体的前提下发展多种经济成份，在共同富裕的目标下鼓励一部分人先富裕起来”。1987 年党的十三大报告指出：“我国从 50 年代生产资料私有制的社会主义改造基本完成，到社会主义现代化的基本实现，至少需要上百年时间，都属于社会主义初级阶段。”报告科学地阐述了党在社会主义初级阶段的基本路线：“领导和团结全国各族人民，以经济建设为中心，坚持四项基本原则，坚持改革开放，自力更生，艰苦创业，为把我国建设成为富强、民主、文明的社会主义现代化国家而奋斗。”

社会主义初级阶段理论的确立，对重振马克思主义学风具有重要的意义，它为我们指明了射“的”的方向和范围：我国现在处于并将长期处于社会主义初级阶段就是基本的国情和最大的实际，党的路线方针政策必须建立在这一根本依据之上。确认我国已是社会主义社会，有利于抵制各种反社会主义思想的侵蚀，有利于纠正阶级斗争扩大化的错误；承认我国尚处于社会主义初级阶段，有利于抵制各种超越阶段、急于求成的“左”的错误。

其次，理论联系实际必须坚持学习理论知识，“要善于学习，善于重新学习”①。

理论学习，最根本的是要学习马列主义、毛泽东思想。马克思列宁主义、毛泽东思想是党的指导思想，是无产阶级的世界观和方法论，是建设有中国特色社会主义的行动指南。只有坚持解放思想、实事求是的思想路线，自觉提高运用马克思主义的立场、观点和方法分析问题和解决问题的能力，才能提高辨别是非和抵制错误思想的能力，才能正确认识我国社会主义现代化建设和改革开放中的新情况和新问题，正确认识当代世界社会主义和国际共产主义运动中的新情况和新问题，正确认识新时期党风建设中出现的新情况和新问题。“因为只有这样，才能提高我们运用它的基本原则基本方法，来积极探索解决新的政治经济社会文化基本问题的本领，既把我们的事业和马克思主义理论本身推向前进，也防止一些同志，特别是一些新上来的中青年同志在日益复杂的斗争

① 《邓小平文选》第 2 卷，人民出版社 1994 年版，第 153 页。

中迷失方向。”①

理论学习，还要注意学习一般的科学理论知识。“文化大革命”期间，我国在科学技术和社会发展方面拉大了与发达国家的距离。“我们的科学技术水平同世界先进水平的差距还很大，科学技术力量还很薄弱，远不能适应现代化建设的需要。”② 根据这一情况，邓小平主张抓紧三个方面的学习：一个是经济学，一个是科学技术，一个是管理。只有把这方面的知识学习好，才可能领导好高速度、高水平的社会主义现代化建设。邓小平还说，“科学技术是第一生产力”，必须“正确认识为社会主义服务的脑力劳动者是劳动人民的一部分，这对于迅速发展我们的科学事业有极其密切的关系”③。他明确指出，知识分子的绝大多数已经是工人阶级和劳动人民自己的知识分子，已经是工人阶级自己的一部分，而且主张改善知识分子的物质待遇。

再次，理论联系实际必须在理论和实际的“结合”上下功夫。

根据社会主义的最终目的和我国生产力发展状况，理论和实际的“结合”的最突出表现就是改革。“社会主义基本制度确立以后，还要从根本上改变束缚生产力发展的经济体制，建立起充满生机和活力的社会主义经济体制，促进生产力的发展，这是改革”，“没有改革就没有今后的持续发展”④。邓小平把改革称为“中国的第二次革命”，“这场革命既要大幅度地改变目前落后的生产力，就必然要多方面地改变生产关系，改变上层建筑，改变工农业企业的管理方式和国家对工农业企业的管理方式，使之适应于现代化大经济的需要。”⑤ 改革的内容可分为两类，一是经济体制的改革，二是政治体制的改革。经济体制的改革是十一届三中全会之后从农村做起的，主要是搞家庭联产承包责任制，抛弃大锅饭的办法，调动农民的积极性。十二届三中全会以后，改革的重点转移到城市，这可以说是经济体制全面改革的展开。1986 年 6 月 10 日，邓小平指出，改革应该包括政治体制的改革，而且应该把它作为改革向前推进的一个标志，应该把它提到日程上来。9 月，他又指出：“现在经济体制改革每前进一步，都深深感到政治体制改革的必要性。不改革政治体制，就不能保障

① 《邓小平文选》第 3 卷，人民出版社 1993 年版，第 147 页。
② 《邓小平文选》第 2 卷，人民出版社 1994 年版，第 90 页。
③ 同上书，第 89 页。
④ 《邓小平文选》第 3 卷，人民出版社 1993 年版，第 370，131 页。
⑤ 《邓小平文选》第 2 卷，人民出版社 1994 年版，第 135 ~ 136 页。

经济体制改革的成果，不能使经济体制改革继续前进，就会阻碍生产力的发展。”① 随后，他又多次提到政治体制改革的内容，主要有始终保持党和国家的活力，克服官僚主义、提高工作效率，实行民主管理、调动群众积极性等等。

最后，理论联系实际必须在改革开放的进程中不断总结经验。

马列主义、毛泽东思想的基本原则在新的改革开放的实践中都会有新的意义，需要根据新的事实做出新的有充分说服力的论证，所以，在现代化建设中不断根据新情况、新问题做出有重大指导意义的理论概括，是对马列主义、毛泽东思想旗帜的真正高举，是对马列主义、毛泽东思想的不断丰富和发展。当然，在总结经验和理论创新的过程中必然会有讨论乃至争论，因此，在这方面必须坚持解放思想、破除迷信、一切从实际出发的原则，允许不同意见的争论、讨论，形成生动活泼的政治局面。

三、思想路线、政治路线要靠组织路线来保证

在中国共产党的历史上对“路线”一词的使用是一个很值得研究的问题。毛泽东在党内最先提出“思想路线”的命题，但却很少使用这个词，现行《毛泽东选集》和《毛泽东文集》各提到一次。从上世纪 50 年代后期开始的很长一段时期，党内对“路线”的使用过于泛滥，“一说到不同意见，就提到路线高度，批判路线错误”，而且“用得很不准确，用得很多很乱”②。邓小平在十一届六中全会预备会期间的讲话中指出，“我们要很郑重地来对待这个问题，这是改变我们的党风的问题”，“党内斗争是什么性质就说是什么性质，犯了什么错误就说是什么错误，讲它的内容，原则上不再用路线斗争的提法”。不过，邓小平又认为，“不提路线斗争并不是说路线两个字就一概不能用了”，“比如三中全会确立了正确的思想路线、政治路线、组织路线，这样的提法以后还可以用”，这是因为“有些场合拿路线两个字来表达比较顺当、比较自然，而且一讲就明白”③。其实，从十一届三中全会以后，党内提到“思想路线”、“政治路线”、“组织路线”的频度之高是此前无可比拟的，正因为它们简洁明快地准确地概括了党在一定时期内的中心任务（政治路线）

---

① 《邓小平文选》第 3 卷，人民出版社 1993 年版，第 176 页。

② 《邓小平文选》第 2 卷，人民出版社 1994 年版，第 308，307 页。

③ 同上书，第 308 页。

及完成这一中心任务所必要的思想保障（思想路线）和组织保障（组织路线）。

邓小平阐述了这“三条路线”之间的辩证关系。

首先，思想路线建设是“基本建设”，“是确定政治路线的基础”，“不解决放思想路线问题，不解放思想，正确的政治路线就制定不出来，制定了也贯彻不下去”①。实事求是的思想路线体现到党的各项具体工作中，形成习惯性的日常行为，就体现为“理论联系实际”的优良作风。思想路线有着总领全局的作用。思想路线出了偏差，那就不仅是影响全局，而且还影响深远了。关于实践是检验真理的唯一标准的争论，“意义太大了，它的实质就在于是不是坚持马列主义、毛泽东思想”②。历史遗留问题的解决、改革开放的全面推进和不断深化，都赖于思想路线问题的解决。

其次，“一切问题的关键在政治，一切政治的关键在民众”③。政治路线是对党在不同历史时期的中心任务的最高概括，其核心内容是密切联系群众，民众乃是最大的政治。十一届三中全会确立的政治路线就是搞好社会主义现代化建设，这是社会主义初级阶段最大的政治。以经济建设为中心是最大的“政治”，是说如果不能使广大人民群众的物质文化生活水平不断提高，如果不能使广大人民群众共谋共建共享改革成果，那么改革开放就不可能得到广大人民群众的支持，从这个意义上说，经济问题也是政治问题，正确的政治路线是正确的思想路线的现实依托。

再次，组织路线是思想路线和政治路线的组织保证。“解决组织路线问题，最大的问题也是最难、最迫切的问题，是选好接班人”，此外还包括诸如“机关臃肿怎样解决，退休制度问题怎样解决等等”④。选好干部，标准主要是两条，“一条是拥护三中全会的政治路线和思想路线，一条是讲党性，不搞派性”⑤。如果说制度是硬件，那么接班人的选拔就是软件，而党的批评和自我批评则是联结硬件和软件的“机制”。选好接班人、党内各项制度的正常运作及批评和自我批评的认真开展，是思想路线和政治路线贯彻实施的组织保证。

---

① 《邓小平文选》第2卷，人民出版社1994年版，第191页。

② 同上。

③ 《毛泽东文集》第3卷，人民出版社1996年版，第202页。

④ 《邓小平文选》第2卷，人民出版社1994年版，第192~193页。

⑤ 《邓小平文选》第2卷，人民出版社1994年版，第192页。

第二节 民主集中制的恢复与不断完善

“文化大革命”给我们提出了这样的问题：为什么中共有那么好的优良作风，却在1957年以后很长一段时期内不仅未能很好地纠“左”，反而导致那么大的一场灾难？是像铁托所说，“是一种制度的产物”？还是像毛泽东的意见，“并不是由社会主义制度而来”？陈云认为，“党内民主集中制没有了，集体领导没有了，这是‘文化大革命’发生的一个根本原因”①，这是对基本制度和具体制度（体制）进行的剥离。就是说，铁托所说的“制度”，是指苏联模式的社会主义制度，而不是指社会主义的根本制度和基本制度；毛泽东所指的是社会主义的根本制度和基本制度，而不是指具体的政治体制。社会主义根本制度和基本制度是很好的制度，但它又以具体的制度表现出来，因而是一个需要不断自我发展、自我完善的漫长历史过程，而且不免要走一些弯路。据此，中国共产党在领导经济体制改革的进程中，还不失时机地推动了政治体制改革，使党和国家的民主集中制不断得到完善。

一、民主要法律化制度化

政治体制改革的过程，是政治制度化水平提高的过程，也是民主集中制完善的过程。如果一个社会的根本制度和基本制度是好的，但与之相联系的具体制度、政治体制、运行机制却是不完善的，那么这个社会的政治制度化水平就是不高的。从某种意义上说，我国的政治体制改革过程，也是不断将优良作风“客观化”的过程。只有通过政治体制改革，才能从制度上保证党和国家政治生活的民主化、经济管理的民主化和整个社会生活的民主化，从而促进社会主义现代化建设的顺利发展。

民主不仅仅是一种工作方法，而且还是一种精神动力，一种思想原则，它更应该体现在制度中。邓小平在谈到党的民主作风与制度的关系时指出，“从遵义会议到社会主义改造时期，党中央和毛泽东同志一直比较注意实行集体领导，实行民主集中制，党内民主生活比较正常。可惜，这些好的传统没有坚持下来，也没有形成严格的完善的制度”②。建国后的10年里社会风气好，正是

① 《陈云文选》第3卷，人民出版社1995年版，第274页。
② 《邓小平文选》第2卷，人民出版社1994年版，第330页。

由于党的优良作风得到了很好的发扬，党和国家的政策较好地体现了民主精神，得到了群众的认可。实际上，“一些脱离群众的制度，包括那些特殊待遇在内，文化大革命前有的已经有了，但远没有现在这样厉害”，原因是“当时大家都能很好地自我约束，对群众比较关心”①。然而，“在民主的实践方面，我们过去做得不够，并且犯过错误”，“没有自觉地、系统地建立保障人民民主权利的各项制度，法制很不完备，也很不受重视，特权现象有时受到限制、批评和打击，有时又重新滋长”②。可见，组织制度、工作制度好，“可以使坏人无法任意横行，制度不好可以使人无法充分做好事，甚至会走向反面”，因而“即使像毛泽东这样伟大的人物”，也不可避免地“受到一些不好的制度的严重影响”，“以至对党对国家对他个人都造成了很大的不幸”③。究其原因，毛泽东“晚年有些不健康的因素、不健康的思想逐渐露头，主要是一些‘左’的思想，有相当一部分违背了他原来十分好的正确主张，包括他的工作作风。……他生前没有把过去良好的作风比如说民主集中制、群众路线，很好地贯彻下去，没有制定也没有形成良好的制度”④。这里的“制度好”和“制度不好”是指具体制度（即体制）的好与不好，或者说是指社会主义制度的完善与不完善。这样，由于一段时间内优良作风没有以“客观化”的形式形成很好的制度，党的集体领导遭到破坏，因而这些优良作风的作用就打了折扣，未能充分发挥出来，从而造成政策上的波动和摇摆。总之，“领导制度、组织制度问题更带有根本性、全局性、稳定性和长期性”，“制度问题不解决，思想作风问题也解决不了”⑤。

执政党内部民主生活的破坏，不可避免地会危及她所领导的整个国家的民主。“如果一个党、一个国家把希望寄托在一两个人的威望上，并不很健康。那样，只要这个人一有变动，就会出现不稳定”，“不出事没问题，一出事就不可收拾。”⑥ 个人的权力和威信有时候可以左右局势，也可能造成独断专行，而且一个社会仅仅依赖于人治，从长期来看，会导致政策的大起大落，使政策

① 《邓小平文选》第2卷，人民出版社1994年版，第228页。
② 同上书，第168，332页。
③ 同上书，第333页。
④ 同上书，第345页。
⑤ 同上书，第333，328页。
⑥ 《邓小平文选》第3卷，人民出版社1993年版，第272，311页。

缺乏连续性。一个领袖人物清醒的时候可能十分警惕，自觉抵制不良影响；不清醒的时候就容易放松警惕，任其自流，造成严重的后果。即使一个领袖人物一生不犯重大错误，其生命毕竟是有限的。因此，“为了保障人民民主，必须加强法制。必须使民主制度化、法律化，使这种制度和法律不因领导人的改变而改变，不因领导人的看法和注意力的改变而改变”①。法律上的确定性具有相对的稳定性，可以克服主观随意性，从而保证优良作风的贯彻实施。

邓小平指出，“民主和法制，这两个方面都应该加强，过去我们都不足。要加强民主就必须加强法制。没有广泛的民主是不行的，没有健全的法制也是不行的。……民主要坚持下去，法制要坚持下去。这好像两只手，任何一只手削弱都不行。”② 社会主义民主和法制是对立统一的，是相互联系、相互依存的：民主是法制的内容和精神实质，法制是民主的“客观”表现形式和保障手段。“文化大革命”的悲剧在于试图绕过法制来“最广泛地”发动群众、“最有效地”“加强”民主建设，结果反而破坏了党的民主和国家的民主，实际上造成社会混乱，导致严重的无政府状态。民主和集中、民主和法制的矛盾实质上是个人和社会之间矛盾的体现，归根到底是个人利益和集体利益、局部利益和整体利益、暂时利益和长远利益的相互关系在政治上和法律上的表现。虽然个人必须结成社会才能存在，但人的社会属性最终还是要以个人的形式表现出来。社会要存在下去，就必然要求社会成员之间的互相协调，需要各种规范（如法律、道德、纪律、制度等）的制约，因为任何个人都有自己的优点和缺陷，个人之间的互补是必不可少的。社会高于个人，有些时候就不免压抑了个人的创造力和积极性。实际上，每个个体的创造力和积极性是推动国家强盛的持续的内在动力，因而个体的自主性必须得到充分的重视。要解决这一矛盾，只能“两手抓，两手都要硬”，通过民主的法律化、制度化，切实地把民主扩展到政治、经济、文化和社会生活的各个方面，并按照统筹兼顾的原则来调节各种利益的相互关系，使个人和社会双方在社会发展中分别取得应有的位置，在矛盾统一体中协调发展，进而形成一种综合的力量。

二、四项基本原则与民主政治建设

从十一届三中全会前后开始，邓小平领导我们党进行拨乱反正，总结历

① 《邓小平文选》第 2 卷，人民出版社 1994 年版，第 146 页。

② 同上书，第 189 页。

史，开创了改革开放和集中力量进行社会主义现代化建设的历史新时期，形成和发展了建设有中国特色社会主义的新理论，同时，我国的社会主义民主政治建设日益呈现出新局面。社会主义民主政治建设的目标，是造成一个又有集中又有民主，又有纪律又有自由，又有统一意志、又有个人心情舒畅、生动活泼，那样一种政治局面。“这就是社会主义民主的政治局面，这就是我们今天和今后所要努力实现的政治局面”①。“改革的总方向都是为了发扬和保证党内民主，发扬和保证人民民主。”② 十一届三中全会以后，在拨乱反正、平反冤假错案的过程中，广大干部群众从过去一个时期盛行的个人崇拜和教条主义的精神枷锁中解脱出来，党内外思想活跃，出现了努力研究新情况、解决新问题的生动局面，这是当时中国政治生活的主流。但与此同时，社会上也出现了一些值得注意的新的思想动向。少数仍坚持“左”的错误的人反对党的工作重点转移；还有少数人不能以正确的观点和方法认识历史和现实，对党的领导、对毛泽东思想、对社会主义道路的正确性表现出迷茫和怀疑，思想上出现混乱；更有极少数人打着解放思想的旗子，歪曲历史，曲解现实，从右的方面根本上反对十一届三中全会的路线，要求走资本主义道路，实质上是在贩卖资产阶级自由化思潮。

针对这种情况，邓小平在 1979 年 3 月 30 日党的理论务虚会上提出要坚持四项基本原则，并在不同时间、不同场合反复强调坚持四项基本原则的重要性和必要性。他说，这四项基本原则并不是新的东西，而是我们党长期以来所一贯坚持的③。首先，必须坚持社会主义道路。只有社会主义才能救中国，只有社会主义才能发展中国，这是中国人民从切身体验中得出的历史结论。尽管社会主义中国在经济、技术、文化等方面现在还与发达资本主义国家有很大差距，但这不是社会主义制度本身造成的，而是帝国主义和封建主义造成的。正因为如此，我们就更应该坚定不移地实行改革开放政策，认真纠正自己的错误，争取保持持续的、较快的发展速度，经过较长一段时间的努力，把社会主义的优越性真正展示出来。其次，必须坚持人民民主专政。既要继续完善和发展人民民主，又要对各种敌对势力和敌对分子实行专政。“只有人民内部的民

① 《邓小平文选》第 2 卷，人民出版社 1994 年版，第 176 页。

② 同上书，第 372～373 页。

③ 同上书，第 165 页。

主，而没有对破坏分子的专政，社会就不可能保持安定团结的政治局面，就不可能把现代化建设搞成功。”① 再次，必须坚持中国共产党的领导。这是四项基本原则的核心。中国革命和建设的历史证明，没有中国共产党的领导，就不可能有社会主义革命，不可能有人民民主专政，不可能有社会主义建设。就1976年的四五运动来说，“尽管不是党有组织地领导的运动，仍然是一个坚决拥护党的领导而反对‘四人帮’的运动，参加这个运动的群众的革命觉悟同党多年来的教育是不可分的，而且他们中间的主要积极分子正是党团员。”因此，“决不应该离开党的领导而歌颂群众的自发性”②。最后，必须坚持马列主义、毛泽东思想。马列主义、毛泽东思想是科学的世界观和方法论，是全党和全国人民的指导思想。放弃这个指导思想，或者教条式地对马列主义、毛泽东思想进行理解和宣传而不是全面地完整地把握这些基本原理构成的科学体系，都会引起思想混乱和精神危机，导致政治方向的迷失。总之，“离开坚持四项基本原则，就没有根，没有方向，也就谈不上贯彻党的思想路线。我们提倡的实事求是，是马列主义、毛泽东思想的一个基本组成部分，因此提倡实事求是决不能离开马列主义、毛泽东思想的基本原理。……解放思想决不能够偏离四项基本原则的轨道，不能损害安定团结、生动活泼的政治局面。”③

邓小平指出：“我们过去对民主宣传得不够，实行得不够，制度上有许多不完善，因此，继续努力发扬民主，是我们全党今后一个长时期的坚定不移的目标。”“我们一定要向人民和青年着重讲清楚民主问题。社会主义道路、无产阶级专政、共产党的领导、马列主义毛泽东思想，都同民主问题有关。”④这就是说，一方面，如果不坚持四项基本原则，社会主义民主政治建设就会失去正确的政治方向，失去基本依据，必然会造成极端民主化和无政府主义的严重泛滥，破坏安定团结的政治局面，破坏社会主义现代化建设。另一方面，如果不把民主政治建设不断地推向前进，社会主义就不能很好地坚持下去，人民民主专政和党的领导就会出现偏差，对马列主义毛泽东思想的理解就会出现僵化，也就不能很好地坚持四项基本原则。

中国的社会主义民主政治建设始终面临着两个艰巨任务，一是要高度警惕

---

① 《邓小平文选》第3卷，人民出版社1993年版，第154页。

② 《邓小平文选》第2卷，人民出版社1994年版，第170页。

③ 《邓小平文选》第2卷，人民出版社1994年版，第278～279页。

④ 同上书，第176，175页。

封建主义腐朽思想的复活，一是要高度警惕资本主义思想的侵蚀和泛滥，防止资产阶级自由化和西方的和平演变。就前者来说，“我们进行了二十八年的新民主主义革命，推翻封建主义的反动统治和封建土地所有制，是成功的，彻底的。但是，肃清思想政治方面的封建残余影响这个任务，因为我们对它的重要性估计不足，以后很快转入社会主义革命，所以没有能够完成”①。就后者来说，“自由化思潮一发展，我们的事业就会被冲乱。总之，一个目标，就是要有一个安定的政治环境”②。因此，必须坚决批判和反对崇拜资本主义、主张资产阶级自由化的倾向，批判和反对资产阶级损人利己、唯利是图、“一切向钱看”的腐朽思想，批判和反对无政府主义、极端个人主义，反对盲目崇拜西方资本主义国家的“自由”和“民主”，防止否定社会主义和共产党领导的倾向。

第三节　实现党风的根本好转

在开创社会主义现代化建设新局面的进程中，以邓小平为核心的第二代中央领导集体根据广大人民群众的意愿和社会发展的需要，在进行经济体制改革的同时，着力恢复党的优良传统和作风，并以此带动整个社会风气的提升。与此同时，鉴于对外开放过程中不可避免地会有资产阶级腐朽思想的进入，党中央明确提出了建设社会主义精神文明的任务。“我们要在建设高度物质文明的同时，提高全民族的科学文化水平，发展高尚的丰富多彩的文化生活，建设高度的社会主义精神文明。”③ 党风建设同社会主义精神文明建设有着密切的关系：党风建设是社会主义精神文明建设的重要内容，社会主义精神文明建设要着眼于党风和社会风气的根本好转。党是整个社会的表率，党风就是整个社会风气的表率，是社会主义精神文明建设的关键。“只有我们党内首先形成是非分明的风气，党的团结才有基础，党才有战斗力，整个社会风气才会跟着好转，才会使正气上升，邪气下降”④，从而社会主义精神文明建设才会收到实效。

---

① 同上书，第335页。

② 《邓小平文选》第3卷，人民出版社1993年版，第124页。

③ 《邓小平文选》第2卷，人民出版社1994年版，第208页。

④ 《陈云文选》第3卷，人民出版社1995年版，第274页。

实现党风的根本好转，必须采取综合性战略。一是要在坚持党的领导的前提下改善党的领导，提高党的领导水平，理顺党政关系；二是要坚持群众路线，坚决克服官僚主义；三是要从严治党，把党风廉政建设当作一件大事来抓。

一、坚持党的领导，改善党的领导

坚持党的领导是坚持四项基本原则的核心。在社会主义现代化建设中，要把全国人民的思想和力量统一起来，没有一个由具有高度觉悟性、纪律性和自我牺牲精神的党员组成的、能够真正代表和团结广大人民群众的党，没有这样一个党的统一领导，是不可能的，那就只会四分五裂，一事无成。我们人民的团结、社会的安定、民主的发展、国家的统一，都要靠党的领导。“没有党的领导，就没有一条正确的政治路线；没有党的领导，就没有安定团结的政治局面；没有党的领导，艰苦创业的精神就提倡不起来；没有党的领导，真正又红又专、特别是有专业知识和专业能力的队伍也建立不起来。”① 党的领导主要是政治领导、思想领导和组织领导，这是中国共产党长期以来领导经验的总结和执政实践的要求。1. 政治领导是党发挥领导作用的最重要方面。党的政治领导就是把马列主义普遍原理运用到解决中国实际问题中去，提出明确的政治任务、政治目标和政治方向，制定出相应的方针政策，并向广大人民群众进行宣传、动员，组织、带领广大人民群众实现他们的利益。2. 思想领导，就是用群众喜闻乐见的形式使他们掌握一些马列主义、毛泽东思想的基本原理，帮助他们提高教育科学文化素质、民主法治素质、思想道德素质，增强纪律观念，坚定共产主义理想信念，使他们逐步树立科学的世界观价值观人生观，成为有理想、有道德、有文化、有纪律的社会主义公民。3. 组织领导，就是通过广大党员的先锋模范作用，把党领导人民群众的过程化为组织人民群众自己管理自己事务的过程，使人民群众在这一过程中达到自我教育的结果。

坚持党的领导，就必须改善党的领导，两者是统一的不可分割的整体：坚持党的领导是改善党的领导目的和方向，改善党的领导是为了加强党的领导，而不是削弱党的领导；改善党的领导是坚持党的领导的手段和途径，如果不能改善党的领导，党的领导就难以坚持。一方面，随着改革开放和现代科学技术

① 《邓小平文选》第2卷，人民出版社1994年版，第266页。

的发展，出现了大量的新情况和新问题，需要我们去学习和研究；另一方面，随着改革开放的深入，党的作风建设也面临新的考验。这就要求加强党同人民群众的联系，不断克服党内消极腐败现象，提高党的执政水平和领导能力，因而改善党的领导才是真正的坚持党的领导。

加强和改善党的领导，必须加强党性修养。十一届三中全会前后，邓小平多次强调既要坚持马列主义、毛泽东思想，又要坚持解放思想、实事求是，以马列主义、毛泽东思想为指导，研究新情况，解决新问题，这就为深化对党性修养规律的研究准备了思想前提。1980 年 2 月党的十一届五中全会上，邓小平提出“执政党应该是一个什么样的党，执政党的党员应该怎样才合格”这一崭新的重大的党性修养课题。

加强和改善党的领导，必须加强思想政治工作。为了集中精力做思想政治工作，各级党组织就必须把大量日常行政工作、业务工作，尽可能交给政府、业务部门承担，这样，党的领导机关除了制定方针政策、督促方针政策的执行和决定重要干部的使用以外，才能腾出主要的时间和精力来做思想政治工作，做人的工作，做群众的工作。

加强和改善党的领导，必须加强党的纪律。如果党的纪律废弛，党员自行其是，完全按党员个人的意愿自由发表言论，自由行动，就不可能有党的统一意志，党就不可能有战斗力，党的路线方针政策和党的决定就不能得到或不能完全得到执行，党的任务就不可能顺利实现。因此，必须坚持个人服从组织，少数服从多数，下级服从上级，全党服从中央。当然，加强党的纪律要与发扬和保障党的民主结合起来，“没有民主就不可能有自觉的纪律”①，党员有权利对党的工作中的缺点错误进行建设性的批评。中共十一届五中全会通过的《关于党内政治生活的若干准则》规定：坚持党的政治路线和思想路线；坚持集体领导，反对个人专断；维护党的集中统一，严格遵守党的纪律；坚持党性，根绝派性；要讲真话，言行一致；发扬党内民主，正确对待不同意见；保障党员的权利不受侵犯；选举要充分体现选举人的意志；同错误倾向和坏人坏事作斗争；正确对待犯错误的同志；接受党和群众的监督，不准搞特权；努力学习，做到又红又专②。《准则》的颁布实施对于发扬党内积极因素、克服消

① 《邓小平文选》第 2 卷，人民出版社 1994 年版，第 83 页。

② 转引自：《邓小平文选》第 3 卷，人民出版社 1993 年版，第 393 页。

极因素，对于发扬党员的先锋模范作用，具有重要的意义。

加强和改善党的领导，必须改善党的领导制度。1980 年 8 月 18 日，邓小平在《党和国家领导制度的改革》的讲话中指出，“从党和国家的领导制度、干部制度方面来说，主要的弊端就是官僚主义现象，权力过分集中的现象，家长制现象，干部领导职务终身制现象和形形色色的特权现象。”① 1. 权力过分集中的现象，就是在加强党的一元化领导的口号下，不适当地、不加分析地把一切权力集中于党委，党委的权力又集中于几个书记特别是第一书记，由第一书记拍板定案。权力过分集中于个人或少数人手中，造成多数办事人无权决定而少数有权人负担过重的结果，这是与党和政府的民主生活、集体领导、民主集中制和个人分工负责格格不入的。权力过分集中现象既有我国历史上封建专制主义的消极影响，也与共产国际时期领导者个人高度集权的传统有关。2. 家长制作风的突出特征是个人凌驾于组织之上，组织实际上成为个人的工具，在这种情况下，上下级之间已经不是党内同志之间的平等关系了。权力过分集中的现象和家长制作风要通过强化党的集体领导和个人分工负责、通过完善民主集中制来克服。3. 干部领导职务终身制，它的形成同封建主义的消极影响有关，也同党内一直没有妥善的退休制度有关。干部领导职务终身制不利于年富力强的干部的提拔，不利于保持党的领导层的生机和活力。克服干部领导职务终身制的消极影响，就必须建立起退休制度。中国共产党采取了顾问委员会这种适合当时中国国情的、具有过渡性质的组织形式，实现了干部的新老交替。4. 各种特权现象与法制不健全有关，当然也有思想方面的问题。克服特权现象必须加强党纪党章的约束，触犯法律的必须受到法律制裁，同时还必须提倡群众和党员对领导干部的监督。

加强和改善党的领导，必须推进政治体制改革。政治体制改革的内容主要有三项。一是党政要分开，这是“解决党如何善于领导的问题”的“关键”②。党政不分、以党代政，貌似加强了党的领导，实际上把加强党的领导变成了党包办一切、干预一切，把坚持中央的统一领导变成了“一切统一口径”，其造成的恶果是助长了家长制作风，滋长了官僚主义，打击了大多数党员和群众的积极性，实质是削弱了党的领导。因此，“要通过改革，处理好法

① 《邓小平文选》第 2 卷，人民出版社 1994 年版，第 327 页。
② 《邓小平文选》第 3 卷，人民出版社 1993 年版，第 177 页。

治和人治的关系，处理好党和政府的关系”①，“党要管党内纪律的问题，法律范围的问题应该由国家和政府管”②。二是权力要下放，以利于调动群众的积极性。三是机构要精简，以利于提高效率，克服官僚主义。政治体制改革的总目标是：“第一，巩固社会主义制度；第二，发展社会主义社会的生产力；第三，发扬社会主义民主，调动广大人民的积极性。”③

二、坚持群众路线，克服官僚主义

党风建设的核心问题是保持同人民群众的血肉联系。在新的历史条件下，以邓小平为代表的中国共产党人在坚持群众观点和群众路线的同时，又赋予它以崭新的内容。邓小平群众观的鲜明特点就是坚持改革开放，把广大群众引向实现共同富裕的道路。1. 他特别关注社会主义如何更好地满足人民的利益和要求，认为社会主义本质的重要内容是最终实现人民群众的共同富裕，主张以满足人民利益为最高准绳。他说：“不重视物质利益，对少数先进分子可以，对广大群众不行，一段时间可以，长期不行。”④ 2. 他把发展生产力作为实现社会主义目标的基础和出发点，他认为只有发展生产力才能真正实现共同富裕，才能真正体现出社会主义制度的优越性，才能真正提高人民群众的生活水平。3. 尊重群众的首创精神。改革开放是从农村开始的，而农村家庭联产承包责任制就是农民的创举，在这种行为遭到质疑和非难的关键时刻，邓小平旗帜鲜明地对农民的创举予以支持，并把这一符合中国农村实际的成功作法经提炼向全国推广。后来他在南方谈话中说：“农村搞家庭联产承包，这个发明权是农民的。农村改革中的好多东西，都是基层创造出来，我们把它拿来加工提高作为全国的指导。”⑤ 4. 把人民群众的实践作为检验真理的唯一标准。“群众是我们力量的源泉，群众路线群众观点是我们的传家宝。”⑥ 5. 人民的支持和拥护是社会主义建设事业不断前进的强大动力。始终把人民利益放在第一位，就可以得到人民的拥护，在实践探索中顺利前进，不会犯大错误，即使有了错误，人民也容易谅解，易于纠正。“人民，是看实践。人民一看，还是社

---

① 《邓小平文选》第3卷，人民出版社1993年版，第177页。
② 同上书，第163页。
③ 同上书，第178页。
④ 《邓小平文选》第2卷，人民出版社1994年版，第146页。
⑤ 《邓小平文选》第3卷，人民出版社1993年版，第382页。
⑥ 《邓小平文选》第2卷，人民出版社1994年版，第368页。

会主义好，还是改革开放好，我们的事业就会万古长青。”① 判断社会主义建设事业成败得失的标准，“应该主要看是否有利于发展社会主义社会的生产力，是否有利于增强社会主义国家的综合国力，是否有利于提高人民的生活水平”②。

建设有中国特色社会主义的事业，符合最广大人民群众的愿望和要求，体现了最广大人民群众的根本利益，它的真正基础就存在于人民群众之中。这项事业是一项前无古人的事业，又是一项光荣而艰巨的事业，它的成功要靠群众的首创精神和改革开放的伟大实践，靠人民群众的积极参与，具体地说，就是要依靠工人、农民和知识分子的支持和参与。在改革开放的过程中，要坚决维护工人阶级的领导地位，维护他们的利益，进行经常性的优良传统教育，帮助他们掌握现代化的科学技术和现代管理知识，使他们能够更好地为社会主义建设做贡献。改革开放的过程中还必须切实保障农民的权益，减轻农民负担，不断提高他们的生活水平，帮助他们提高科学文化素质，积极引导他们正确处理国家、集体和个人三者之间的利益关系。没有农民的积极性，国家就发展不起来；农民不摆脱贫困，我国就不可能摘掉贫穷的帽子；没有农村的稳定，就没有整个国家的安定团结的政治局面。邓小平在谈到农村改革的重大贡献时说，“我们完全没有预料到的最大收获，就是乡镇企业发展起来了，突然冒出搞多种行业，搞商品经济，搞各种小型企业，异军突起。……乡镇企业的发展，主要是工业，还包括其他行业，解决了占农村剩余劳动力百分之五十的人的出路问题。”③ 改革开放的事业，还离不开广大知识分子的贡献。知识分子已经是工人阶级的一部分，是工人阶级中掌握科学文化知识较多、主要从事脑力劳动的一部分。他们是先进生产力的开拓者，是科学文化工作的基本力量，承担着重大的历史责任。邓小平特别强调知识分子在我国社会主义建设中的巨大作用，提出：“一定要在党内造成一种空气：尊重知识，尊重人才。要反对不尊重知识分子的错误思想。”④

坚持群众路线，就必须坚决反对官僚主义。邓小平指出，官僚主义的主要表现和危害是：“高高在上，滥用权力，脱离实际，脱离群众，好摆门面，好

① 《邓小平文选》第3卷，人民出版社1993年版，第381页。
② 同上书，第372页。
③ 同上书，第238页。
④ 《邓小平文选》第2卷，人民出版社1994年版，第41页。

说空话，思想僵化，墨守陈规，机构臃肿，人浮于事，办事拖拉，不讲效率，不负责任，不守信用，公文旅行，互相推诿，以至官气十足，动辄训人，打击报复，压制民主，欺上瞒下，专横跋扈，徇私行贿，贪赃枉法，等等。”①

官僚主义的形成有种种原因。一是“权力过分集中的官僚主义”。“这种官僚主义常常‘以党的领导’、‘党的指示’、‘党的利益’、‘党的纪律’的面目出现”，“它同我们长期认为社会主义制度和计划管理制度必须对经济、政治、文化、社会都实行中央高度集权的管理体制有密切关系”②。其结果是多数办事人无权决定，而少数有权人则负担过重。二是懒惰型的官僚主义，原因是责任不明确。其表现是工作不努力，不踏实，对群众冷暖漠不关心，不深入基层，靠开会画圈过日子，不亲自动手，不动脑筋，事情无人负责，议而不决、决而不行，办事拖拖沓沓，有的干脆拖得无影无踪。办事效率低下，人民很不满意。三是机构重叠臃肿，兼职过多，有工作能力和经验的年轻干部得不到提拔，没有决定问题的权力，遇事只好不住地请示报告，这就成为我们的官僚主义现象的一大来源③。四是由于某些干部任人唯亲而导致的官僚主义。他们认为谁拥护自己谁就是好干部，从而形成不正常的上下级关系。五是形式主义的官僚主义。会议多，文章太长，讲话也太长，而且内容重复。

克服官僚主义一是要进行教育和思想斗争，解决思想作风问题。加强对党员特别是领导干部的党性教育，继承和发扬党的优良传统和作风，增强在执政和改革开放条件下自觉消除封建主义影响和抵制资产阶级腐朽思想侵蚀的能力。二是要改革党和国家的领导体制，完善各级党和政府的民主生活、集体领导、民主集中制、个人分工负责制等制度，建立和健全党员和群众监督领导干部的制度。三是精简机构。“如果不进行这场革命，不论党和政府的整个方针、政策怎样正确，工作怎样有成绩，我们却只能眼睁睁地看着党和政府的机构这样地缺少朝气、缺少效率，正确的方针、政策不能充分贯彻，工作不能得到更大的成绩。”④

坚持群众路线和反对官僚主义是同一问题的两个方面。坚持群众路线是为了密切党同人民群众的血肉联系，而官僚主义破坏党群关系，影响恶劣，为人

---

① 《邓小平文选》第2卷，人民出版社1994年版，第327页。
② 同上书，第141~142，328页。
③ 同上书，第325页。
④ 同上书，第397页。

民群众所深恶痛绝，所以坚持群众路线就必须坚决地反对和克服官僚主义；另一方面，反对和克服官僚主义必须依靠广大人民群众的支持，通过人民群众的监督，对官僚主义者形成巨大的舆论压力，才能真正收到实效。

三、把廉政建设作为大事来抓

中国共产党历来都是坚决同腐败现象作斗争，对腐败分子必须采取坚决清除的方针，决不能姑息养奸，否则就会使整个党衰败。在改革开放过程中，旧体制的弊端还没有完全消除，新体制还没有完全建立起来，法制建设还不完备，监督和管理存在诸多薄弱环节和漏洞，新情况新问题的理论研究相对滞后，一些问题的政策和是非界限难以分辩，再加上思想政治工作跟不上，这都给违法乱纪和腐败现象提供了可乘之机，使得反腐败斗争面临着严峻的形势。当然，改革开放的不断深入，社会主义精神文明建设的不断加强，制度建设的不断完善，也为遏制腐败提供了有利条件。

1982 年 4 月，相当多的干部被资产阶级思想腐蚀，卷进经济犯罪活动。针对这种情况，中共中央、国务院作出《关于打击经济领域中严重犯罪活动的决定》，指出打击经济领域犯罪活动是我国社会主义社会在新的历史条件下阶级斗争在经济领域的重要表现。这场斗争关系到我国社会主义现代化建设的成败，关系到我们党和国家的盛衰兴亡。在之前讨论《决定》的政治局会议上，邓小平指出，改革开放“不过一两年时间，就有相当多的干部被腐蚀了。卷进经济犯罪活动的人不是小量的，而是大量的”。“这股风来得很猛。如果我们党不严重注意，不坚决刹住这股风，那末，我们的党和国家确实要发生会不会‘改变面貌’的问题。这不是危言耸听。”① 5 月 31 日，万里在中纪委召开的中央党政军机关负责干部会议上讲话，要求各单位把打击经济领域中严重犯罪活动的斗争认真开展起来。中纪委派出司局级以上干部 154 名，分赴各地充实、加强打击经济领域犯罪活动的办案力量，直接参与大案要案的调查处理工作。到年底初步统计，全国揭出并立案审查的各类经济犯罪案共有 164000 多件，结案 86000 多件，依法判刑的近 3 万人，追缴赃款赃物计 32000 多万元，斗争取得一定成效②。

腐败现象危害严重。一是腐败现象严重损害党的形象，关系到党和国家的

---

① 《邓小平文选》第 2 卷，人民出版社 1994 年版，第 402～403 页。

② 陈文斌等：《中国共产党执政五十年》，中共党史出版社 1999 年版，第 546 页。

生死存亡。1989年6月16日，邓小平对几位中央负责同志说：“惩治腐败，至少抓一二十件大案，透明度要高，处理不能迟。在这次事件中，没有反对改革开放的口号，口号比较集中的是反对腐败。当然，这个口号在某些人来说是一个陪衬，其目的是用反腐败来蛊惑人心。但对我们来说，要整好我们的党，实现我们的战略目标，不惩治腐败，特别是党内的高层的腐败现象，确实有失败的危险。”① 二是腐败现象破坏改革开放，关系到社会主义现代化建设大业的成败。腐败现象给国家造成大量经济损失，而且腐败分子把一切都纳入到权钱交易的“轨道”，破坏了市场规则和运行秩序，侵占他人的合法利益，并且使重大改革措施难以发挥应有的作用。党政干部的腐败又为其他腐败分子提供了保护伞。正如邓小平所指出的，“如果不搞这个斗争，四个现代化建设，对外开放和对内搞活经济的政策，就要失败”②。三是腐败现象败坏党风和社会风气，对国家和民族的危害更为严重和深远，它导致精神颓废、道德沦丧，破坏党的凝聚力和人民群众对党的向心力。1983年10月12日，邓小平在十二届二中全会上说：“最近，在全国范围内对严重刑事犯罪分子依法实行从重从快的集中打击，受到广大群众的热烈拥护，非常得人心。群众只担心将来处理太宽，放虎归山，罪犯又来报仇。群众还认为早就应当从严打击，批评我们搞晚了。这些反映和批评值得高度重视。前两年我们曾指出各级领导上存在着软弱涣散的状况，对严重刑事犯罪分子下不了手也是一种表现。由此应当得出教训，必须坚决克服领导上的软弱涣散状态。”③ 1989年5月31日，邓小平在对两位中央负责同志的谈话中提到：“要扎扎实实做几件事情，体现出我们是真正反对腐败，不是假的。本来我们就是要反对腐败的。对腐败的现象我也很不满意啊！……腐败的事情，一抓就能抓到重要的案件，就是我们往往下不了手。这就会丧失人心，使人们以为我们在包庇腐败。这个关我们必须过，要兑现。是一就是一，是二就是二，该怎么处理就怎么处理，一定要取信于民。……要雷厉风行地抓，要公布于众，要按照法律办事。”④

“廉政建设要作为大事来抓。”⑤ 反腐败要有声势，要真抓实干，对腐败分

---

① 《邓小平文选》第3卷，人民出版社1993年版，第313页。
② 《邓小平文选》第2卷，人民出版社1994年版，第404页。
③ 《邓小平文选》第3卷，人民出版社1993年版，第38页。
④ 同上书，第297页。
⑤ 同上书，第379页。

子决不能手软，要坚决予以清除；反腐倡廉要贯穿到改革开放的全过程，“在整个改革开放过程中都要反对腐败”①，一手抓改革开放，一手抓惩治腐败，打击各种经济犯罪活动；反腐倡廉要从端正党风入手，从党内抓起，从领导机关和领导干部特别是高级领导干部抓起；反腐倡廉的工作要靠制度建设和法制建设，这才是治本的办法；反腐倡廉必须强化监督机制，加强各方面的监督，包括国家权力机关、司法机关、行政监督机关的监督，宣传舆论监督，民主党派和无党派民主人士的监督，以及人民群众的监督；反腐倡廉工作必须紧紧围绕经济建设这个中心进行，在改革开放的进程中推进，保证改革开放的健康发展。当然，反腐倡廉是一项长期性的艰苦的工作，需要作出不懈的努力。

① 《邓小平文选》第3卷，人民出版社1993年版，第379页。

第六章

党风建设的发展与创新

社会的发展是推动政党变革的最根本动力。中国以建立社会主义市场经济体制为目标的经济体制改革是一场伟大的革命，是中国经济社会持续、健康、快速发展的强大动力，也是推动中国共产党不断通过作风创新以适应时代变迁的强大动力。党的第三代中央领导集体大胆探索人类社会发展规律、社会主义建设规律和共产党执政规律，大胆探索在新的历史条件下如何把中国共产党这样一个大党建设好的问题。在党中央的正确领导下，“广大党员积极投身建设有中国特色社会主义的伟大事业，在发扬党的优良传统的基础上，立足国情、面向世界，锐意改革、致力发展，发扬民主、依法办事，给作风建设注入新的活力。我国改革开放和现代化建设取得举世瞩目的成就，同广大党员为党和人民的事业发挥忘我奋斗和无私奉献的先锋模范作用是密不可分的”①。

第一节　社会主义市场经济与党风建设

20 世纪 90 年代，我国开始明确地将建立社会主义市场经济体制作为改革开放的目标。中国由计划经济向社会主义市场经济体制的转变，意味着真正由经济因素催生出独立自由的交换主体（尽管还有很长的路要走，但毕竟我们迈出了重要的一步），意味着不同社会分工之间的普遍协作，而这种协作又在更大程度上推动着一种由市场支配的秩序的形成。从国际环境来看，确立市场取向的经济体制改革目标，是由于经济全球化已成为当今世界的一个基本经济特征。经济市场化、贸易与投资国际化、区域经济合作化步伐加快，无论从深

① 《中共中央关于加强和改进党的作风建设的决定》，《十五大以来重要文献选编》下卷，人民出版社 2003 年版，第 1996 页。

度上还是从广度上世界都日益成为一个不可分割的整体，各国经济联系日益密切，相互依存，相互渗透，任何一个国家都不能完全脱离世界经济而孤立地发展。因此，中国的发展离不开世界，世界的发展也离不开中国，经济全球化趋势正呈现出加速发展的特点，对此必须正确认识，科学对待。

一、社会主义市场经济体制的建立

马克思在批判资本主义商品经济所带来的社会历史发展的无政府状态的基础上，揭示了人类自由全面发展的共产主义取代资本主义的必然性：人们一旦掌握了社会发展规律，就可能在社会化大工业的生产基础上有计划按比例地自觉地创造社会历史。然而，后来现实的社会主义制度都是在不发达的落后国家建立的，人们只看到马克思那里社会主义与计划经济的必然联系，却没有看到计划经济现实运转需要客观物质前提，于是乎把计划经济变成了主观行政经济，变成了阻碍生产力发展的僵化体制。这种计划经济体制并不是建立在雄厚物质基础上，不是由社会发展客观需要产生的，主要地也不是基于对社会发展规律的现实把握，而主要是因为误读了马克思的设想，因而这种所谓的“计划”经济体制本身没有更深层次的生命力。换言之，社会主义国家所采用的计划经济体制确曾发挥过重要的历史作用，这种积极作用的发挥是与当时特定的历史条件和历史任务相联系的。任何东西都具有两面性，计划经济体制自然也不例外，既有其优点，也有其弊端，而弊端的暴露需要一个过程，人们对其优缺点的认识也需要在实践中成熟起来。计划经济运行机制的根本特点是通过指令性计划和行政命令实现国家经济的高度集中统一，能够集中力量办大事。在我国社会主义革命和社会主义建设初期，计划经济的优点占了上风，其消极作用尚未充分暴露，而人们此时更习惯于拿计划经济与过去相比，无疑会起到对计划经济体制优点放大的作用。随着经济发展规模不断扩大和生产社会化程度不断提高，经济联系变得越来越复杂，其他社会条件也发生了很大变化，计划经济体制本身的弊端也就逐渐暴露出来。计划经济体制的固有弊端是：1. 排斥市场的作用，主要由国家通过指令性计划等行政措施配置资源，忽视价格等其他经济政策和经济法律的作用，资源得不到科学配置，造成效率低下，资源浪费，供给短缺，经济发展大起大落。1953 ~ 1978 年我国经济波动起伏较大，改革开放后我国的经济波动幅度开始逐步地减小，这与市场调节作用的发挥特别是社会主义市场经济体制的建立是分不开的。2. 强调生产关系纯而又纯，采取单一的公有制经济成分，不允许非公有制经济成分的存在和发展。3.

平均主义思想严重，未能真正体现社会主义按劳分配原则，限制了广大群众的积极性和创造性。4. 政府职能单一，党政不分，政企不分，没有充分发挥政府的宏观调控作用，政府的社会经济职能主要表现在微观的直接经济管理上，对经济生活实行全面的直接干预和高度封闭的管理。

经济体制不改变，社会主义的本质就得不到真正体现，社会主义制度的优越性也就难以发挥。我国改革开放的最大收获就是实现了从计划经济体制向社会主义市场经济体制的伟大转变。在经济全球化、世界多极化的大潮中，市场经济作为西方发达国家的经济发展模式，不可避免地进入中国共产党人的视野。1979 年 11 月 26 日，邓小平在会见外国客人时说道："说市场经济只存在于资本主义社会，只有资本主义的市场经济，这肯定是不正确的。社会主义为什么不可以搞市场经济，这个不能说是资本主义。我们是计划经济为主，也结合市场经济，但这是社会主义的市场经济。……社会主义也可以搞市场经济。"① 1982 年党的十二大确定了"计划经济为主，市场调节为辅"的方针，1984 年党的十二届三中全会通过的《关于经济体制改革的决议》又进一步指出，社会主义计划经济"是在公有制基础上的有计划的商品经济"，"商品经济的充分发展，是社会经济发展不可逾越的阶段，是实现我国经济现代化的必要条件"。这是理论上的重大突破，标志着经济体制改革向社会主义市场经济的目标迈出了一大步。邓小平对此评价说，这个《决定》"是马克思主义基本原理和中国社会主义实践相结合的政治经济学"②。1987 年邓小平在确定十三大报告的思路时指出，不要再讲计划经济为主了，"为什么一谈市场就说是资本主义，只有计划才是社会主义呢？计划和市场都是方法嘛。只要对发展生产力有好处，就可以利用。它为社会主义服务，就是社会主义的；为资本主义服务，就是资本主义的"③。据此，十三大报告的提法是，"社会主义有计划的商品经济，应该是计划与市场内在统一的体制"，是"国家调节市场、市场引导企业"。1990 年 12 月，邓小平再次强调指出："必须从理论上搞懂，资本主义与社会主义的区分不在于是计划还是市场这样的问题。社会主义也有市场经济，资本主义也有计划控制。"④ 1992 年邓小平的南方谈话，再一次精辟地阐

① 《邓小平文选》第 2 卷，人民出版社 1994 年版，第 236 页。

② 《邓小平文选》第 3 卷，人民出版社 1993 年版，第 83 页。

③ 同上书，第 203 页。

④ 同上书，第 364 页。

述了社会主义市场经济理论："计划多一点还是市场多一点，不是社会主义与资本主义的本质区别。计划经济不等于社会主义，资本主义也有计划；市场经济不等于资本主义，社会主义也有市场。计划和市场都是经济手段。"① 这就从根本上解除了把计划经济和市场经济看作社会基本制度范畴的思想束缚，打破了把社会主义与市场经济相对立的传统观念，开创了马克思主义理论的新境界，为改革开放的进一步深入拨开了思想迷雾，奠定了坚实的理论基础。

20 世纪 90 年代初，中国共产党对市场经济的认识发生了重大变化，认为市场经济是生产社会化发展的必然结果，是人类文明成果的组成部分，因而具有普遍意义。"过去，我们往往只看到市场的自发性方面所带来的一些消极作用，而很少看到市场对激励企业竞争、推动经济发展的积极作用，特别是看不到市场也是一种配置资源的方式，看不到它对优化资源配置所起的促进作用。这显然是一种认识上的片面性。大量事实表明，市场是配置资源和提供激励的有效方式，它通过竞争和价格杠杆把稀缺物资配置到能创造最好效益的环节中去，并给企业带来压力和动力。而且，市场对各种信号的反应也是灵敏迅速的。……当然，我们强调充分看到市场的优点，并不是说市场是全面的、万能的。市场也有其自身的明显弱点和局限性。"② 中共十四大提出建立社会主义市场经济体制的目标，从此，市场经济成为中国社会的重要组成部分。

市场经济是与社会化大生产相适应的、以市场为主要方式进行社会资源配置的经济，建立社会主义市场经济体制更是一项前无古人的开创性事业。首先，市场经济催生民主政治，也催生了政党政治。市场经济的主体是具有经济上和法律上独立性的实体，拥有自主经营发展必需的各种权利；市场经济以主体间的等价交换、公平交易为准则。民主政治的一个特点，就是公民意识的觉醒，就是"每个个人都相信，他们的行动能够影响世界，使世界朝着有利于他们的利益和看法的方向发展"③。从政党的自然产生过程来看，正是市场经济的发展导致了政党政治的产生。（当然，这只是西方模式，在广大发展中国家恰好相反，是执政党推动市场经济体制的确立。）其次，市场经济呼唤法制的完善。市场经济是法制经济，所有经济活动都必须纳入法制的轨道，否则就

---

① 《邓小平文选》第 3 卷，人民出版社 1993 年版，第 373 页。

② 《江泽民文选》第 1 卷，人民出版社 2006 年版，第 200 ~ 201 页。

③ 转引自：王长江：《政党现代化论》，江苏人民出版社 2004 年版，第 20 ~ 21 页。

难以维护市场秩序，难以确保经济的有效运行和健康发展。从历史经验来看，市场经济完善的国家法制比较健全，倒是原来实行计划经济的社会主义国家需要补上市场经济这一课，也是补上依法治国这一课。再次，市场经济要求明确政府的权力界限。市场经济的发展促进市民社会的发展，尽管人们在政府权力边界的确定上认识不一，但就“有限政府”或“小政府，大社会”这一点上却是存在共识的。对于中国来说，市场经济的健康发展有助于推动党政关系的理顺。又次，市场经济促使诚信机制的建立。市场经济是信用经济，如果诚信机制不健全，造成诚信缺失，就将大幅度增加经济成本和社会成本，从这一意义上说，市场经济是有利于公民道德建设的。最后，建立社会主义市场经济是一项巨大的系统工程，不可能一蹴而就，而且在我国经济体制转变过程中，原有体制仍会起一定的作用，这就需要在实践中不断创新，扎扎实实地推进社会主义市场经济建设。

二、社会主义市场经济对党风建设的影响

市场经济是我们在学习西方发达国家有益经验的基础上，根据改革开放和社会发展的需要，对自身理论认识的一种修正。市场经济首先在西方发达国家发育成熟，因而即使作为人类文明的一般成果，它所固有的利益机制、它所夹杂的个人主义价值观和西方发达国家的意识形态，也必然对我们的优良作风形成冲击并带来严峻考验，我国加入 WTO 后考验更为严峻。面对越来越严峻的考验，消极逃避和仓促应付都是没有出路的，我们只有积极应对。

市场经济的发展必然引起各种利益重组和社会关系的变动，而且在政府行为不到位的情况下将导致贫富差距的不断拉大和社会公平的失衡，这必然对人民内部矛盾的表现形式和解决方式产生重大影响。中国正处于前所未有的社会阶层结构大变革时期，这一特点决定了现阶段人民内部矛盾比以往任何时候都更加突出：1. 矛盾涉及的范围更具广泛性，而以经济利益关系的矛盾最为突出；2. 矛盾触及的层次更具深刻性，如经济上的矛盾已触及到生产要素参与分配的层次，政治上的矛盾已触及到国家权力配置的层次，思想上的矛盾已触及到价值观甚至民主观、自由观、人权观的层次；3. 矛盾牵涉的对象更具群体性，处理起来难度更大；4. 矛盾成因错综复杂，表现形态更具复杂性；5.

矛盾显现的方式更具尖锐性，如果稍有不慎，还有可能以对抗的方式表现出来①。正确处理人民内部矛盾是任何时候都必须认真研究和解决的重要政治课题，人民内部矛盾暴露出的经济社会发展中的问题如果得不到及时解决，势必将对今后的经济社会发展产生严重的负面影响。新时期人民内部矛盾导致的最大隐患之一，就是对大局造成冲击，影响社会稳定，干扰改革和发展。特别是那些牵涉面较广的利益矛盾，实际上已对大局构成一定压力。近些年某些带全局性的改革措施之所以难以出台，或者出台了又在运行中遇到困难，原因之一就在于此②。"从自然科学的原理看，这些矛盾和问题积聚起来，往往会形成一定的能量。如果这种能量积聚越来越大，不能及时化解，最后一下子释放出来，就可能起破坏作用。这就需要有民主的渠道来反映这种矛盾和问题，来宣泄这种能量。"③

党的作风随着社会历史条件的变化而主动地或被动地变化着，社会主义市场经济对党风有着深刻的影响。正确处理人民内部矛盾在社会主义建设和改革时期是国家政治生活的主题。我们必须对西方形形色色的理论进行辨别、批判、消化、吸收，并主动地对优良作风的内容和表现形式进行必要的调整，以适应不断发展的形势的需要，造就良好的社会人文环境，进而推动经济社会的健康发展。社会主义市场经济对党风建设的影响，可以从对内在要素的影响和对外在要素的影响来考察。

就市场经济对作风内在要素的影响来说，它对人们的思想观念影响重大；就其对作风外在要素的影响来说，它使群众工作呈现出很多新特点，也使批评和自我批评的实际运行遇到不少难题。这些问题解决不好，势必对作风建设带来消极影响。

首先，市场经济对人们的思想观念影响重大。社会意识是对社会存在的反映，在市场经济条件下，随着社会经济成分多样化、组织形式多样化、利益分配方式多样化和就业方式多样化的不断发展，各种思想文化相互激荡，人们的思想观念更趋复杂，价值观更加多元化。计划经济时期植根于头脑中的集体主义观念与西方市场经济社会的自由、平等、公正等观念相互碰撞，必将对人们

① 张荣臣等：《中国共产党执政能力建设学习读本》，国家行政学院出版社2003年版，第245～246页。

② 同上书，第247页。

③ 《江泽民文选》第1卷，人民出版社2006年版，第65～66页。

的思想观念产生重大影响。1. 随着改革的不断深入，一些深层次矛盾和问题不断暴露出来，解决的难度也相应加大，各种利益的调整势所难免，容易使利益受损而又得不到补偿的人产生对改革开放的怀疑态度，这就需要通过必要的利益协调和适当补偿来争取最大多数人对改革开放的支持。2. 政府干预主要代表集体利益，企业自主经营主要代表个体利益，当两者发生冲突时，有时需要前者做出让步，有时需要后者做出让步，有时需要双方共同做出让步；社会主义市场经济既要讲究竞争，又要强调各利益主体的相互协调，因而需要一种兼顾各方利益的主导价值对人们的思想观念进行引导。3. 随着市场经济的发展，市场经济内在的弊端会逐渐暴露，尤为令人担忧的是收入差距不断拉大的趋势成为导致社会心理不稳定的因素之一。因此，既要区别对待机会平等、规则平等、起点平等、过程平等和结果平等各种不同情况，又必须建立全社会统一的社会保障体系，最大程度地缓释一些人的消极心理，为社会稳定奠定必要的心理基础。4. 在任何时候自由都只是相对的自由，市场经济条件下的自由也需要必要的约束，如政府合理而合法的干预、道德伦理的约束、法律的制约等，问题是如何对“必要”进行界定，如何确定约束的范围，这对于引导人们的自由观非常重要。5. 我国的市场经济是政府主导推动建立的，而且经历时间较短，因而缺乏必要而完善的诚信机制，假冒伪劣产品特别是药品食品方面的质量问题直接影响到人们的身心健康，因而一方面要大力引导人们的诚信意识的确立和巩固，另一方面要健全诚信体系，不断完善预防和惩戒制度，加大违法成本。6. 加入 WTO 以后，西方国家个人主义价值观的影响将更加直接，而市场经济所固有的利益机制导致的利益多元化和个体化，使个人利益更加突出，以人民利益为出发点和归宿的价值观很容易被利己主义所取代，改革开放以来我国经济社会的持续发展、综合国力和人民生活水平的大幅度提升又容易使一些人滋生贪图享乐的思想。针对上述种种因素，如何用科学真理、民族精神和共同理想引导人们的思想观念向正确的方向发展，进而增强民族向心力和凝聚力，是作风建设必须重视的一大课题。

其次，在社会主义市场经济条件下，群众工作出现了许多新的特点。1. 随着社会结构的急剧变革，社会阶层分化日益明显，职业选择日趋自由，社会流动不断加快，越来越多的社会成员由“单位人”向“社会人”转变，群众工作的对象将更趋分散化、动态化和社会化，这就需要更大的耐心和更灵活的工作方法，如借助于手机短信、飞信等现代通信工具和互联网等手段。2. 随着利益格局的深刻调整，贫富差距逐步拉大，由分配不公引发的社会矛盾日益尖锐，公正合理地协调好社会各阶层利益关系将成为党的群众工作的核心。3. 在执政条件下，党既是改革的发动者，又是改革风险的主要承担者，更容易成为深化改革过程中各种矛盾的焦点。党不仅要疏导群众情绪、化解各种矛盾，而且还必须调动各级政府、群众团体、基层群众性自治组织和社会中介组织来共同参与，党的群众工作的主体将呈现多样化趋势。4. 在市场经济条件下，满足市场的需求，归根到底也就是满足广大人民群众不断增长的物质文化需求。在这种情况下，主要依靠行政组织资源垂直命令会越来越失去其效力，而以利益驱动为杠杆的经济手段、以诚信为核心的伦理手段、以契约自由为主体的法律手段和以大众传媒为载体的舆论手段会发挥越来越重要的作用。5. 市场发育不成熟、社会监督机制不健全、腐败高发趋势难以在短期内轻易消除、“官本位”意识难以根除、干部选拔任用上的不正之风滋生蔓延①。这就要求必须完善法律体系，加大依法执政力度，加强社会监督，强化责任意识，改进思想教育方式，促成良好的社会风气。

再次，在和平的大氛围中和市场经济条件下，批评和自我批评的开展也面临着挑战。从批评他人来说，有以下几种不适当表现。1. 对他人不愿进行批评，怕伤和气，怕得罪人，挑一些生活琐事闲扯，不深入、不坦诚、不切实际，无关痛痒。2. 缺乏针对性，顾左右而言他。只批评下级，不敢于批评上级；批评组织多，批评个人少；明明是思想道德问题，批评的却是性格的问题；明明是业务能力的问题，批评的却是工作态度的问题；明明是贪污腐化的问题，批评的却是生活小节问题。以上这两种表现跟对时代主题及“和为贵”的错误理解有关。在和平年代，矛盾的同一性成为主题，有的人看不到世界和平的不稳定性，看不到原则问题的决定性，不能辩证地把握“和”文化的边界和限度，也就不愿意进行真正的有针对性和原则性的批评。3. 批评时不注意适当的方式。或是不加分析，乱扣帽子，不能从关心的角度提出意见；或是当面不批评，背后乱指责，到处（甚至在网络上）散布不满情绪，造成本单位、本部门人际关系的裂痕。出现这种情况，原因是多方面的，如市场导向导致的利益观念越来越强，工作压力导致的急躁心理，不良动机，等等。从接受批评方面来说，不适当表现主要是听不得别人的批评，更谈不上自我反思和自

① 田培炎，李长峰：《政党作风片论》，人民出版社 2004 年版，第 362 ~ 363 页。

我批评。造成这种心态的原因也是多方面的：市场经济主体是具有独立人格的个人或企业，经济上的独立往往唤醒人们的独立、自由、民主意识和政治参与意识，激发人们的自信心和进取心，于是被批评似乎成了受制于人，似乎与市场主体的特性不符；市场经济对资源的配置是通过市场主体追求利益最大化来实现的，一旦把追求经济利益看成是天经地义的，而不顾其他的制约因素，不愿听到批评的声音也就在“情理之中”了；在市场经济竞争文化的强大作用下，自我包装、自我肯定、自我推销的氛围浓厚，自我批评也越来越不被看好。

第二节　与时俱进，开创党风建设新局面

1989 年 6 月 16 日，邓小平在同几位中央负责同志的谈话中指出，“我们中国共产党现在要建立起第三代的领导集体”，“现在需要聚精会神地做几件使人民满意、高兴的事情”，“主要是两个方面，一个是更大胆地改革开放，另一个是抓紧惩治腐败”①。在随后召开的十三届四中全会上，以江泽民为核心的第三代中央领导集体开始形成。为了继续加强党风建设，继续发扬党的优良传统和作风，第三代中央领导集体与时俱进，开拓创新，采取了一系列重大措施，开创了党风建设的新局面。

1989 年 7 月 27 ~ 28 日，中共中央政治局全体会议讨论并通过《中共中央、国务院关于近期做几件群众关心的事的决定》，指出要做好七件事：1. 进一步清理整顿公司。重点是砍掉流通领域中过多、过滥的从事商业、外贸、物资供应的公司和金融性公司。2. 坚决制止高干子女经商。这件事首先从中央政治局、书记处成员和国务院常务会议组成人员做起，实行回避政策，他们的配偶、子女及其配偶，不得从事流通领域的经营活动，不得在流通领域的公司任职、兼职，凡有任职、兼职的，必须限期于 1989 年 9 月 1 日前退出，另行安排工作。领导同志不得利用职权为其亲友经商提供任何方便条件。3. 取消对领导同志少量食品的“特供”。固定供应点的所有食品一律按市价和市民定量供应，价格及经营业务接受物价、工商部门的监督。4. 严格按规定配车，严格禁止进口小轿车（执行政府间已签订的长期贸易协定和国家批准的技术

① 《邓小平文选》第 3 卷，人民出版社 1993 年版，第 309，312，313 页。

贸易合同除外），中央政治局、书记处成员和国务院常务会议组成人员，一律使用国产车，其他领导人根据实际情况尽可能仍使用现有车辆，不要造成新的浪费。5. 严格禁止请客送礼。6. 严格控制领导干部出国，严格执行关于出国的各项规定。7. 严肃认真查处大案要案。必须坚持公民在法律面前一律平等的原则，凡贪污该受惩罚的，不管是谁，一律受惩罚①。

1989 年 8 月 28 日，中共中央政治局全体会议通过《中共中央关于加强党的建设的通知》。《通知》指出，国内外敌对势力所以能够兴风作浪，以至制造动乱和反革命暴乱，问题主要出在党内。党的十三届四中全会，标志着我们党在这场关系生死存亡的斗争中，取得了决定性的胜利。我们一定要认真吸取这场风波的经验教训，充分认识加强党的建设的重要性和紧迫性。从现在起，各级党委必须按照党的基本路线的要求，聚精会神地抓党的建设，下决心解决好当前党的建设中的迫切问题，否则，不仅我们国家长期积累下来的各种严重问题不可能得到解决，而且会留下隐患，难免发生新的政治风波。《通知》提出的加强党的建设的措施有：（1）认真做好清查和清理工作，纯洁党的组织，（2）认真考察领导干部，加强领导班子建设；（3）切实搞好思想整顿，加强党的思想教育；（4）发扬党的优良作风，克服消极、腐败现象；（5）切实加强党的基层组织建设；（6）继续做好民主评议党员的工作，（7）严格党员标准，确保发展党员的质量；（8）加强党建理论的学习、宣传和研究②。

1989 年 9 月 29 日，江泽民在庆祝中华人民共和国成立四十周年大会上讲话指出，中国共产党成为中国革命和建设的领导核心，是人民在长期实践中作出的正确选择。党是在战胜困难、克服错误、总结历史经验的过程中逐步成熟起来的。党的状况如何，对于国家和民族的命运具有决定性的意义。我们必须严肃地毫不留情地剖析和坚决纠正工作中的失误，解决党内存在的问题。我们要更加坚定不移地把马克思主义普遍真理同我国具体实际结合起来，走自己的路，建设有中国特色的社会主义。邓小平同志关于建设有中国特色社会主义的理论，是经过十年实践检验而为亿万人民认识和接受的科学理论，是指引我们继续前进的旗帜③。

---

① 陈文斌等：《中国共产党执政五十年》，中共党史出版社 1999 年版，672～673 页。

② 陈文斌等：《中国共产党执政五十年》，中共党史出版社 1999 年版，第 675 页。

③ 《江泽民文选》第 1 卷，人民出版社 2006 年版，第 69 页。

其他的重大举措还有：1990 年 3 月十三届六中全会通过《中共中央关于加强党同人民群众联系的决定》；1992 年党的十四大确立了邓小平建设有中国特色社会主义理论在全党的指导地位；1993 年 8 月江泽民在中纪委第二次全体会议上发表《加强反腐败斗争，推进党风建设和廉政建设》的讲话；1994 年 9 月十四届四中全会通过《中共中央关于加强党的建设几个重大问题的决定》，提出推进党的建设新的伟大工程的目标和任务；1995 年 11 月江泽民在北京考察工作时首次提出“讲学习、讲政治、讲正气”的党建新命题；1996 年 10 月十四届六中全会通过《中共中央关于加强社会主义精神文明建设若干重要问题的决议》；1997 年 9 月党的十五大把邓小平理论确立为党的指导思想并写进党章；1998 年 11 月中共中央发出《关于在县级以上党政领导班子、领导干部中深入开展以“讲学习、讲政治、讲正气”为主要内容的党性党风教育的意见》，开始了历时两年之久的“三讲”集中教育活动；2000 年 2 月，江泽民在广东考察党建工作时提出了“三个代表”重要思想；2001 年 9 月十五届六中全会通过《中共中央关于加强和改进党的作风建设的决定》；2002 年 11 月党的十六大把“三个代表”重要思想与马列主义、毛泽东思想、邓小平理论一起作为党的指导思想并写进党章。

一、坚持和发展邓小平理论

1997 年 9 月，党的十五大第一次明确地把建设有中国特色社会主义理论称为“邓小平理论”，并把它确定为继毛泽东思想之后马克思列宁主义同中国实际相结合的第二次飞跃，认为“邓小平理论是当代中国的马克思主义，是马克思主义在中国发展的新阶段”，“在当代中国，只有把马克思主义同当代中国实践和时代特征结合起来的邓小平理论，而没有别的理论能够解决社会主义的前途和命运问题”①。这表明，第三代中央领导集体在坚持和发展邓小平理论方面迈出了重要的一步。

邓小平理论产生于改革开放的伟大实践之中，又是“指导中国人民在改革开放中胜利实现社会主义现代化的正确理论”。1982 年 9 月，邓小平在十二大开幕词中提出了“建设有中国特色社会主义”这个当代中国的历史性命题。1987 年党的十三大总结了近 10 年改革开放的实践经验，论证了我国处于社会

① 《江泽民文选》第 2 卷，人民出版社 2006 年版，第 9 页。

主义初级阶段的理论，概括并确定了党在社会主义初级阶段的基本路线和建设有中国特色社会主义的一系列观点。1990 年 12 月，十三届七中全会提出了建设有中国特色社会主义的 12 条原则，标志着建设有中国特色社会主义理论的轮廓初步形成。1992 年邓小平的南方谈话精辟地回答了困扰和束缚人们思想的许多重大问题，全面而科学地总结了改革和建设的经验，标志着建设有中国特色社会主义理论初步形成。对于邓小平和邓小平理论的巨大历史功绩，十五大报告指出：第一，邓小平理论坚持解放思想、实事求是，在新的实践基础上继承前人又突破陈规，开拓了马克思主义的新境界。第二，邓小平理论坚持科学社会主义理论和实践的基本成果，抓住“什么是社会主义、怎样建设社会主义”这个根本问题，深刻地揭示社会主义的本质，把对社会主义的认识提高到新的科学水平。新时期的思想解放，关键就是在这个问题上的思想解放。第三，邓小平理论坚持用马克思主义的宽广眼界观察世界，对当今时代特征和总体国际形势，对世界上其他社会主义国家的成败，对发展中国家谋求发展的得失，对发达国家发展的态势和矛盾，进行正确分析，作出了新的科学判断。这是邓小平理论鲜明的时代精神。第四，总起来说，邓小平理论形成了新的建设有中国特色社会主义理论的科学体系，第一次比较系统地初步回答了中国社会主义的一系列基本问题，但又需要从各方面进一步丰富和发展①。

本着坚持和发展邓小平理论的态度，十五大报告强调，“马克思列宁主义、毛泽东思想一定不能丢，丢了就丧失根本。同时一定要以我国改革开放和现代化建设的实际问题、以我们正在做的事情为中心，着眼于马克思主义理论的运用，着眼于对实际问题的理论思考，着眼于新的实践和新的发展。离开本国实际和时代发展来谈马克思主义，没有意义。静止地孤立地研究马克思主义，把马克思主义同它在现实生活中的生动发展割裂开来、对立起来，没有出路。在当代中国，马克思列宁主义、毛泽东思想、邓小平理论，是一脉相承的统一的科学体系。坚持邓小平理论，就是真正坚持马克思列宁主义、毛泽东思想；高举邓小平理论的旗帜，就是真正高举马克思列宁主义、毛泽东思想的旗帜。”②“坚持邓小平理论，在实践中继续丰富和创造性地发展这个理论，这是

① 《江泽民文选》第 2 卷，人民出版社 2006 年版，第 9 ~ 11 页。

② 《江泽民文选》第 2 卷，人民出版社 2006 年版，第 12 页。

党中央领导集体和全党同志的庄严历史责任。”①

在党的建设方面，十五大提出，要面向新世纪继续推进党的建设的伟大工程，把党建设成为用邓小平理论武装起来、全心全意为人民服务、思想上政治上组织上完全巩固、能够经受住各种风险、始终走在时代前列、领导全国人民建设有中国特色社会主义的马克思主义政党②。

1. 加强党的思想建设，领导干部要带头学好邓小平理论，完整、准确地把握邓小平理论的科学体系，从总体上把握邓小平理论的基本观点和基本精神，并从各自工作的领域对邓小平理论的有关内容进行系统钻研和理解。同时，继续在县级以上领导干部中深入进行以讲学习、讲政治、讲正气为主要内容的党性党风教育，努力在全党造成认真学习的风气，民主讨论的风气，积极探索的风气，求真务实的风气，坚持理论联系实际，学以致用，提高马克思主义理论水平，提高解决实际问题的能力，在改造客观世界的同时改造主观世界。

2. 加强党的组织建设，根本的是把党建设成坚强的领导核心，充分发挥党的组织优势。在改革开放和发展社会主义市场经济的条件下，民主集中制不仅不能削弱，而且必须完善和发展。要把群众公认是坚决执行党的路线、实绩突出、清正廉洁的干部及时选拔到领导岗位上来。党的基层组织都要从各自的特点出发，认真履行党章规定的职责，努力成为贯彻党的路线方针政策、团结和带领群众完成本单位任务的坚强战斗堡垒。

3. 加强党的作风建设，根本的是坚持全心全意为人民服务的宗旨，充分发挥党密切联系群众的优势。共产党员要倾听群众呼声，关心群众疾苦，为群众办实事、办好事。党的干部特别是领导干部，必须认真执行党的路线方针政策，决不能有任何偏离；必须正确行使人民赋予的权力，决不能以权谋私；必须把对上级负责和对群众负责统一起来，决不能把二者割裂开来、对立起来；必须在工作中坚持群众路线，深入实际调查研究，决不能搞官僚主义、形式主义、强迫命令。

4. 反对腐败是关系党和国家生死存亡的严重政治斗争。既要树立持久作战的思想，又要一个一个地打好阶段性战役。要继续抓好领导干部廉洁自律、

① 《江泽民文选》第2卷，人民出版社2006年版，第48页。

② 以下五个自然段内容摘自：《江泽民文选》第2卷，人民出版社2006年版，第43～47页。

查处大案要案、纠正部门和行业不正之风的工作。各级党委务必做到旗帜鲜明，态度坚定，工作锲而不舍。坚持标本兼治，教育是基础，法制是保证，监督是关键。通过深化改革，不断铲除腐败现象滋生蔓延的土壤。党委统一领导，党政齐抓共管，纪委组织协调，部门各负其责，依靠群众的支持和参与，坚决遏制腐败现象。领导干部首先是高级干部要以身作则，模范地遵纪守法，自觉接受监督，抵制腐朽思想的侵蚀，做艰苦奋斗、廉洁奉公的表率，带领群众坚决同腐败现象作斗争。要把反腐败斗争同纯洁党的组织结合起来，在党内决不允许腐败分子有藏身之地。

5. 从严治党，是保持党的先进性和纯洁性的保证，是增强党的凝聚力和战斗力的保证。在新的历史条件下，共产党员保持先进性，要体现时代的要求，做到胸怀共产主义远大理想，带头执行党和国家现阶段的各项政策，勇于开拓，积极进取，不怕困难，不怕挫折；要诚心诚意为人民谋利益，吃苦在前，享受在后，克己奉公，多作贡献；要刻苦学习马克思主义理论，增强辨别是非的能力，掌握做好本职工作的知识和本领，努力创造一流的成绩；在危急的时刻能够挺身而出，维护国家和人民的利益，坚决同危害人民、危害社会、危害国家的行为作斗争。

二、“三讲”教育：加强党的建设的新探索

1995 年 11 月，江泽民在北京视察时提出了“讲学习、讲政治、讲正气”的命题。就“三讲”的每一“讲”来说，江泽民在不同的场合早有论述，但将“三讲”集中起来，作为对领导干部进行教育的重要途径，这还是第一次。后来，江泽民进一步指出，“讲学习、讲政治、讲正气，三者是紧密相连和统一的”。首先，“只有讲学习，才能更好地讲政治”，“理论建设是党的建设的根本，理论素质是领导干部思想政治素质的灵魂”①。其次，讲政治是核心，“一个政党，就是围绕自己的政治纲领、按照自己的政治路线、为实现自己的政治目标而组织起来的政治集团”，“不讲政治，离开了自己的政治纲领、政治路线、政治目标，也就不成其为一个政党了”②。最后，“讲政治，必然要体现在讲正气上。讲正气，就是要坚持和发扬共产党人的政治本色和革命气

① 《江泽民文选》第 2 卷，人民出版社 2006 年版，第 366 ~ 367 页。

② 同上书，第 360 页。

节。"① 总之，"这'三讲'中，学习是基础，政治是关键。学习好了，政治上强了，正气也就伸张起来了。"②

讲学习是基础。"学习问题，关系到广大干部自身的进步，关系到国家、民族的兴衰和社会主义现代化事业的成败。"③ 讲学习，是坚持和发展马克思主义、毛泽东思想、邓小平理论的需要。坚持马克思主义基本原理同中国具体实践相结合，坚定不移地走自己的路，就必须根据党所面临的形势任务的需要，不断刻苦学习，不断进行新的创业。在改革开放中，会遇到许多新矛盾、新问题、新情况、新知识、新经验，而分析新矛盾、解决新问题、研究新情况、掌握新知识、摸索新经验的过程，就是新的实践过程，也是新的学习过程。如果不加强学习，不善于学习，就会处于盲目、被动和落后状态，就不可能取得领导上的主动权。讲学习，是讲政治、讲正气的需要。对于共产党员特别是党的领导干部来说，马克思主义理论是管总的东西，不学习理论，必然思想空虚，精神贫乏，是非不分，方向不明；只有通过学习，精神境界才能提高，才能自觉抵制消极腐败现象，才能掌握更多的理论知识和科学文化知识，才能提高政治认识，讲政治、讲正气才讲得起来。讲学习，最根本的是学习马克思主义、毛泽东思想、邓小平理论。只有通过这样的学习，才能坚定建设有中国特色社会主义的信念，始终保持同党中央思想上政治上的一致，增强在复杂形势下抵御各种风险的意识和能力，树立长期艰苦奋斗的思想，保持同人民群众的密切联系。讲学习，又包括学习一般知识和专门知识，特别是学习科学技术知识。一个干部在一个地区或部门担任领导职务，特别是党政一把手，没有多方面的基本知识，就不能很好地观察和把握工作的全局。讲学习，还包括向人民群众学习。只有虚心地向人民群众学习，才能更好地了解民情，保持同人民群众的密切联系。讲学习，更重要的是坚持马克思主义学风，"学习的目的全在于应用"。要从总体上领会马克思主义的基本理论、基本观点和基本方法，"并紧密结合实际进行钻研和理解，以增强工作的原则性、系统性、预见性、创造性，更好地贯彻执行党的理论路线和方针政策。同时，要努力学习哲学、政治学、经济学、法学、历史学、文学艺术和科学技术，学习反映当代世

① 《江泽民文选》第2卷，人民出版社2006年版，第367页。
② 《江泽民文选》第3卷，人民出版社2006年版，第13页。
③ 《江泽民论有中国特色社会主义（专题摘编）》，中央文献出版社2002年版，第696页。

界的新知识，使我们的思想水平和知识水平适应时代前进的需要。……学习要紧密联系国际局势的新变化、我国改革开放和现代化建设的新进展以及党的建设面临的新情况，特别要注重研究那些带有全局性、战略性、前瞻性的重大问题，不断提高解决实际问题、做好本职工作的能力”①。

讲政治是关键。讲政治，不是搞空头政治，不是简单重复一些政治口号，而是讲马克思主义的政治，是讲建设有中国特色社会主义的政治，是“使政治同经济、政治同各项业务紧密结合在一起，保证经济工作和其他各项工作沿着正确的方向更好更有秩序地进行”②。讲政治，“是具体的而不是抽象的。衡量一个领导干部是不是讲政治，一个重要标准就是看他是不是时刻把人民群众放在心头，是不是诚心诚意地为人民谋利益”③。讲政治，“包括政治方向、政治立场、政治观点、政治纪律、政治鉴别力、政治敏锐性。在政治问题上，一定要头脑清醒”④。政治方向，就是建设有中国特色社会主义，实现社会主义现代化，最终实现共产主义，对于高级干部来说，这是一个原则问题，稍有含糊，就会造成政治方向的迷失，给党和人民的事业带来严重危害；政治立场，就是坚定地站在党性和党的政策的立场上，站在维护党和国家、民族的根本利益的立场上；政治观点，就是马列主义的观点、毛泽东思想的观点、邓小平理论的观点，这是我们政治上的望远镜和显微镜，是观察和解决社会主义现代化建设中的国内外各种矛盾的伟大认识工具；政治纪律，就是遵守党章，按党章的规定去做，从思想上、政治上、行动上与党中央保持高度一致；政治鉴别力，就是识别政治上大是大非的能力，从政治上划清善恶、美丑、荣辱界限的能力，善于把握主流、把握全局的能力；政治敏锐性，就是对政治问题有见微知著的眼光，在错误思想尚处于萌芽状态时能够做到防微杜渐，在新事物处于萌芽状态时能够把握发展趋势、兴利除弊，在形势大好时能够居安思危。

讲正气体现着讲学习和讲政治的成果。正气，指刚直不阿的气节、正派的作风和良好的风气。讲正气，就是培育、树立和发扬好的风气，消除、抵制和打击歪风邪气；要消除不正之风和腐败现象，就必须在党内真正形成一股浩然正气。讲正气，保持革命气节，最重要的是坚持马克思主义信念，坚定地走建

---

① 《江泽民论有中国特色社会主义（专题摘编）》，中央文献出版社2002年版，第702页。

② 《江泽民文选》第1卷，人民出版社2006年版，第516页。

③ 《江泽民论有中国特色社会主义（专题摘编）》，中央文献出版社2002年版，第706页。

④ 《江泽民文选》第1卷，人民出版社2006年版，第457页。

设有中国特色社会主义的道路，不仅具有为坚持真理而不折腰的正气，而且具有敢于在真理面前折腰的勇气。讲正气，就是要发扬伟大的民族精神，敢于同敌人、同坏人坏事、同各种困难作坚决的斗争。中华民族有着伟大的民族精神，博大精深，是民族生命肌体不可分割的重要组成部分。讲正气，就是要搞好社会主义精神文明建设，尤其是搞好思想道德建设，形成一种良好的、积极向上的社会风气。讲正气，就是要坚持共产党人的政治本色与革命气节，在任何情况下都忠于党和人民的事业，不改变革命的初衷，不丧失必胜的信心，富贵不淫，贫贱不移，威武不屈，经得起金钱、权力、美色的考验，在重大原则问题上决不含糊，敢于同各种错误思想、不良倾和邪恶势力作斗争。讲正气，就是要树立全心全意为人民服务这个最大的正气，树立正确的权力观，立党为公，执政为民，以人民的利益为重，为民族、为国家、为人民的利益而奋斗，同以权谋私、享乐主义、极端个人主义进行坚决的斗争。讲正气，就是要保持党的团结统一和强大的战斗力，反对趋炎附势、拉拉扯扯的庸俗习气，坚持批评和自我批评，坚持民主生活原则，把问题摆到桌面上来讲，不搞当面一套背后一套，不做歪风邪气的传播者。

“三讲”是在新的历史条件下对党的优良作风的深化和发展。首先，只有讲学习，全面而扎实地掌握马列主义、毛泽东思想和邓小平理论，掌握现代科学技术知识，才有解放思想实事求是的底气，才能更敏锐地发现新问题、研究新问题，才能更好地做到理论同实际相结合，摸索新经验，推动中国特色社会主义建设。其次，只有讲政治，增强从政治高度掌控全局的能力，坚持正确的政治立场、政治观点，形成铁的纪律观念，才能更好地把握政治方向，更好地保持党同人民群众的血肉联系，把党的一切工作紧紧围绕为人民谋利益这个政治目标进行展开。最后，通过讲正气的锻炼，树立凛然正气，能够更好地做到正确的、真正的批评和自我批评，增强党的自我更新能力，增进党的团结，带动全社会树立良好的风气，对歪风邪气和不正之风形成强大的震慑力。

1998 年 11 月，根据中共中央指示，历时两年之久的“三讲”集中教育活动在全国展开。从总体上看，这次“三讲”教育活动的进展是顺利的、健康的，成效是显著的，基本达到了中央提出的要求。一是正确的理想信念更加坚定，建设有中国特色社会主义的决心和必胜信心有所增强。二是政治意识、大局意识、责任意识进一步增强，全面正确地贯彻党的路线方针政策的自觉性和坚定性有了提高。三是坚持党的民主集中制原则更加自觉，运用批评和自我批评这个思想武器解决自身问题的能力有所增强，党更加团结，党的纪律更加严明。四是领导干部廉洁自律意识进一步增强，促进了党风廉政建设和反腐败斗争的深入开展。五是强化了全心全意为人民服务意识，推动了领导作风的转变，促进了各项工作的顺利进行。① 正如江泽民所说：“‘三讲’教育是加强党的建设的新探索。”②

三、“三个代表”：党风建设的行动指南

20 世纪 90 年代，我国面临苏东剧变的压力和亚洲金融危机的冲击，国内又遇到了严重的自然灾害，加上改革开放中遇到的一些社会问题，如官员腐败问题、生产安全问题、就业问题、收入差距拉大及由此导致的心理失衡问题等，这些问题使中国共产党的执政环境和自身建设遇到了新的复杂局面，作风建设面临着严峻的挑战，同时作风建设也拥有难得的发展机遇。1. 和平与发展成为时代主题，但和平与发展问题一个也没有真正得到解决，世界格局多极化趋势在曲折中发展，经济全球化进程不断加速，科技革命突飞猛进，以经济和科技实力为基础的综合国力竞争日益激烈。2. 与此同时，西方敌对势力加紧对我国实行“西化”、“分化”，这场和平演变与反演变的斗争将是长期的、复杂的、尖锐的。苏东剧变是二战以后东西方较量的最终发酵的牺牲品，从反面说明坚持马克思主义意识形态、改善执政方式和改进作风建设的必要性。3. 从国内形势来看，经济体制改革的深入不可避免地会遇到这样那样的问题，这必将对政治体制形成冲击，因而深化政治体制改革势在必行。在这种情况下，江泽民准确地把握时代特征，科学地判断中国共产党所处的历史方位，紧紧围绕建设中国特色社会主义这个主题，着眼于解决提高党的领导水平和执政水平、提高拒腐防变能力和抵御风险能力这两个历史性课题，集中全党智慧创立了“三个代表”重要思想。

2000 年 2 月，江泽民在广东考察工作时指出，“我们党所以赢得人民的拥护，是因为我们党在革命、建设、改革的各个历史时期，总是代表着中国先进生产力的发展要求，代表着中国先进文化的前进方向，代表着中国最广大人民的根本利益，并通过制定正确的路线方针政策，为实现国家和人民的根本利益

① 刘晶芳：《中国共产党优良作风建设史》，广东人民出版社 1999 年版，第 392 页。

② 《江泽民文选》第 2 卷，人民出版社 2006 年版，第 358 页。

而不断奋斗。”① 5 月，江泽民又指出：“始终做到‘三个代表’，是我们党的立党之本、执政之基、力量之源。”② 2001 年 7 月 1 日，江泽民在庆祝中国共产党成立 80 周年大会上的讲话中，全面系统地阐述了“三个代表”的科学内涵。2002 年 11 月，党的十六大把“三个代表”重要思想同马列主义、毛泽东思想、邓小平理论一起确定为党必须长期坚持的指导思想。“三个代表”重要思想用一系列紧密联系、相互贯通的新思想、新观点、新论断，进一步回答了什么是社会主义、怎样建设社会主义的问题，创造性地回答了在新的历史条件下建设什么样的党、怎样建设党的问题。“三个代表”重要思想的形成表明，中国共产党在建设中国特色社会主义的一系列重大问题上又一次取得了丰硕成果。“三个代表”是推进社会主义自我完善和发展、加强和改进党风建设的强大理论武器和行动指南。

党风建设必须代表中国先进生产力的发展要求。生产力是最活跃最革命的因素，是人类社会发展的最终决定力量。中国共产党“已经从一个领导人民为夺取全国政权而奋斗的党，成为一个领导人民掌握着全国政权并长期执政的党；已经从一个在受到外部封锁的状态下领导国家建设的党，成为在全面改革开放条件下领导国家建设的党”③。在这样的历史条件下，党的作风建设必须以代表中国先进社会生产力的发展要求为标准，必须与生产力发展的要求相合拍。“必须尊重劳动、尊重知识、尊重人才、尊重创造，这要作为党和国家的一项重大方针在全社会认真贯彻。要尊重和保护一切有益于人民和社会的劳动。……要形成与社会主义初级阶段基本经济制度相适应的思想观念和创业机制，营造鼓励人们干事业、支持人们干成事业的社会氛围，放手让一切劳动、知识、技术、管理和资本的活力竞相迸发，让一切创造社会财富的源泉充分涌流，以造福于人民。”④ 好的党风能够使广大党员干部从实际出发，自觉地把思想认识从那些不合时宜的观点、做法和体制的束缚中解放出来，坚持用“三个有利于”判断各方面工作的是非得失，带领广大人民群众大力发展先进的生产力，让人民群众得到实惠。

党风建设必须代表中国先进文化的前进方向，必须努力体现发展面向现代

① 《江泽民文选》第 3 卷，人民出版社 2006 年版，第 2 页。

② 同上书，第 15 页。

③ 《江泽民文选》第 3 卷，人民出版社 2006 年版，第 282 页。

④ 同上书，第 540 页。

化、面向世界、面向未来的，民族的科学的大众的社会主义文化的要求，促进全民族思想道德素质和科学文化素质的不断提高，为我国经济发展和社会进步提供精神动力和智力支持。当前，国际上霸权主义和强权政治依然存在，西方敌对势力不断将他们的政治观点、意识形态、生活方式和腐朽文化向我国渗透，国内的封建文化没有得到根本改造，邪教势力和封建思想有所抬头，源于市场经济的拜金主义、个人主义和享乐主义腐蚀着一部分人的思想。在这种条件下，我们一方面要坚决地克服中国文化中包含的消极因素，坚决抵制资本主义文化中的消极成份，另一方面又是不遗余力地学习西方文化中的积极成果，特别是西方文化中科学技术及管理等先进成份，积极吸收中国传统文化中的健康成份。执政党的党风是整个社会风气的主心骨，只要我们一贯地坚持代表中国先进文化的前进方向，随着我国社会生产力的不断发展，随着社会主义市场经济体制的不断健全，随着社会主义政治制度的不断完善，中国先进文化的主旋律即社会主义文化必将日益壮大起来。

党风建设必须代表最广大人民的根本利益。在新的历史条件下，我国的社会生活发生了广泛而深刻的变化，社会经济成份、组织形式、利益分配和就业方式以及价值取向都出现了多样化趋势，对我国政治、经济、社会、文化生活产生了深刻影响。1. 随着市场经济的发展，人们在就业和生产经营活动方面的流动性大大增加，党的领导如何更切实有效地覆盖社会和市场发展的广泛领域，成为必须研究解决的重大问题。2. 人民群众之间的现实利益差距拉大，人民内部包括工人阶级内部也形成了不同的利益群体，党员也越来越分属于不同的社会阶层，从事着不同的社会职业，党员之间存在着不同的利益差别。全国各族人民根本利益的一致性与群众具体利益的差异性之间的关系、效率与公平的关系也是一个重大问题。3. 非公有制经济迅猛发展，成为社会主义市场经济的重要组成部分，如何加强党在这些领域的领导、切实把这些领域的群众团结组织在党的周围，是一个必须认真面对的新课题。凡此种种，给党执政和领导各项事业提出了新的更高的要求。加强和改进党的作风建设，必须使党始终得到最广大人民的拥护和支持，因而能不能代表最广大人民利益就成为作风建设的试金石。

四、从源头上治理腐败

腐败现象从根本上说是公权力的滥用，是国家公职人员为谋取私利而搞权钱交易。中国共产党历来重视反腐败斗争，在取得执政地位以来，特别是改革开放以来，她所面临的反腐败任务不是减轻了，而是遇到更加复杂的局面。1989年，邓小平对当年的政治风波总结道，“这次出这样的乱子，其中一个原因，是由于腐败现象的滋生，使一部分群众对党和政府丧失了信心。”① 以江泽民为核心的第三代中央领导集体十分重视反腐败斗争，并把反腐败斗争提高到关系党和国家生死存亡的高度，通过加大反腐力度、严肃查办腐败案件，通过“三讲”教育、党性党风党纪教育，通过贯彻落实“三个代表”重要思想，通过机构改革、整顿市场经济秩序和建立现代企业制度，有力地推动了反腐败斗争的深入发展。1992年10月，江泽民在十四大报告中指出，坚持反腐败斗争，是密切党同人民群众联系的重大问题，要充分认识这个斗争的紧迫性、长期性和艰巨性，在改革开放的整个过程中都要反腐败，把端正党风和加强廉政建设当作一件大事来抓②。1994年9月，江泽民在十四届四中全会上提出既要树立持久战思想，又要打好阶段性战役，一步一步把反腐败斗争引向深入③。1995年，他强调为了防止腐败，必须加强思想政治建设，提高党员、干部队伍的素质；1996年，他着重研究新时期纪检监察机关的责任、反腐败工作格局、党内监督和加强党委对反腐败工作的领导等问题；1997年，他重申要大力发扬艰苦奋斗精神，坚决反对奢侈浪费；1998年，他强调各级领导干部必须拒腐防变，在反腐倡廉中起表率作用；1999年，他提出全党必须维护和加强党的政治纪律、组织纪律、经济工作纪律和群众工作纪律；2000年初，他强调全党要进一步贯彻落实从严治党的方针④。

2000年12月，江泽民在中共中央纪律检查委员会第五次全体会议上指出，如何正确看待当前反腐倡廉工作的形势，是一个很重要的政治问题。在加强党风廉政建设和反腐败斗争的问题上，党中央的决心是坚定的、旗帜鲜明的，全党同志和广大人民群众是坚决拥护和全力支持的，采取的方针政策也是切合实际和有成效的。我们从群众反映强烈的问题入手，坚决查处领导干部中发生的重大案件，并努力从源头上预防和遏制腐败现象。在全党的共同努力和人民群众的大力支持下，反腐倡廉工作不断取得阶段性成果，为维护改革、发展、稳定的大局创造了有利条件。江泽民进一步总结了党在反腐倡廉实践中形

① 《邓小平文选》第3卷，人民出版社1993年版，第300页。
② 《江泽民文选》第1卷，人民出版社2006年版，第248页。
③ 同上书，第408页。
④ 《江泽民文选》第3卷，人民出版社2006年版，第174页。

成的重要经验。1. 党风廉政建设与反腐败斗争关系党和国家的生死存亡，不解决好反腐倡廉问题，改革、发展、稳定就没有坚强的政治保证，党和政府就会严重脱离群众，就有亡党亡国的危险。2. 反腐倡廉工作具有长期性、艰巨性和复杂性，既要有持久作战的思想，又要有紧迫感，抓紧工作，坚决斗争。3. 反腐倡廉工作要贯穿改革开放的全过程。反腐倡廉是顺利进行改革开放和现代化建设的一项重要政治保证，越是改革开放，越要加强反腐倡廉工作。4. 反腐倡廉工作是全社会的大事，战略上要总体规划，战术上要分阶段部署。5. 反腐倡廉要标本兼治，综合治理，要立足于教育，着眼于防范，坚持把思想政治建设摆在党的建设的首位，把党内监督、法律监督、群众监督、舆论监督结合起来。6. 始终坚持党要管党、从严治党，建立一套比较完善的便利、管用、有约束力的机制，以保证党的各级组织能够对党员干部真正实行有效的教育、管理和监督。①

江泽民关于新的历史条件下反腐败斗争的主要内容有：腐败现象从本质上说是剥削制度、剥削阶级的产物，但如果不高度警惕，不坚决清除，就会严重腐蚀党的干部队伍，削弱党的战斗力，危害党群关系，就会祸国殃民②；反腐败斗争事关党和国家的生死存亡，"坚决反对和防止腐败，是全党一项重大的政治任务。不坚决惩治腐败，党同人民群众的血肉联系就会受到严重损害，党的执政地位就有丧失的危险，党就有可能走向自我毁灭"③；反腐败斗争的进行必须毫不动摇地加强党的统一领导，党政同心同德各方面协调一致，形成整体合力，必须紧紧围绕经济建设这个中心，坚持把反腐败与深化改革、扩大开放、促进发展、保持稳定结合起来④；廉洁奉公，勤政为民，要从各级领导机关和领导干部做起，党员领导干部特别是高中级领导干部要严以律己，以身作则，教育好子女，并且带头同腐败现象作斗争⑤；进行反腐败斗争，重点是抓党政领导机关、行政执法机关、司法机关和经济管理部门，抓县处级以上领导干部⑥；为了更好地开展反腐败斗争，必须进行廉政方面的教育，加强领导干

---

① 《江泽民文选》第3卷，人民出版社2006年版，第174～177页。
② 《江泽民文选》第1卷，人民出版社2006年版，第360页。
③ 《江泽民文选》第3卷，人民出版社2006年版，第573页。
④ 《江泽民文选》第1卷，人民出版社2006年版，第327，408页。
⑤ 《江泽民论有中国特色社会主义（专题摘编）》中央文献出版社2002年版，第441页。
⑥ 《江泽民文选》第1卷，人民出版社2006年版，第408页。

部特别是高级干部的党性锻炼和思想修养，培养领导干部的浩然正气，提高其抵御各种诱惑的能力；认真纠正行业不正之风，凡是群众反映强烈的问题，一定要下大力气认真去解决；一切犯罪分子最害怕的是人民群众，要相信和依靠群众，把群众举报和专门机关贪污查处结合起来，对群众举报的重大问题要一查到底，直到水落石出①；实行标本兼治、综合治理，通过深化改革，不断铲除腐败现象滋生蔓延的土壤和条件，坚持教育、法制、监督相结合，坚持预防与惩治相结合，对大多数党员、干部主要立足于教育、着眼于防范，对极少数腐败分子必须严厉惩处②；始终把坚持党要管党、从严治党，贯穿于党的思想、政治、组织、作风、纪律和制度建设，切实体现到对各级党组织和广大党员、干部进行教育、管理、监督等各个环节中去，对领导干部尤其要严格要求、严格把关，对领导干部中发生的违纪违法行为一定要严肃查处；加强各项制度建设，把发展民主与健全法制结合起来，把党内监督、法律监督、群众监督结合起来，并发挥舆论监督的作用，建立健全依法行使权力的制约机制，不断完善人财物等方面的管理和监督机制，完善反腐倡廉的工作机制③。

五、“八个坚持，八个反对”：党风建设的新概括

2001 年 9 月 26 日，十五届六中全会高举邓小平理论伟大旗帜，以“三个代表”重要思想为指导，根据党面临的新任务，对新形势下党的作风建设的状况进行了实事求是的分析，通过了《中共中央关于加强和改进党的作风建设的决定》。《决定》认为，党风的总体状况是好的，但也存在一些亟待解决的问题。“对党的作风状况要有清醒的全面的估计”，“看不到主流，悲观失望，是错误的”，也不利于社会风气的提升；同样，“看不到问题的严重性，丧失警惕，不下大力气加紧解决，是危险的”，如果任其发展，必然严重伤害党群关系，动摇党的执政基础。《决定》指出，“执政党的党风，关系党的形象，关系人心向背，关系党和国家的生死存亡”，“加强和改进党的作风建设，核心问题是保持党同人民群众的血肉联系”④。《决定》对党的思想作风、学风、工作作风、领导作风和干部生活作风方面的突出问题进行了系统的分析，

① 《江泽民文选》第 1 卷，人民出版社 2006 年版，第 408 页。

② 《江泽民文选》第 3 卷，人民出版社 2006 年版，第 176～177 页。

③ 同上书，第 177 页。

④ 《中共中央关于加强和改进党的作风建设的决定》，《十五大以来重要文献选编》下卷，人民出版社 2003 年版，第 1996～1998 页。

对党风建设进行了新的概括，提出了“八个坚持，八个反对”的主要任务，即坚持解放思想、实事求是，反对因循守旧、不思进取；坚持理论联系实际，反对照抄照搬、本本主义；坚持密切联系群众，反对形式主义、官僚主义；坚持民主集中制原则，反对独断专行、软弱涣散；坚持党的纪律，反对自由主义；坚持清正廉洁，反对以权谋私；坚持艰苦奋斗，反对享乐主义；坚持任人唯贤，反对用人上的不正之风。

首先，党风的总体状况是好的，应该从以下几点来理解。

1. 党的路线方针政策是正确的，这是判断党风总体状况的风向标。十一届三中全会以来，中国共产党重新确立了解放思想、实事求是的思想路线，审时度势，与时俱进，及时准确地把握国内外形势的变化，充分重视人民群众的创造力和实践经验，制定出一系列符合国情和广大人民利益的政治路线，使党和国家的精神风貌为之一新。从坚定不移地实行改革开放政策到明确提出建立社会主义市场经济体制的目标，从沿海开放到西部大开发和振兴大东北，从加入 WTO 到积极参与国际事务，从积极创造就业机会到免征农业税，所有这些政策措施的出台无不体现出我们党紧跟时代步伐、关注国计民生的胸怀，体现出正确的路线方针政策所带来的积极向上的精神风貌。

2. 党的组织生活正常运作。改革开放以来，中国共产党在理顺党政关系、坚持和完善党的民主集中制等方面做出了很大努力，颁布实施了《关于党内政治生活的若干准则》、《党政领导干部选拔任用工作条例》和《中国共产党党内监督条例（试行）》等一系列规章制度，各级党组织绝大多数能够保持良好的作风，能够求真务实、为人民群众谋利益，进而促进社会风气的良性运转。

3. 党员的基本情况是好的。党风是由党组织和党员通过具体行动来支撑的，党风建设必须得到广大党员和各级组织的认可并化为实际行动才能得以实施，这不仅需要政治素质好、前瞻能力强、德才兼备又踏实肯干、愿意同广大人民群众同甘共苦的领导干部，也需要成千上万个普普通通的党员模范地执行党的各项路线方针政策。改革开放以来，我们的社会主义现代化建设取得了举世瞩目的成就，绝大多数党员能够坚决贯彻执行党的各项政策，锐意进取，在各行各业发挥着模范带头作用，他们在各种英雄模范人物中占了绝大多数，为确立和谐的党群关系做出了自己的贡献。

4. 广大群众对党风的总体评价是满意的。这些年我国社会稳定，社会主义现代化建设健康发展，这与全党的团结分不开，也与人民群众的支持和积极参与密不可分。越来越多的人积极向党组织靠拢，这说明人民群众对于党风的现状总体上是肯定的。党内的不正之风不是党的群体行为，在全党并不占主导地位，也并没有为全党大多数党组织和大多数党员所认可，反而为广大党员所深恶痛绝。

其次，勿庸讳言，某些部门、某些地区、某些领域存在着各种不正之风，引起人民群众的不满。这些不正之风是："在一些地方、部门和领导干部中，教条主义、本本主义滋长，形式主义、官僚主义盛行，弄虚作假、虚报浮夸严重，独断专行、软弱涣散问题突出，以权谋私、贪图享乐现象蔓延。"①

教条主义、本本主义脱离时代发展，机械地搬用过时的老经验，不思进取，因循守旧，表面上是"坚持"马克思主义，实际上只是在消极怠工，其结果必然不利于社会主义现代化建设的顺利进行，也与广大人民群众的利益相悖。有这种不良作风的人也许确实打算"坚持"马克思主义，却不懂只有在发展中才能真正坚持马克思主义。形式主义、官僚主义只是对上级负责，不对人民负责；只做表现文章，不能脚踏实地；只会敷衍推诿，不愿热情服务；只愿得过且过，不愿实地调研。形式主义、官僚主义隔断党和人民的联系，为人民群众所深恶痛绝。弄虚作假、虚报浮夸的歪风把数字游戏当作本职工作，欺上瞒下，成绩注水，淡化失误，往往使决策的依据失实，造成决策失误。独断专行、软弱涣散的歪风使少数人权力膨胀而缺乏制衡，多数人则缺乏凝聚力和积极性，严重损害民主作风，导致领导班子拧不成一股绳，使群众失去主心骨。以权谋私、贪图享乐的歪风使一部分人腐化堕落，潜移默化地腐蚀党的肌体，并逐步蔓延到社会肌体中，形成社会公害。

再次，这些不正之风有其深刻的社会根源、思想根源和历史渊源，要根本纠正不正之风，必须切实做到"八个坚持，八个反对"。

1. 坚持解放思想、实事求是，反对因循守旧、不思进取。解放思想、实事求是是党的作风建设的灵魂，思想跟不上时代，不能解放思想、实事求是、与时俱进，这是不正之风滋生蔓延的主观原因。一些党员干部不认真学习领会和贯彻执行党的理论路线方针政策，不注意汲取群众创造的新鲜经验，不尊重

① 《中共中央关于加强和改进党的作风建设的决定》，《十五大以来重要文献选编》下卷，人民出版社 2003 年版，第 1996 页。

客观规律，思想严重脱离实际或者工作缺乏主动性和创造性，或者凭主观意志办事，盲目蛮干，随意性和片面性严重。全党必须毫不动摇地贯彻以经济建设为中心、坚持四项基本原则、坚持改革开放的基本路线，坚持实践是检验真理的唯一标准，有“左”反“左”，有右反右，坚持用“三个有利于”判断各方面工作的是非得失，自觉地把思想认识从那些不合时宜的观念、做法和体制的束缚中解放出来，从对马克思主义错误的和教条式的理解中解放出来，从主观主义和形而上学的桎梏中解放出来，以与时俱进的思想观念和奋发有为的精神状态开展工作，不断推动理论创新、制度创新和科技创新。

2. 坚持理论联系实际，反对照搬照抄、本本主义。要坚持用马克思列宁主义、毛泽东思想、邓小平理论武装全党，深入学习“三个代表”重要思想，不断深化对共产党执政规律、社会主义建设规律、人类社会发展规律的认识，在改造客观世界的同时不断改造主观世界，牢固树立正确的世界观、人生观、价值观；学习理论必须着眼于马克思主义的运用，认真对现实问题进行思考，把科学理论和党的路线方针政策运用到解决本地区本部门的实际问题上去；促进学习的制度化，培养好的学风；大力加强调查研究工作，深入群众，深入基层，掌握第一手材料，探索规律，真正解决群众关心的问题。

3. 坚持密切联系群众，反对形式主义、官僚主义。密切联系群众是党的优良作风和政治优势，坚持群众路线必须体察民情，了解民意，广泛深入地动员和组织群众，把党的方针政策落到实处，坚定不移地维护和实现最广大人民的根本利益。形式主义贪图虚名，不务实效，劳民伤财，官僚主义脱离群众，脱离实际，官气十足，这两种歪风严重伤害党群关系，必须通过加强教育、健全制度、改进领导方式和工作方法，坚决扫除形式主义和官僚主义的歪风。

4. 坚持民主集中制，反对独断专行、软弱涣散。民主集中制是党的根本组织制度和领导制度，党和国家的集中统一是全国各族人民的根本利益之所在，必须坚决维护。发展党内民主、充分发挥广大党员和各级党组织的积极主动性和创造性，增强党的活力，是党的事业兴旺发达的重要保证，也是推动人民民主发展的根本途径。总结历史经验教训，我们可以看到，民主集中制受损，必然导致独断专行和软弱涣散这两个极端，造成党组织内耗严重、缺乏活力，影响党的战斗力。坚持民主集中制，必须认真执行集体领导、民主集中、个别酝酿、会议决定的党委内部议事和决策的基本制度，始终坚持总揽全局、协调各方的基本原则，坚持和完善人民代表大会制度和共产党领导的多党合作、政治协商制度，维护党和国家的权威，保障党员和群众的民主权利。

5. 坚持党的纪律，反对自由主义。严明的纪律是贯彻党的路线、维护党的团结统一、完成党的任务的重要保证，而政治纪律是党的最重要的纪律，必须保证党中央政令的畅通。批评和自我批评是维护党的纪律的有效方法，也是党光明磊落、富有生命力的重要体现。党内总是存在着先进和落后、正确与错误的矛盾，通过经常的批评和自我批评，纠正各种偏离马克思主义原则的错误，达到思想上、政治上、组织上的团结和统一，是党的生命之所在，是党发展的力量源泉。坚持党的纪律，严格执行党的纪律，还必须加强对遵守纪律和执行纪律情况进行监督和检查。

6. 坚持清正廉洁，反对以权谋私。立党为公，执政为民，是党的作风建设的根本目的。必须通过政治体制改革，拓宽民主渠道，依靠广大群众，把权力运行置于有效监督之下，建立结构合理、配置科学、程序严密、制约有效的权力运行机制，保证权力沿着制度化和法制化的轨道运行。必须坚决查处以权谋私案件，严惩腐败分子，以党风廉政建设和反腐败斗争的实际成果取信于人民群众。

7. 坚持艰苦奋斗，反对享乐主义。艰苦奋斗是党的优良传统，是党团结和带领人民实现国家富强、民族振兴的强大精神力量，对抵御各种腐朽思想侵蚀、保持党和国家政权永不变质具有重大意义。资本主义在全世界对社会主义的巨大压力不允许我们丢掉艰苦奋斗的优良作风，中国共产党肩负的神圣使命不容许我们丢掉艰苦奋斗的优良作风，中国的国情更不允许我们丢掉艰苦奋斗的优良作风。要树立革命的人生观，养成良好的生活作风，始终保持共产党员人的高尚情操和革命气节，并从改革完善管理体制和制度入手，坚决刹住奢侈享乐之风。

8. 坚持任人唯贤，反对用人上的不正之风。党的思想路线、政治路线要靠组织路线来贯彻，坚持任人唯贤是加强和改进党的作风建设的组织保证。必须加快干部人事制度改革的步伐，完善干部管理制度，改进干部管理方法，加强对干部选拔作用工作的监督，把干部在作风方面的表现作为选拔作用的重要依据。

第三节　十六大以来党的作风建设的新进展①

2002 年 11 月，在党的十六大上，中央领导集体又一次完成了新老交替，形成了以胡锦涛为总书记的新的中央领导集体。新的中央领导集体上任后，积极探索党风建设的新内容、新方法，积极培育新的作风。2002 年 12 月，胡锦涛号召全党同志特别是领导干部大力发扬艰苦奋斗的作风，并提出“权为民所用，情为民所系，利为民所谋”的思想；2003 年 10 月，十六届三中全会提出“坚持以人为本，树立全面、协调、可持续的发展观”，为进一步推进党风建设、培育新的作风指明了方向；2004 年 1 月 12 日，胡锦涛在第十六届中央纪律检查委员会第三次全体会议上强调在全党大力弘扬求真务实精神、大兴求真务实之风；2004 年 9 月，十六届四中全会提出加强党的执政能力建设，提出要建立体现科学发展观要求的经济社会发展综合评价体系，并提出构建社会主义和谐社会的战略目标；2004 年 11 月，中共中央决定从 2005 年 1 月开始，用一年半左右的时间，在全党开展以实践“三个代表”为主要内容的保持共产党员先进性教育活动；2005 年 10 月，十六届五中全会再次强调“坚持以科学发展观统领经济社会发展全局”，并指出“发展必须是科学发展，只有坚持以人为本，转变发展观念，创新发展模式，提高发展质量，才能切实把经济社会发展转入以人为本、全面协调可持续发展的轨道”；2006 年 3 月 4 日，胡锦涛提出要牢固树立“八荣八耻”社会主义荣辱观。

2006 年 8 月 15 日，胡锦涛在学习《江泽民文选》报告会上发表讲话指出，“‘三个代表’重要思想强调，在新的历史条件下加强党的建设，重点是要把握好党的历史方位，以改革的精神加强和改进党的建设，切实解决好提高党的领导水平和执政水平、提高拒腐防变和抵御风险能力这两大历史性课题。‘三个代表’重要思想提出了关于中国共产党是中国工人阶级的先锋队、同时是中国人民和中华民族的先锋队的思想，关于坚持立党为公、执政为民的思想，关于坚持把加强党的思想理论建设放在首位、不断推进马克思主义的中国化的思想，关于加强党的执政能力建设、改革和完善党的领导方式和执政方式的思想，关于坚持民主集中制、以党内民主带动人民民主的思想，关于大力培

① 本节主要内容以同题发表于《喀什师范学院学报》2012 年第 1 期。

养忠诚于马克思主义、坚持走中国特色社会主义道路、会治党治国的政治家的思想，关于领导干部一定要讲学习、讲政治、讲正气的思想，关于始终保持党同人民群众的血肉联系、不断增强党的阶级基础和扩大党的群众基础的思想，关于治国必先治党、治党务必从严的思想，关于反对腐败是关系党和国家生死存亡的严重政治斗争的思想，等等。"① "《江泽民文选》全面反映了'三个代表'重要思想孕育、形成、发展的历史轨迹。学习《江泽民文选》，要把一至三卷作为一个整体来把握，花大力气研读原著，做到真学、常学、深学，勤于思考，善于运用，真正学通弄懂。要通过学习，进一步领会'三个代表'重要思想的时代背景、实践基础、科学内涵、精神实质、历史地位和重大意义，全面完整地把握'三个代表'重要思想的科学体系；进一步学习领会'三个代表'重要思想的基本观点和丰富内容，系统掌握贯穿其中的马克思主义的立场、观点、方法；进一步学习领会'三个代表'重要思想在建设中国特色社会主义一系列重大问题上进行理论思考取得的重大成果，深刻认识'三个代表'重要思想同马克思列宁主义、毛泽东思想、邓小平理论是一脉相承而又与时俱进的科学体系。要把学习江泽民同志的著作同学习马列著作、毛泽东著作、邓小平著作结合起来，同学习改革开放以来特别是党的十三届四中全会以来党的重要文献结合起来，同学习党的十六大以来我们党以邓小平理论和'三个代表'重要思想为指导提出的一系列重大战略思想结合起来，同进一步学习和总结党的历史经验特别是新鲜经验结合起来，把'三个代表'重要思想转化为为党和人民的事业不懈奋斗的坚定信念，转化为观察和解决问题的科学方法，转化为指导改造客观世界和主观世界的行为准则，努力做到认识上有新提高、运用上有新收获。"②

2006 年 10 月，十六届六中全会通过《中共中央关于构建社会主义和谐社会若干重大问题的决定》，进一步对构建社会主义和谐社会若干重大问题进行了战略规划，第一次提出"建设社会主义核心价值体系"的命题，其基本内容是"马克思主义指导思想，中国特色社会主义共同理想，以爱国主义为核心的民族精神和以改革创新为核心的时代精神，社会主义荣辱观"；2007 年 1

① 胡锦涛：《在学习＜江泽民文选＞报告会上的讲话》，《十六大以来重要文献选编》下卷，中央文献出版社 2008 年版，第 593～594 页。

② 同上书，第 597～598 页。

月，胡锦涛在中纪委第七次全体会议上发表重要讲话，着重强调全面加强新形势下的领导干部作风建设，在工作中大力倡导八个方面的良好风气；2007 年 3 月 8 日，胡锦涛提出各级干部特别是领导干部要增强忧患意识、公仆意识和节俭意识，团结带领广大群众不断夺取改革开放和社会主义现代化建设的新胜利。2007 年 10 月，党的十七大把邓小平理论、"三个代表"重要思想和科学发展观等重大战略思想整合为中国特色社会主义理论体系，全面而深入地阐发了中国特色社会主义的"一面旗帜，一条道路，一个理论体系"，指出"高举中国特色社会主义伟大旗帜，最根本的就是坚持这条道路和这个理论体系"。2009 年 9 月，党的十七届四中全会通过了《中共中央关于加强和改进新形势下党的建设若干重大问题的决定》。新的中央领导集体的这些可贵探索，把党风建设推进到一个新的高度。

一、以科学发展观统领新时期的党风建设

党的最高宗旨，是全心全意为人民服务，是不断实现和维护最广大人民的根本利益。在执政条件下，如何实现和维护最广大人民的根本利益，涉及到发展观的问题。1992 年邓小平在南方视察时谈到："走社会主义道路，就是要逐步实现共同富裕。共同富裕的构想是这样提出的：一部分地区有条件先发展起来，一部分地区发展慢点，先发展起来的地区带动后发展的地区，最终达到共同富裕。……可以设想，在本世纪末达到小康水平的时候，就要突出地提出和解决这个问题。"① 这一思路包含着中国共产党人关于发展观的最基本的价值取向，它强调必须把先富和共富辩证地统一在改革开放的实践之中：个人和企业追求自身利益而先富起来，这是符合市场经济规律的，但市场经济并不会自发地导向共同富裕，追求社会共同富裕应该是政府的调控目标，经济增长不能以牺牲公平为代价，一部分人的先富不能以另一部分人的贫困为代价。

世纪之交，随着社会主义市场经济的发展和经济社会转型的深入，我国原有的利益格局正在进行深刻的调整、分化，不同社会阶层的利益关系错综复杂，市场经济固有的本性和社会主义最终目标之间的矛盾突现出来，出现了一些影响社会和谐、政治稳定的突出矛盾和潜在隐患：如国家缺乏可持续发展和抵抗重大风险的结构性条件，社会阶层结构的中间阶层过小，社会资源分配较

① 《邓小平文选》第 3 卷，人民出版社 1993 年版，第 373 ~ 374 页。

为不平等，贫富差距不合理（中国居民收入的基尼系数早就冲破0.4的国际警戒线）。在这样的情况下，党如何更好地代表最广大人民的根本利益和不同社会群众的具体利益，如何协调效率与公平，关系到党的领导能否有效实施，也关系到广大人民群众对党风的总体评价。中国共产党人以大无畏的勇气对改革开放以来的理论和实践进行反思，积极探索如何更好地实现人民群众的根本利益、促进社会的全面发展和进步。“三个代表”重要思想的提出，表明党中央在发展的总体思路上开始由一部分人、一部分地区先富起来向推动社会全面进步、促进人的全面发展方面倾斜。江泽民在十六大报告中指出，“我们要在本世纪头二十年，集中力量，全面建设惠及十几亿人口的更高水平的小康社会，使经济更加发展、民主更加健全、科教更加进步、文化更加繁荣、社会更加和谐、人民生活更加殷实。”①

在十六届三中全会的决议中，以胡锦涛为总书记的新的中央领导集体对这一发展思路进行了具体的展开：“要按照统筹城乡发展、统筹区域发展、统筹经济社会发展、统筹人与自然和谐发展、统筹国内发展和对外开放的要求，更大程度地发挥市场在资源配置中的基础性作用”，“为全面建设小康社会提供强有力的体制保障”。这种发展观被全会称作“全面、协调、可持续的发展观”，也就是科学发展观，其宗旨是“坚持社会主义市场经济的改革方向”，“坚持尊重群众的首创精神”，“坚持正确处理改革发展稳定的关系”，“坚持统筹兼顾”，“坚持以人为本”，最终“促进经济社会和人的全面发展”②。科学发展观的实质，是要实现经济社会更好更快的发展。只有坚持科学发展观，做到“五个统筹”，发展才能有新思路，改革才能有新突破，开放才能有新局面，也才能紧紧抓住和充分利用战略机遇期，顺利实现既定的战略目标，并在这一进程中进一步加强和改进党的作风建设。十七大报告进一步把科学发展观概括为“第一要义是发展，核心是以人为本，基本要求是全面协调可持续，根本方法是统筹兼顾”③，并把邓小平理论、“三个代表”重要思想和科学发展观等重大战略思想整合为中国特色社会主义理论体系。

科学发展观对于新时期党风建设具有重大指导意义，必须以科学发展观统

① 《江泽民文选》第3卷，人民出版社2006年版，第543页。

② 《中共中央关于完善社会主义市场经济体制若干问题的决定》，《十六大以来重要文献选编》上卷，中央文献出版社2005年版，第465页。

③ 《十七大以来重要文献选编》上卷，中央文献出版社2009年版，第11～12页。

领新时期的党风建设。

首先，科学发展观是以人为本的发展观，它坚持尊重群众的首创精神，旨在使改革开放的成果惠及广大人民群众，这不仅在价值取向上与党的最高宗旨是一致的，而且在实现途径上具体化了，强调要善于为人民群众谋利益。坚持以人为本就是坚持以广大人民群众为本，树立正确的政绩观，权为民所用，情为民所系，利为民所谋。目前，我国社会总体上是和谐的，但也存在着不少影响社会和谐的矛盾和问题：城乡、区域、经济社会发展很不平衡，人口资源环境压力加大；就业、社会保障、收入分配、教育、医疗、住房、安全生产、社会治安等方面关系群众切身利益的问题比较突出；体制机制尚不完善，民主法制还不健全；一些社会成员诚信缺失、道德失范，一些领导干部的素质、能力和作风与新形势新任务的要求还不适应；一些领域的腐败现象仍然比较严重；敌对势力的渗透破坏活动危及国家安全和社会稳定。解决这些问题，一要坚持以马克思列宁主义、毛泽东思想、邓小平理论和“三个代表”重要思想为指导，二要坚持党的基本路线、基本纲领、基本经验，三要坚持以科学发展观统领经济社会发展全局，四要靠好的党风和广大党员富有创造性的工作。这些问题得到解决的过程同时也是党风不断改进的过程。

其次，科学发展观强调全面发展、协调发展，强调经济建设、政治建设、文化建设和社会建设“四位一体”，“按照民主法治、公平正义、诚信友爱、充满活力、安定有序、人与自然和谐相处的总要求，以解决人民群众最关心、最直接、最现实的利益问题为重点，着力发展社会事业、促进社会公平正义、建设和谐文化、完善社会管理、增强社会创造活力，走共同富裕道路，推动社会建设与经济建设、政治建设、文化建设协调发展”①。实现全面协调发展，就要在推进政治、经济、文化、社会建设的各个环节各个方面的相互协调中不断加强党的作风建设。

再次，科学发展观强调可持续发展，这是由中国的现实国情决定的，也是党的艰苦奋斗优良作风的必然要求。中国正面临四大困境：人口继续膨胀并且迅速高龄化，就业压力增大；农业资源日益紧张，接近承受极限；环境污染没有得到根本治理，自然生态日益恶化；粮食需求迅速扩张，粮食增产举步维

① 《中共中央关于构建社会主义和谐社会若干重大问题的决定》，《十六大以来重要文献选编》下卷，中央文献出版社2008年版，第650页。

艰。在当前，艰苦奋斗仍具有很强的现实意义和现实针对性，发扬艰苦奋斗精神、建设节约型社会仍有很长的路要走，也有广阔的发展空间，更是我国社会发展的必由之路。同时，党风建设必须立足现实，放眼长远，始终着眼于中国特色社会主义事业，着眼于中华民族的伟大复兴，着眼于最广大人民的利益，保证一代一代的永续发展。

复次，科学发展观强调和谐发展、构建社会主义和谐社会，强调处理好经济发展与社会发展的关系，处理好经济增长同资源、环境的关系，处理好改革发展稳定的关系，处理好物质文明建设同政治文明建设、精神文明建设的关系，处理好国内发展与对外开放的关系。这一战略目标包含了人与人的和谐、人与社会的和谐、人与自然的和谐，其中党群关系的和谐是实现和谐社会的根本前提，离开了和谐的党群关系，构建社会主义和谐社会的发展目标就难以实现。加强党风建设有利于营造和谐的党群关系，形成共建和谐的强大力量。

最后，落实科学发展观、构建社会主义和谐社会，关键在党，只有坚持科学发展观的党才是先进的党，只有善于领导科学发展的党才是执政能力强的党。“我们要构建的社会主义和谐社会，是在中国特色社会主义道路上，中国共产党领导全体人民共同建设、共同享有的和谐社会。”① 科学发展观为党的先进性赋予了新的内涵，党在改革开放的实践中与时俱进、开拓创新，不断提高干部队伍科学发展的能力，加强党的基层组织的战斗堡垒作用，既是落实科学发展观的必然要求，也是加强和改进党的作风建设的必然要求。

二、心系于民，求真务实

中国共产党历来重视发扬艰苦奋斗的优良作风。全国胜利前夕，毛泽东就强调“务必使同志们继续地保持谦虚、谨慎、不骄、不躁的作风，务必使同志们继续地保持艰苦奋斗的作风”②。邓小平经常告诫全党，在经济得到可喜发展、人民生活水平得到改善的情况下，仍应保持艰苦奋斗的传统，坚持这个传统，才能抗住腐败现象③。1991 年 9 月，江泽民在西柏坡强调，在新的历史条件下全党同志必须始终坚持“两个务必”，并作了“牢记‘两个务必’，建

---

① 《中共中央关于构建社会主义和谐社会若干重大问题的决定》，《十六大以来重要文献选编》下卷，中央文献出版社 2008 年版，第 650 页。

② 《毛泽东选集》第 4 卷，人民出版社 1991 年版，第 1438 ~ 1439 页。

③ 《邓小平文选》第 3 卷，人民出版社 1993 年版，第 290 页。

设有中国特色的社会主义”的题词。2001 年 11 月，他在河北考察时指出：“要结合新的实际在全体党员干部中广泛开展坚持‘两个务必’的教育，使全党同志在日益复杂的国内外环境中始终保持清醒的头脑，居安思危，增强忧患意识，扎扎实实地为国家和人民工作。”①

（一）权为民所用，情为民所系，利为民所谋

2002 年底，胡锦涛就任党的总书记不久，就到西柏坡考察，并号召全党同志特别是领导干部大力发扬艰苦奋斗的作风，为实现党的十六大确定的目标和任务开拓进取、团结奋斗。他指出：“艰苦奋斗，是我们党作为马克思主义政党的本色，也是我们党坚持执政为民、始终成为中国特色社会主义事业领导核心的必然要求。只有坚持艰苦奋斗，心中装着群众，始终同人民群众同呼吸、共命运、心连心，才能保持我们党同人民群众的血肉联系，才能增强抵御腐朽思想侵蚀的能力，才能不断与时俱进、开拓创新。如果丢掉了艰苦奋斗的作风，贪图享乐，不愿意再做艰苦的工作，对群众的疾苦漠然置之，对群众的呼声充耳不闻，就必然会脱离群众。……坚持艰苦奋斗，根本目的就是要为最广大人民的根本利益而不懈努力，不断把人民群众的利益维护好、实现好、发展好。这也是我们贯彻‘三个代表’重要思想的必然要求。”②

在讲话中，胡锦涛提出了“权为民所用，情为民所系，利为民所谋”的思想：“各级领导干部要坚持深入基层、深入群众，倾听群众呼声，关心群众疾苦，时刻把人民群众的安危冷暖挂在心上，做到权为民所用，情为民所系，利为民所谋。尤其要关心那些生产和生活遇到困难的群众，深入到贫困地区、困难企业中去，深入到下岗职工、农村贫困人口、城市贫困居民等困难群众中去，千方百计地帮助他们解决实际困难。要通过扎实有效的工作，实实在在地为群众谋利益，带领群众创造自己的幸福生活。”③

2003 年 2 月 18 日胡锦涛在新进中共中央委员、候补委员学习“三个代表”重要思想和贯彻十六大精神研讨班结业式上发表讲话，再次强调了“权为民所用，情为民所系，利为民所谋”的必要性：学习贯彻“三个代表”重要思想和十六大精神，对领导干部来说，最根本的就是要牢固树立正确的世界

① 《十六大以来重要文献选编》上卷，中央文献出版社 2005 年版，第 80 页。

② 同上书，第 83 ~ 84 页。

③ 同上书，第 84 页。

观、人生观、价值观，着力解决好权力观、地位观、利益观问题，特别是要解决好坚持立党为公、执政为民的问题。只有一心为公，立党才能立得牢；只有一心为民，执政才能执得好。关键是要坚持做到权为民所用、情为民所系、利为民所谋。

“权为民所用、情为民所系、利为民所谋”，是对中国共产党全心全意为人民服务的最高宗旨和立党为公、执政为民的执政理念的新发展，体现了党员干部牢固树立正确的权力观、地位观、利益观的现实要求。首先，要树立正确的权力观和地位观，正确对待权力和地位，为人民掌好权、用好权。一切权力属于人民，只有正确认识权力的来源，正确使用手中的权力，严格监督权力界限，才能确保党长期执政，更好地实现党的最高宗旨。其次，要心系于民，树立正确的利益观，想人民之所想、急人民之所急、谋人民之所求、解人民之所忧，真正当好人民的公仆，做人民群众的贴心人。

（二）大兴求真务实之风

2004 年 1 月 12 日，胡锦涛在十六届中央纪律检查委员会第三次全体会议上发表重要讲话指出，要把握住重要战略机遇期，推动经济社会协调发展，不断开创中国特色社会主义事业新局面，实现全面建设小康社会的宏伟目标，很重要的一条就是要始终坚持求真务实，全面科学地判断形势，抓住机遇，迎接挑战，克服困难，把加快发展的立足点放到真抓实干上。他强调，在全党大力弘扬求真务实精神、大兴求真务实之风，关键是要引导全党同志不断求我国社会主义初级阶段基本国情之真，务坚持长期艰苦奋斗之实；求社会主义建设规律和人类社会发展规律之真，务抓好发展这个党执政兴国的第一要务之实；求人民群众的历史地位和作用之真，务发展最广大人民根本利益之实；求共产党执政规律之真，务全面加强和改进党的建设之实①。

胡锦涛的“四求四务”是对党的历代领导人关于实事求是的思想作风和工作作风的继承和发扬，体现了坚持求真务实的根本准则、根本依据和根本要求：坚持全心全意为人民服务，摆正同人民群众的关系，是坚持求真务实的根本准则，只有深刻认识人民群众的历史地位和作用之真理，才能切实地、自觉地发展最广大人民根本利益；正确认识国情、按照国情制定路线方针政策和开

① 胡锦涛：《大力弘扬求真务实精神大兴求真务实之风 继续深入开展党风廉政建设和反腐败斗争》，《光明日报》2004 年 1 月 13 日。

展工作，是坚持求真务实的根本依据，只有从我国处于社会主义初级阶段的现实国情出发，从国内改革和建设任务繁重艰巨的现实出发，从拜金主义、享乐主义和奢靡之风在党员干部中有滋长蔓延之势的严峻形势出发，发扬艰苦奋斗的优良作风，才能经得起权力、金钱、美色的诱惑和考验；认识规律、把握规律、遵循和运用规律，是坚持求真务实的根本要求，只有掌握了共产党执政规律、社会主义建设规律和人类社会发展规律，加强和改进党的建设，才能抓好党执政兴国这第一要务。要做到“四求四务”，必须切实加强思想教育，不断提高党员干部求真务实的自觉性；必须切实抓好工作落实，把求真务实体现到各项工作中去；必须切实建立健全制度，为坚持求真务实提供体制保证①。

三、提高党的执政能力，加强党的先进性建设

党的十六大报告指出：“贯彻‘三个代表’重要思想，关键在坚持与时俱进，核心在坚持党的先进性，本质在坚持执政为民。全党同志要牢牢把握这个根本要求，不断增强贯彻‘三个代表’重要思想的自觉性和坚定性。”② 提高党的执政能力，是坚持执政为民这一“本质”的必然要求；坚持党的先进性这一“核心”，就必须加强党的先进性建设。党的十七大强调执政能力建设和先进性建设是执政党建设的主线③，十七届四中全会进一步指出，要“把执政能力建设和先进性建设作为执政党建设的根本任务，坚持科学执政、民主执政、依法执政，着力提高党总揽全局、协调各方能力和水平，建设高素质干部队伍，凝聚各方面人才和力量，充分发挥党委领导核心作用、基层党组织战斗堡垒作用、共产党员先锋模范作用，使党始终代表中国先进生产力发展要求、中国先进文化前进方向、中国最广大人民根本利益”④。

（一）提高党的执政能力

2004年9月19日，党的十六届四中全会通过了《中共中央关于加强党的执政能力建设的决定》，全面分析了当前的形势和任务，着重研究了加强党的执政能力建设的若干重大问题。《决定》指出，“无产阶级政党夺取政权不容

① 胡锦涛：《大力弘扬求真务实精神大兴求真务实之风 继续深入开展党风廉政建设和反腐败斗争》，《光明日报》2004年1月13日。

② 《江泽民文选》第3卷，人民出版社2006年版，第537页。

③ 《十七大以来重要文献选编》上卷，中央文献出版社2009年版，第38页。

④ 《中共中央关于加强和改进新形势下党的建设若干重大问题的决定》，《人民日报》2009年9月28日。

易，执掌好政权尤其是长期执掌好政权更不容易。党的执政地位不是与生俱来的，也不是一劳永逸的。我们必须居安思危，增强忧患意识，深刻汲取世界上一些执政党兴衰成败的经验教训，更加自觉地加强执政能力建设，始终为人民执好政、掌好权。”① 中国共产党对于“为什么要执政”的回答是立党为公、执政为民，这就决定了执政能力建设要把全心全意为人民服务作为自己的终极目标，执政能力建设的其他方面都是为这一目标服务的。

执政能力建设有其内在的层次结构。第一层级应该是依托社会主义执政，依托人民群众执政，这是执政能力建设之本。这里又包含三层含义。1. 党的每一个成员都只能把自己看作普通的劳动者，把自己作为与人民群众平等的社会主义建设的实践主体。2. 党的领导就是党对人民群众的指导和组织，不是命令和统治，要谨防成为特权阶层，决不能形成既得利益集团。3. 党的领导权和执政资格来自人民的授权，因而应依法执政，并对人民负责，自觉接受人民群众的监督，由人民群众来取舍。中国共产党“之所以能够领导人民群众，正因为，而且仅仅因为，它是人民群众的全心全意的服务者，它反映人民群众的利益和意志，并且努力帮助人民群众组织起来，为自己的利益和意志而斗争”；她“不是把人民群众当作自己的工具，而是自觉地认定自己是人民群众在特定历史时期为完成特定的历史任务的一种工具”②，最终体现在人民群众生活水平的提高。要做好这个意义上的执政能力建设，必须坚持党在指导思想上的与时俱进，用发展着的马克思主义指导新的实践；必须坚持推进社会主义的自我完善，增强社会主义的生机和活力；必须坚持立党为公、执政为民，始终保持党同人民群众的血肉联系。第二层级应该是依托生产力的发展和社会的发展执政，追加执政资源。没有生产力的发展，就不能真正体现社会主义的优越性。生产力的发展可以使执政的合法性得以积累，从而获得更大的回旋余地。执政党在主观上应力避出错，但出错又是难免的，所以合法性的积累可以在一定程度上取得人民群众的原谅和包容。在这个意义上，执政能力建设必须坚持抓好发展这个党执政兴国的第一要务，把发展作为解决中国一切问题的关键。党领导人民建设社会主义的根本任务是解放和发展生产力，增强综合国

---

① 《中共中央关于加强党的执政能力建设的决定》，《十六大以来重要文献选编》中卷，中央文献出版社 2006 年版，第 273 页。

② 《邓小平文选》第 1 卷，人民出版社 1994 年版，第 218 页。

力，满足人民群众日益增长的物质文化需要。要坚持以经济建设为中心，树立和落实科学发展观，正确处理改革发展和稳定的关系，不断开拓发展思路、丰富发展内涵，推动社会主义物质文明、政治文明、精神文明协调发展。第三层级应该是依托领导水平和执政水平、拒腐防变和抵御风险的能力执政。在这个意义上的执政能力建设必须坚持科学执政、民主执政、依法执政，不断完善党的领导方式和执政方式，必须坚持以改革的精神加强党的建设，不断增强党的创造力、凝聚力、战斗力。

执政能力建设中的三个层次中第二、第三个层次是执政者（阶级及其代表，在现代是政党）执政中的共性的东西，哪个执政者不注意就可能会断送政权，而第一个层次则是将马克思主义政党与其他一切政党区别开来的本质，非马克思主义政党决不会把人民群众的利益作为自己的根本出发点和归宿。正由于此，党的十七大报告强调要“以保持同人民群众的血肉联系为重点加强作风建设”，“真诚倾听群众呼声，真实反映群众愿望，真情关心群众疾苦，多为群众办好事、办实事”①。

（二）加强党的先进性建设

政党的生命力在于其先进性，中国共产党历来非常重视党的先进性建设。先进性不是一个抽象的概念，不是空洞的、凝固不变的理论抽象，而是具体的历史的现实的问题，包括理论上的不断创新、组织上不断吸收先进分子、始终保持优良作风等方面，而且先进性总是与时代要求相联系的。保持马克思主义政党的先进性，历来是马克思主义党建理论中一个带根本性的重大课题，是党的生存、发展、壮大的根本性建设。

从构成要件上说，党的先进性通过党的意识形态、党的组织、党的各项制度和党员几个要件体现出来。首先，意识形态是党的灵魂，党的权威源自于人们对它的认同和党员对党纪的自愿服从，而这种认同和服从建立在一套理想信念和信仰体系之上，建立在意识形态之上。意识形态为社会成员提供某种价值取向，为人们对党的支持和服从提供理论依据和伦理依据，它体现着党的奋斗目标，也体现着党与其他政党的区别②。其次，党的先进性体现在党组织的良性运作上。一方面，政党必须强化其作为一个整体的权威，这是党的凝聚力的

---

① 《十七大以来重要文献选编》上卷，中央文献出版社2009年版，第38，42页。

② 王长江：《政党现代化论》，江苏人民出版社2004年版，第206页。

突出表现；另一方面，必须推进党的民主化，这是党的活力的源泉。再次，党组织的正常运作必须靠党的制度来保障。党的制度是党的先进性的客观化，是党的先进性得以巩固和发扬光大的保障。民主集中制是党的组织制度的基本原则，又是党的组织制度本身，在现实实践中，作为运作机制，民主集中制还有很多需要完善的地方，特别是需要加强作为“党的生命”的“党内民主”①。最后，党的先进性通过党员的先进性体现出来，即体现为党员的优秀思想素质和先进行为。

从功能上说，“看一个政党是否先进，是不是工人阶级先锋队，主要应看它的理论和纲领是不是马克思主义的，是不是代表社会发展的正确方向，是不是代表最广大人民的根本利益”②。首先，党的先进性体现为理论上的先进，即党在思想、理论、路线、纲领等方面所具有的优于其他政党的特质，“只有以先进理论为指南的党，才能实现先进战士的作用”③。对于中国共产党来说，就是能够自觉地坚持和发展马克思主义，不断根据时代的需要和中国特色社会主义现代化建设的要求进行理论总结，做到理论上的与时俱进。理论上的与时俱进核心是意识形态的与时俱进。党的意识形态必须体现出包容性，即在坚持自己主心骨的同时又能够具有开放性，正是在这个意义上，中国共产党认为：“世界上的各种文明、不同的社会制度和发展道路应彼此尊重，在竞争比较中取长补短，在求同存异中共同发展。”④ 其次，党的先进性体现为党在推动历史前进中的作用，必须把先进理论同实现党的历史任务紧紧联系起来，具体化为符合实际需要的路线、方针、政策。当前，只有把先进性要求转化为全党的实际行动并贯彻到党的全部执政活动之中，只有把先进性要求切实落实到发展先进生产力、发展民主政治、发展先进文化、构建社会主义和谐社会、实现最广大人民的根本利益上去，先进性建设才会具有蓬勃生机和活力。再次，党的先进性最终要体现为代表最广大人民的根本利益。人民群众是历史的创造者，只有代表最广大人民的根本利益，才能把握时代性，才能真正不断深化对共产党执政规律、社会主义建设规律和人类社会发展规律的认识，才能不断丰富和发展马克思主义，才能真正保持党的先进性。

---

① 《江泽民文选》第3卷，人民出版社2006年版，第570页。

② 《江泽民文选》第3卷，人民出版社2006年版，第285页。

③ 《列宁选集》第1卷，人民出版社1995年版，第312页。

④ 《江泽民文选》第3卷，人民出版社2006年版，第567页。

党的先进性体现在党的意识形态、党组织、党的各项制度和党员几个要件之中，而党员的先进性则体现在党员个体的思想道德素养和行为方式上①。一方面，党的先进性和党员的先进性相互依存。党员的先进性以党的先进性为力量之源；党员队伍的先进性又是党的先进性的根基，党员根据自己的主客观条件把党的先进理论（意识形态）、路线、方针、政策最大限度地外化为具体的行动。另一方面，党的先进性和党员的先进性又是有差异的。1. 党的先进性并不是说所有的党员作为个体都具有先进性（这是不可能实现的），而是说绝大多数党员都能够自觉地模范执行党的路线、方针、政策。因此，不能因为少数党员的不良行为而否定党的整体性质，及时清退不合格的党员恰恰是党的先进性的应有之义和必然要求。2. 党的先进性体现为理论上的先进性，而党员的先进性在这一点上则不十分突出，不能说文化程度不高的党员就不能成为先进党员。党员的先进性主要看其行为，政治理论掌握的多少并不必然决定党员个体为人民服务的自觉程度。当然，党的领导干部特别是高级领导干部必须掌握马克思主义理论，并坚持马克思主义学风。3. 就推动社会发展而言，其主体应该是党而不是党员个体。根据唯物史观，人民群众是历史的创造者，显然是指整体；党是人民群众的一部分，而且是作为领导力量的部分，同样是指整体。

从 2005 年 1 月开始，全党开展了以“三个代表”重要思想为主要内容的保持共产党员先进性教育活动，这是党风建设的一项重大举措。我们正处在全面建设小康社会、加快推进社会主义现代化的新的发展阶段，党所处的环境、党所肩负的任务、党员队伍的状况都发生了重大变化。新的形势和任务，对保持共产党员的先进性提出了新的更高的要求。这次开展保持共产党员先进性教育活动，以邓小平理论和“三个代表”重要思想为指导，树立和落实科学发展，按照立党为公、执政为民的要求，坚持党要管党、从严治党的方针，紧密联系改革发展稳定工作实际和党员队伍建设的现状，以学习实践“三个代表”重要思想为主要内容，引导广大党员学习贯彻党章，坚定理想信念，坚持党的宗旨，增强党的观念，发扬优良传统，认真解决党员和党组织在思想、组织、作风以及工作方面存在的突出问题，促进影响本地区本部门本单位改革发展稳

① 周友苏：《共产党先进性与共产党员先进性的关联研究》，《社会科学研究》2003 年第 5 期，第 12 页。

定、涉及群众切身利益的实际问题的解决，不断增强党员队伍和党组织的创造力、凝聚力、战斗力，为实现全面建设小康社会的宏伟目标提供坚强的政治保证和组织保证。开展先进性教育活动的目标要求是：（一）提高党员素质。党员学习实践“三个代表”重要思想的自觉性、坚定性进一步增强，对新时期保持共产党员先进性的要求进一步明确，理想信念进一步坚定，先锋模范作用进一步发挥。（二）加强基层组织。党的基层组织在成为贯彻“三个代表”重要思想的组织者、推动者和实践者上取得新进展，战斗堡垒作用进一步发挥，党执政的组织基础进一步巩固。（三）服务人民群众。党员全心全意为人民服务的宗旨观念进一步增强，作风进一步改进，组织群众、宣传群众、教育群众、服务群众的本领进一步提高，党群、干群关系进一步密切，真正做到为民、务实、清廉。（四）促进各项工作。党的路线方针政策在各地区各部门各单位进一步贯彻，科学发展观和正确政绩观进一步树立和落实，各项工作取得新的进展。开展先进性教育活动，要在解决实际问题上下功夫，把是否解决了群众反映强烈、通过努力能够解决的突出问题和群众是否满意作为衡量先进性教育活动成效的重要标准①。

这次保持共产党员先进性教育活动分为三个阶段进行。在学习动员阶段，进行广泛深入的思想发动，组织党员学习党章和相关文件精神；在分析评议阶段，组织党员和党员领导干部对照党章规定进行自查互查，开展批评自我批评，并采取适当方式广泛征求群众意见；在整改提高阶段，针对征求意见、自我剖析中查出的问题和民主评议中反映的问题，认真制定整改措施，明确整改重点，落实整改责任，并按照党章的要求切实进行整改。经过历时一年半的保持共产党员先进性教育活动，基本达到了提高党员素质、加强基层组织、服务人民群众、促进各项工作的目标要求，密切了党群关系，增强了党的凝聚力和战斗力。

四、树立社会主义荣辱观，建设社会主义核心价值体系

2006 年 3 月 4 日，胡锦涛提出了牢固树立社会主义荣辱观的重要命题。他指出，“要在全社会大力弘扬爱国主义、集体主义、社会主义思想，倡导社会主义基本道德规范，扶正祛邪，扬善惩恶，促进良好社会风气的形成和发

① 《中共中央关于在全党开展以实践“三个代表”重要思想为主要内容的保持共产党员先进性教育活动的意见》，《光明日报》2005 年 1 月 10 日。

展。要教育广大干部群众特别是广大青少年树立社会主义荣辱观，坚持以热爱祖国为荣、以危害祖国为耻，以服务人民为荣、以背离人民为耻，以崇尚科学为荣、以愚昧无知为耻，以辛勤劳动为荣、以好逸恶劳为耻，以团结互助为荣、以损人利己为耻，以诚实守信为荣、以见利忘义为耻，以遵纪守法为荣、以违法乱纪为耻，以艰苦奋斗为荣、以骄奢淫逸为耻。”① 同年10月11日，十六届六中全会通过的《中共中央关于构建社会主义和谐社会若干重大问题的决定》首次明确提出“社会主义核心价值体系”的科学命题：“建设和谐文化，是构建社会主义和谐社会的重要任务。社会主义核心价值体系是建设和谐文化的根本。……马克思主义指导思想，中国特色社会主义共同理想，以爱国主义为核心的民族精神和以改革创新为核心的时代精神，社会主义荣辱观，构成社会主义核心价值体系的基本内容。”②

坚持马克思主义指导思想。马克思主义是我们立党立国的根本指导思想，它是正确的世界观和方法论，是我们正确认识世界和改造世界的强大思想武器。在目前社会主义处于低潮、西方发达国家各方面都处于明显优势的情况下，坚持马克思主义的意识形态就显得尤为重要。“在事关政治方向和根本原则的问题上，我们一定要旗帜鲜明，理直气壮，毫不含糊。……如果面对错误的思想政治观点，不闻不问，不批评，不斗争，听任它们去搞乱人们的思想、搞乱我们的意识形态，那是极其危险的，势必危害整个国家和社会的安定团结。”③ 只有用马克思主义的立场、观点、方法获得对经济社会发展的正确认识，科学把握社会思想意识中的主流与支流，才能在错综复杂的社会现象中看清本质、明确方向。

坚持中国特色社会主义共同理想。理想是精神现象的最高层次，是个体或群体的人乃至整个社会对未来所要达到的目标的合理想象和渴望，是一个民族、一个社会的灵魂所系，没有共同的理想信念，就不可能实现民族的团结和社会的和谐。中国特色社会主义共同理想，符合中国国情，符合全国各族人民的利益，是中国发展、富强的正确方向，有了这样的理想信念，就有了立身之本，就能够站得高、看得远，就能保持开阔的心胸，自觉地为党和人民的事业

---

① 《十六大以来重要文献选编》下卷，中央文献出版社2008年版，第317页。

② 同上书，第660~661页。

③ 《江泽民文选》第3卷，人民出版社2006年版，第88页。

而奋斗。当然，必须坚持理想主义与现实主义相结合，把中国特色社会主义共同理想化为脚踏实地的工作作风。

坚持以爱国主义为核心的民族精神和以改革创新为核心的时代精神。民族精神和时代精神是一个民族赖以生存和发展的精神支柱，就像社会发展的双翅：民族精神的根本功能在于固本，在于保持自己的特色，它是民族的生命力、凝聚力和创造力的不竭源泉，有没有高昂的民族精神是衡量一个国家综合国力强弱的一个重要尺度，以爱国主义为核心的民族精神是中华民族团结奋进的根基，是联系全世界爱国华人的纽带；时代精神的根本功能在于面对现实、着眼未来，在于把握时代的脉搏，以改革创新为核心的时代精神鼓舞我们与时俱进，开拓创新，坚持和发展马克思主义，为实现共同理想和远大理想而努力奋斗。

坚持社会主义荣辱观。树立和坚持社会主义荣辱观是贯彻落实科学发展观的需要，是促进人的全面发展的需要，是推动思想道德建设的需要，也是构建社会主义和谐社会的需要。社会主义荣辱观的教育和培养与社会风气建设相互影响、相互促进：一方面，树立良好的社会风气是广大人民群众的强烈愿望，也是经济社会顺利发展的必然要求，有利于适应社会发展的是非标准和道德准则的形成；另一方面，社会主义荣辱观融入群众性精神文明创建中，能够促进全社会道德水平的提高，有助于引导社会风气的提升。

建设社会主义核心价值体系战略任务的提出，是对中国特色社会主义本质认识的深化，对于推进和谐文化建设、推进社会主义和谐社会建设，具有重大的理论意义和实践意义。

建设社会主义核心价值体系，是社会主义先进文化建设和现阶段社会主义思想道德建设的必然要求。马克思主义政党历来重视思想文化建设，中国共产党十分重视建设有中国特色的先进文化，江泽民把这一点概括为中国共产党要代表中国先进文化的前进方向。先进文化为先进生产力提供精神动力和智力支持：科学的理论为先进生产力的发展进行正确的指导；与先进生产力相适应的思想道德产生民族向心力，进而形成稳定的发展环境；先进文化是先进生产力的重要组成部分。先进文化是实现社会发展、人的全面发展和人民群众根本利益的必要条件：先进文化塑造情操高尚的个人；先进文化提升人的生活情趣。

建设社会主义核心价值体系，是社会主义市场经济发展的必然要求。改革的不断深入和对外开放的不断发展，使得我国社会正经历着前所未有的大变革，物资、信息、资金、技术的大流动，人们的社会身份、角色的大变化，引起人们思想意识的大碰撞，某些原有的是非标准和道德原则对人的约束力大为减弱，一些新的是非标准和道德原则还没有形成共识，小农意识与市场经济观念之间、民族传统道德与市场经济中新生的道德原则之间、民族传统意识与当代西方文化观念之间相互交汇、冲突，导致一部分人处于思想活跃和思想迷惘的两难境地。这些问题的解决，有赖于社会主义核心价值体系。

社会主义核心价值体系是社会主义制度的内在精神和生命之魂，以社会主义核心价值体系引领社会思潮，尊重差异，包容多样，最大限度地形成社会思想共识，有利于进一步形成全社会共同的理想信念和道德规范，有利于增强全社会的凝聚力。

2009 年 9 月党的十七届四中全会通过的《中共中央关于加强和改进新形势下党的建设若干重大问题的决定》提出在全党开展社会主义核心价值体系学习教育的要求，认为党员、干部模范学习践行社会主义核心价值体系，是建设马克思主义学习型政党的重要任务。《决定》明确要求要引导党员干部自觉划清“四个界限”，即自觉划清马克思主义同反马克思主义的界限，划清社会主义公有制为主体、多种所有制经济共同发展的基本经济制度同私有化和单一公有制的界限，划清中国特色社会主义民主同西方资本主义民主的界限，划清社会主义思想文化同封建主义、资本主义腐朽思想文化的界限，这对于增强政治敏锐性和政治鉴别力，筑牢思想防线，坚决抵制各种错误思想影响，具有重大意义。

2011 年 10 月，党的十七届六中全会通过的《中共中央关于深化文化体制改革推动社会主义文化大发展大繁荣若干重大问题的决定》明确提出“坚持中国特色社会主义文化发展道路”，第一次从文化纲领、文化目标、文化政策上阐述文化强国的“中国道路”，认为“社会主义核心价值体系是兴国之魂，是社会主义先进文化的精髓，决定着中国特色社会主义发展方向”，要“用社会主义核心价值体系引领社会思潮，在全党全社会形成统一指导思想、共同理想信念、强大精神力量、基本道德规范”①。全会深刻总结和论述了中国特色社会主义文化发展道路的方向、目标、思路，不仅标志着我国文化改革发展进

---

① 《中共中央关于深化文化体制改革推动社会主义文化大发展大繁荣若干重大问题的决定》，《人民日报》2011 年 10 月 26 日。

入了新的阶段，更表明中国特色社会主义事业进入了新的境界。

五、实现领导干部作风的进一步转变

领导干部的作风对于党风的影响是深远的。加强领导干部的作风建设，对于实践“三个代表”、保持党的先进性，对于落实科学发展观，对于提高党的领导水平和执政水平、提高拒腐防变能力和抵御风险能力，对于建设社会主义和谐社会、推进中国特色社会主义事业、全面建设小康社会，具有至关重要的意义。

（一）倡导八种良好风气

2007 年 1 月，胡锦涛在十六届中纪委第七次全体会议上着重强调全面加强新形势下的领导干部作风建设，在工作中要大力倡导八个方面的良好风气。这就是：要勤奋好学、学以致用；要心系群众、服务人民；要真抓实干、务求实效；要艰苦奋斗、勤俭节约；要顾全大局、令行禁止；要发扬民主、团结共事；要秉公用权、廉洁从政；要生活正派、情趣健康。

勤奋好学、学以致用，就是牢固树立终身学习的思想，认真学习马克思列宁主义、毛泽东思想、邓小平理论和“三个代表”重要思想，深入学习科学发展观和构建社会主义和谐社会等重大战略思想，把握精神实质，不断提高理论素养，用以指导实际工作；就是坚持理论联系实际的马克思主义学风，根据实际工作需要补充知识盲区和薄弱环节，优化知识结构，从解决改革发展稳定中的实际问题着手，把学习成果应用到工作中去，不断提高领导本领，为全面建设小康社会、为构建社会主义和谐社会起扎扎实实的带头作用①。

心系群众、服务人民，就是牢固树立马克思主义的群众观点，始终坚持党的群众路线，坚信人民群众是真正的英雄，是历史的创造者，坚持全心全意为人民服务的宗旨，真正做到思想上尊重群众，政治上代表群众，感情上贴近群众，行动上深入群众，工作上为了群众，做到在任何时候都把群众的利益放在第一位，和群众同甘苦、共命运、心连心；就是坚持从群众中来、到群众中去，体察民情，关注民生，化解民忧，顺应民意，制定的政策兼顾人民群众的长远利益和现实利益，兼顾大多数人民群众的普遍愿望和部分群众的特殊要

---

① 参考：人民日报评论员：《一论在领导干部中大力倡导八个方面的良好风气》，《人民日报》2007 年 1 月 22 日。

求，使广大人民群众从改革开放中共享实实在在的成果①。

真抓实干、务求实效，就是发扬求真务实精神、大兴求真务实之风，增强工作的责任感和紧迫感，一门心思扑在工作上，不搞花架子，不搞形象工程，不搞文山会海，排除私心杂念，狠抓落实，集中精力干出实实在在的业绩；就是不畏艰险，知难而上，敢于正视矛盾和困难，同干部群众一起研究办法、采取措施，开创工作新局面；就是与时俱进，改革创新，深入调研，把握规律，吃苦在前，勇挑重担，踏踏实实地把改革开放的事业推向前进，使各项政绩真正经得起实践的检验、群众的检验、历史的检验②。

艰苦奋斗、勤俭节约，是中华民族的传统美德，也是党的优良作风。牢记“两个务必”，反对铺张浪费和大手大脚，抵制拜金主义、享乐主义和奢靡之风，反对讲排场、讲阔气、挥霍浪费，这是由党的最高宗旨和我国尚处于社会主义初级阶段的基本国情决定的，我国的经济总量比过去增加了，物质条件比过去改善了，但我国的人均收入的世界排名还非常靠后，我国的人口多，底子薄，人均资源少，社会生产力还不发达，发展也不平衡，我们的小康还是低层次的、总体的小康水平，仍然需要大力发扬艰苦奋斗的精神，锐意进取，建立节约型的、可持续的、科学发展的社会主义社会③。

顾全大局、令行禁止，就是自觉维护中央权威和中央大政方针的统一性和严肃性，坚持少数服从多数、下级服从上级、局部服从整体、小道理服从大道理，确保党的理论路线方针政策的贯彻落实，确保党和国家工作部署的贯彻落实；就是增强大局意识，把中央精神与本地区、本部门实际结合起来，创造性地开展工作，在地方利益、部门利益和国家整体利益发生冲突时，自觉地以全局利益统率地方利益、部门利益；严格遵守党的纪律，有令则行，有禁则止，同时敢于和善于向上级反映本地区本部门的实际情况，以达到协调全体利益和局部利益，尽量减小因两者不一致而造成的损失④。

---

① 参考：人民日报评论员：《二论在领导干部中大力倡导八个方面的良好风气》，《人民日报》，2007年1月23日。

② 参考：人民日报评论员：《三论在领导干部中大力倡导八个方面的良好风气》，《人民日报》，2007年1月24日。

③ 参考：人民日报评论员：《四论在领导干部中大力倡导八个方面的良好风气》，《人民日报》，2007年1月25日。

④ 参考：人民日报评论员：《五论在领导干部中大力倡导八个方面的良好风气》，《人民日报》，2007年1月26日。.

发扬民主、团结共事，是民主集中制的根本要求，也是党的生命之所在。党的任何一级组织，只有充分发扬了民主，才能人人心情舒畅、相处坦然，才能畅所欲言、言无不尽，才能集思广益、博采众长，才能和衷共济、团结共事，才能齐心协力、带领广大干部群众开拓前进。发扬民主、团结共事，必须严格执行民主集中制的各项制度规定，按照组织原则和程序办事，严格按照领导班子内部议事和决策机制办事，虚心听取各方面意见，自觉接受党组织、党员和群众的监督，共同推动形成心齐气顺、风正劲足的局面①。

秉公用权、廉洁从政，是对党的各级领导干部的基本要求。权力来自人民，权力属于人民，领导干部必须坚持立党为公，执政为民，牢记权为民所用、情为民所系、利为民所谋，善待手中的权力，用手中的权力为人民谋利益；必须加强党性修养，牢固树立马克思主义世界观、人生观、价值观，牢固树立正确的权力观、地位观、利益观，在思想上筑牢拒腐防变的防线；必须严格遵守党纪国法，牢记权力界限、严防滥用权力，严格要求亲属、子女和身边工作人员，不护短，不徇私，光明磊落，一身正气，两袖清风②。

生活正派、情趣健康，是领导干部作风建设的一个重要方面，它不仅事关领导干部个人的品质和形象，而且事关党在人民群众中的威信和形象。领导干部讲德操、重品行，则能激励人们奋发向上，形成强大的凝聚力、向心力和战斗力；领导干部生活上不检点、不正派、贪图享乐、奢侈腐化，则必然瓦解人们的意志，侵蚀社会肌体，毒化社会风气。因此，领导干部必须注重培养健康的生活情趣，保持高尚的精神追求，提高文化素养，提高思想道德水平，多同人民群众交朋友，多同基层干部交朋友，多同先进模范交朋友，做一个高尚的人，一个纯粹的人，一个有道德的人，一个脱离低级趣味的人，一个有益于人民的人③。

这八个方面的良好风气，是一个有机的整体，只有全面领会其精神实质，真正落实到日常工作、生活中去，才能推动干部作风的革命性质变，才能带动

---

① 参考：人民日报评论员：《六论在领导干部中大力倡导八个方面的良好风气》，《人民日报》，2007年1月27日。

② 参考：人民日报评论员：《七论在领导干部中大力倡导八个方面的良好风气》，《人民日报》，2007年1月28日。

③ 参考：人民日报评论员：《八论在领导干部中大力倡导八个方面的良好风气》，《人民日报》，2007年1月29日。

党风和社会风气的积极转变。

（二）增强三种意识①

2007年3月8日，胡锦涛在参加十届全国人大五次会议重庆代表团审议时强调：越是形势好了，越要保持清醒头脑；越是条件好了，越要发扬优良传统。各级干部特别是领导干部要进一步增强忧患意识，始终保持开拓进取的锐气；要进一步增强公仆意识，始终牢记全心全意为人民服务的宗旨；要进一步增强节俭意识，始终发扬艰苦奋斗的精神，团结带领广大群众不断夺取改革开放和社会主义现代化建设的新胜利。"三种意识"的提出，高屋建瓴，内涵深刻，意味深长，令人惊醒，具有强烈的现实针对性、紧迫性和指导性，反映了广大人民群众的愿望，体现了中国共产党立党为公、执政为民的理念，表明了我们党勇担历史重任的强烈责任感②。

进一步增强忧患意识，始终保持开拓进取的锐气。中国的改革开放取得了举世瞩目的巨大成就，综合国力有很大提升，国人的民族自豪感也随之增强。但是我们在看到成绩、看到光明前途的同时，必须增强忧患意识，对自己所面临的诸多问题保持清醒的头脑。首先，综合国力的竞争日益激烈，西方发达国家在经济科技上对我们形成很大的压力，国外的反华势力一刻也没有停止破坏活动。其次，改革的深入带来的一些突出问题已引起群众不满，需要切实解决好，如食品药品安全问题、医疗服务问题、教育收费问题、住房问题、收入差距过大问题、社会治安问题、安全生产问题、经济社会发展不平衡问题、高能耗高污染问题等。最后，党员和干部队伍中拜金主义、享乐主义和奢靡之风有滋长蔓延之势，官僚主义、形式主义等不正之风严重影响党群关系。凡此种种，都警示我们要始终保持危机感、紧迫感，始终保持开拓进取的锐气，为全面建设小康社会、为中华民族的伟大复兴、为共产主义远大理想而不懈奋斗。

进一步增强公仆意识，始终牢记全心全意为人民服务的宗旨。当前提出领导干部要进一步增强公仆意识，有着鲜明的现实针对性，主要是因为某些领导干部不能摆正自己的位置，不能正确对待自己和人民群众的关系：有的骄横跋扈，官气十足，不愿意去了解群众疾苦；有的不愿倾听群众呼声，不为民谋

① 即忧患意识、公仆意识和节俭意识。

② 《十六大以来党中央提出的一系列重大战略思想十六讲》，中共党史出版社2007年版，第168页。

利，反而利用职权侵害公共利益、侵害人民群众的利益；有的灯红酒绿，纸醉金迷，腐化堕落，成为国家和人民的罪人①。增强公仆意识，必须牢固树立马克思主义群众观点，深刻理解人民群众创造历史的伟大作用，牢记全心全意为人民服务的宗旨，坚持走群众路线，时时刻刻为群众利益着想，让广大人民群众共享改革发展的成果。

进一步增强节俭意识，始终发扬艰苦奋斗的精神。历史经验告诉我们，一个没有艰苦奋斗精神作支撑的民族，是难以自立自强的；一个没有艰苦奋斗精神作支撑的政党，是难以兴旺发达的；一个没有艰苦奋斗精神作支撑的国家，是难以发展进步的。增强节俭意识，是贯彻落实科学发展观的需要。中国的社会主义现代化必须走可持续发展的道路，因为我国的基本国情是人口众多、资源相对紧缺、生态环境脆弱，而且在相当长的时期内无法根本改善。增强节俭意识，是社会主义荣辱观、构建社会主义和谐社会的重要内容。增强节俭意识，是保持共产党的先进性的需要，只有始终发扬艰苦奋斗的精神，才能保持进取心，努力走在时代的前列。

从2011年开始，全国省、市、县、乡四级党委将进行新一轮换届，地方各级人大、政府和政协换届工作也将陆续展开。为了保证换届工作平稳、健康、有序开展，中央纪委、中央组织部于2010年12月2日联合印发《关于严肃换届纪律保证换届风清气正的通知》，明确提出“5个严禁、17个不准”的纪律要求，用铁的纪律保证换届风清气正。《通知》强调，地方各级党委要把换届风气作为党风廉政建设责任制考核的一项重要内容，对违反换届纪律的行为，纪检机关和组织部门要按照有关规定一律严肃查处，绝不姑息，以铁的纪律狠刹歪风邪气，努力提高选人用人公信度。

六、加强和改进新形势下党的建设②

2009年9月18日，党的十七届四中全会通过了《中共中央关于加强和改进新形势下党的建设若干重大问题的决定》（以下简称《决定》），深刻分析了党的建设面临的新形势新任务，认真总结了党执政60年来加强自身建设的基

① 《十六大以来党中央提出的一系列重大战略思想十六讲》，中共党史出版社2007年版，第175页。

② 本目参考：《中共中央关于加强和改进新形势下党的建设若干重大问题的决定》，《人民日报》2009年9月28日。

本经验，提出了加强和改进党的建设的总体要求、目标任务、重要举措，充分体现了党对加强自身建设的高度重视和科学态度，这是指导新形势下党的建设的纲领性文献。

关于党的建设的现状，《决定》指出，“党的领导水平和执政水平、党的建设状况、党员队伍素质总体上同党肩负的历史使命是适应的”，但也存在不少不适应新形势新任务要求、不符合党的性质和宗旨的问题：从思想状况来看，“一些党员、干部忽视理论学习、学用脱节，理想信念动摇，对马克思主义信仰不坚定，对中国特色社会主义缺乏信心”；从党的制度状况来看，缺漏还比较多，“一些党组织贯彻民主集中制不力，有的对中央决策部署执行不认真，有的对党员民主权利保障落实不到位，一些党员干部法治意识、纪律观念淡薄”；从干部队伍来看，“一些领导班子整体作用发挥不够，推动科学发展、处理复杂问题能力不够，一些地方和部门选人用人公信度不高，跑官要官、买官卖官等问题屡禁不止”；从组织基础看，“一些基层党组织战斗堡垒作用不强，有的软弱涣散，有的领域党组织覆盖面不广，部分党员党员意识淡化、先锋模范作用不明显”；从党风状况和廉洁状况看，“有些领导干部宗旨意识淡薄，脱离群众、脱离实际，不讲原则、不负责任，言行不一、弄虚作假，铺张浪费、奢靡享乐，个人主义突出，形式主义、官僚主义严重；一些领导干部特别是高级干部中发生的腐败案件影响恶劣，一些领域腐败现象易发多发”。

《决定》总结了执政党建设的基本经验：1. 坚持把思想理论建设放在首位，提高全党马克思主义水平；2. 坚持把推进党的建设伟大工程同推进党领导的伟大事业紧密结合起来，保证党始终成为社会主义事业的坚强领导核心；3. 坚持以执政能力建设和先进性建设为主线，保证党始终走在时代前列；4. 坚持立党为公、执政为民，保持党同人民群众的血肉联系；5. 坚持改革创新，增强党的生机活力；6. 坚持党要管党、从严治党，提高管党治党水平。

在总结基本经验的基础上，《决定》指出要以四个“着眼于”为立足点，全面贯彻党的十七大对党的建设的总体部署，搞好“五项建设”，即“着眼于继续解放思想、坚持改革开放、推动科学发展、促进社会和谐，着眼于提高党的执政能力、保持和发展党的先进性，着眼于增强全党为党和人民事业不懈奋斗的使命感和责任感，着眼于保持党同人民群众的血肉联系，突出重点，突破难点，全面推进思想建设、组织建设、作风建设、制度建设和反腐倡廉建设，提高党的建设科学化水平，进一步把党建设成为立党为公、执政为民，求真务实、改革创新，艰苦奋斗、清正廉洁，富有活力、团结和谐的马克思主义执政党，确保党始终是中国工人阶级的先锋队、同时是中国人民和中华民族的先锋队。”

关于思想建设，《决定》指出，要按照“四项要求”（科学理论武装、具有世界眼光、善于把握规律、富有创新精神）把建设马克思主义学习型政党作为重大而紧迫的战略任务抓紧抓好：1. 推进马克思主义中国化、时代化、大众化；2. 用中国特色社会主义理论体系武装全党；3. 开展社会主义核心价值体系学习教育；4. 建设学习型党组织。

关于制度建设，《决定》指出一是要坚持和健全民主集中制，二是深化干部人事制度改革。就贯彻落实民主集中制来说，《决定》对党内民主建设的重点进行了设计和安排：1. 坚持和完善党的领导制度；2. 保障党员主体地位和民主权利；3. 完善党代表大会制度和党内选举制度；4. 完善党内民主决策机制；5. 维护党的集中统一。就干部人事制度来说，《决定》提出，培养造就高素质干部队伍的关键在于“民主、公开、竞争、择优”，具体要求是：1. 坚持德才兼备、以德为先用人标准；2. 完善干部选拔任用机制；3. 提高领导班子和领导干部推动科学发展、促进社会和谐能力；4. 培养造就大批优秀年轻干部；5. 健全干部管理机制。

关于组织建设，《决定》对基层组织建设进行了部署：1. 扩大基层党组织覆盖面；2. 推进基层党组织工作创新；3. 增强党员队伍生机活力；4. 建设高素质基层党组织带头人队伍；5. 构建城乡统筹的基层党建新格局。

关于作风建设，《决定》指出，必须在全党大力弘扬理论联系实际、密切联系群众、批评和自我批评的作风，始终谦虚谨慎、艰苦奋斗，以思想教育、完善制度、集中整顿、严肃纪律为抓手，下大气力解决突出问题，并进一步提出在党内大兴密切联系群众之风，大兴求真务实之风，大兴艰苦奋斗之风，大兴批评和自我批评之风，以坚强的党性保证党的作风建设，使广大党员永葆蓬勃朝气、昂扬锐气、浩然正气。

关于反腐倡廉建设，《决定》指出，必须加强廉洁从政教育和领导干部廉洁自律，加大查办违纪违法案件工作力度，健全权力运行制约和监督机制，推进反腐倡廉制度创新。

结语

中国共产党作风建设的若干规律

中国共产党已经在风风雨雨中走过了90个年头，从一个仅有50多个党员的小党成长为拥有8000万党员的执政党。中国共产党领导人民取得了新民主主义革命和社会主义革命的胜利，在社会主义建设方面取得了巨大成就，在改革开放的进程中找到了一条中国特色社会主义道路。中国共产党的力量在于她总是能够解放思想、实事求是、与时俱进，把马克思主义理论和中国实际相结合，根据时代的需要制定相应的路线方针政策；在于她植根于人民群众之中，始终保持同人民群众的密切联系；在于她勇于纠正自身的错误，在与各种错误的斗争中不断取得进步；在于她形成了一整套优良作风，并极端重视作风建设，把作风建设融入党的各项任务之中。纵观中国共产党对作风建设的实践探索和理论概括过程，我们可以从中找出若干带有规律性的线索。

一、解放思想、实事求是、与时俱进：加强党风建设的思想基础

解放思想、实事求是、与时俱进，是马克思列宁主义、毛泽东思想和中国特色社会主义理论体系的精髓，因而也是党的作风建设的精髓。解放思想，就是从落后的传统观念和僵化的教条的束缚中解放出来，在马克思主义指导下打破习惯势力和主观偏见的羁绊，研究新情况、解决新问题。实事求是，就是坚持一切从实际出发，探求客观事物的发展规律，按规律办事。与时俱进，就是思想、方法、理论都要始终与时代发展的脉搏相适应，根据时代发展的需要不断开拓创新，体现时代性、把握规律性、富于创造性。

解放思想、实事求是、与时俱进在本质上是统一的。解放思想是实事求是、与时俱进的强大内驱力：人的思想只有适应变化的情况而发展，才能做到实事求是，与时代共进，如果思想僵化，人的认识就必然脱离客观实际而犯这样那样的错误，教条主义就会严重起来。实事求是是解放思想、与时俱进的前提：解放思想不是随心所欲，不能偏离四项基本原则，必须服务于党的中心任

务，必须符合社会发展的需要，必须有利于安定团结、生动活泼的政治局面；与时俱进既要反对思想落后于形势发展的右的错误，也要反对思想过度超前、不切实际的“左”的错误。与时俱进强调解放思想、实事求是的常态化，只有保持与时俱进的精神状态，用马克思主义的宽广眼界观察世界，用当代最新的科学知识武装头脑，才能真正做到解放思想、实事求是。

解放思想必须立足于实事求是。“解放思想和实事求是是统一的，应一以贯之。不解放思想，教条主义盛行，不可能做到实事求是；离开实事求是，脱离实际，脱离亿万群众的创造性实践，不是真正的解放思想。”① 解放思想有两个方面的要求：“在工作比较顺利的时候，不能头脑发热、忘乎所以，不要提出不切实际的要求。在工作遇到困难的时候，不能灰心丧气、畏首畏尾，要善于在困难的条件下开拓新的局面。”② 资料表明，中国的经济扩张期与各次党的全国代表大会具有对应关系，因为党的代表大会有很强的政治动员作用。因此，各级政府在经济扩张期一定要保持清醒和谨慎，切忌一哄而起。想快一点把当地经济搞上去，这种愿望是无可厚非的，但解放思想必须与实事求是相统一，实践证明，一哄而起的搞法不符合经济发展规律，也与中央的经济社会协调发展的指导思想相违背，不仅难以为继，而且必然会给经济生活带来许多不良后果。

实是求是是唯物论、辩证法和认识论的统一。首先，实事求是是一个唯物论命题，作为事物发展规律的这个“是”不是从天上掉下来的，也不是人们头脑中固有的，而只能从客观存在的“实事”中去“求”。其次，实事求是又是一个辩证法命题，这个“实事”不是孤立的，而是与其他事物相联系而存在的，它本身既具有与其他同类事物相同的共性，又有其特殊的个性，因此反映这个事物规律(“是”）的理论也是共性与个性的统一。同时，客观存在的“实事”不是静止不变的，而是变化发展的，因此从变化发展的“实事”中“求”得的“是”也不是固定不变的，反映这个规律的科学理论也是发展变化的。第三，这个命题还是一个认识论命题，“是”只有通过“求”（实践、调查研究）才能得到，这就回答了认识的源泉、途径等问题③。

① 《江泽民文选》第3卷，人民出版社2006年版，第131页。

② 同上。

③ 姚润皋，林源：《邓小平实事求是哲学论》，南京大学出版社1997年版，第15页。

实事求是是方法论、世界观和优良作风的辩证统一。实事求是是方法论。作为认识方法、思想方法和工作方法，实事求是是在实践中对认识到的规律的自觉运用，是理论转化为行动的过程。作为方法，它是行动指南，不能把它当成可以解决一切问题的公式。只有在面对现实的、历史的、具体的研究中，它才能科学地运用，而只有在具体的运用中，它才成为科学的前提。唯物辩证法是全部思想方法的“原型”，它的所有规律和范畴都具有方法论的功能，因而是一切方法的指南；但是，辩证法若不转化为方法论，进而转化为能够把握现实的认识方法、工作方法，它就失去了存在的根据和活力。实事求是常用常新，不仅要随时代的变化而调整某些结论，而且还要不断地突破原有的思维框架，如果把它作为一句套话，“就会把马克思主义变成一种片面的、畸形的、僵死的东西，就会抽掉马克思主义的活的灵魂，就会破坏它的根本的理论基础——辩证法”①。

实事求是是世界观。尽管实事求是作为方法论是它的活力之所在，但仅仅把它作为方法论是不够的，必须把实事求是上升到哲学世界观的高度。方法一旦上升为世界观，它就成为一种占统治地位的思维方式。怎样看待实事求是的世界观意义呢？首先，哲学世界观的对象是人和世界之间的广阔领域，具有全面性、超越性和导向性。实事求是世界观“是毛泽东思想的出发点、根本点”②，它具有超越性和普遍适用性，贯穿于一切实践之中，对各项工作具有指导意义。其次，世界观与方法论的内在一致性，归根到底由客观世界的物质统一性来决定。马克思主义世界观强调按照客观世界的本来面目及其内在规律来认识和改造世界。实事求是是对事物发展规律的探索，它要求我们找出事物的本质规律、按规律办事，反对轻视客观规律的主观主义态度。所以实事求是既是世界观，又是方法论。再次，由于世界观在人们身上表现情况的不同，由于世界观和方法论相互转化的复杂性，两者往往呈现出差别甚至背离倾向。但是这种背离，不过是对实践起指导作用的世界观同对世界作理论表述的世界观的差异之外在表现。背离是有条件的相对的，是一致性的特殊表现。在背离的背后，隐藏着方法论与另一种世界观的一致性，从而使一致与背离错综复杂地

① 《列宁选集》第2卷，人民出版社1995年版，第278页。

② 《邓小平文选》第2卷，人民出版社1994年版，第114页。

交织在一起①。在这种情况下，提倡为坚持真理不屈不挠的精神和在真理面前敢于折腰的勇气就十分必要了。实事求是具有自我批判、自我更新机制，表现在方法上就是敢于根据实践不断地修正某些原有结论乃至突破旧有的思维模式。

实事求是的优良作风是马克思主义世界观和方法论统一之中介。作风作为人们自我改造的成果，是见识、胆识和方法的统一，它兼有思想和行为两重要素的特点于一身。作风之所以能够成为中介，不仅仅由于它恰恰处于相互作用的两种既对立又统一的要素之间，更重要的是，特定的实践活动中世界观和方法论的具体互动关系决定了实事求是优良作风的这种中介地位，也只有在具体实践活动的推进中中介作用才有现实意义。为实现目的，必须保持实践的方向性，并不断地消除主观和客观各自的片面性，达到两者的辩证统一，同时要解放思想，不断地发现新问题，通过主客体新的矛盾运动促使问题的解决。坚持实事求是的作风就是把马克思主义世界观和方法论统一于现实的行动之中。

与时俱进有三种不同的形态。一种是消极的、被迫的，只是时代发展的映现；一种是在积累起来的问题到了非解决不可的时候，由被动争取主动的行动；一种是积极的，即主动地走在时代的前列②。在第一种情况下，所谓与时俱进，根本谈不上积极地指导实践，所谓与时代共进，顶多不过是被动地由时代发展推着往前走。处于这种与时俱进形态，当然不可能保持先进性，不可能引领时代潮流，不可能作为时代的先锋。第二种情况较为常见，可以说是与时俱进的常态。中国现代史上的三次思想解放运动（五四运动、延安整风、真理标准大讨论）都属于这种形态。上述两种形态的与时俱进，其代价是巨大的，前者往往会错失良机，后者则以“错失良机——抓住下一次机会——再次错失良机”的形式蹒跚前行。对于一个国家、一个民族来说，发展的战略机遇期毕竟是屈指可数的，因此必须自觉地做到积极主动的与时俱进，不断解放思想，不断主动地顺应实践的发展，把握时代特征；必须把创新作为与时俱进的灵魂，在追赶世界先进水平的同时，占领战略制高点；必须着眼于全局，推动经济社会协调发展；必须时刻把人民群众的利益放在首位，忽视了这一

① 李有忠：《论世界观与方法论的关系》，《毛泽东哲学思想研究》1993 年第 5 期。

② 陈志良，颜廷刚：《论实事求是思想路线发展三阶段》，《北京社会科学》2002 年第 1 期第 58 页。

点，就会最终丧失先进性。

总之，加强和改进党的作风建设，理论上的创新是前提，理直了才能气壮，理论上说不清、道不明，必然影响到行动。“坚持党的思想路线，解放思想、实事求是、与时俱进，是我们党坚持先进性和增强创造力的决定性因素。”① 坚持解放思想实事求是思想路线，把握住这一精髓，就能够牢牢把握党的作风建设的大方向；只有大多数人自觉地做到解放思想、实事求是、与时俱进，并真正贯彻到各项工作中去，党的作风建设才能开创新局面。

二、保持党同人民群众的血肉联系：加强党风建设的核心内容

加强和改进党的作风建设，核心问题是保持党同人民群众的血肉联系。人民群众是我们党的力量源泉和胜利之本，失去了人民群众的拥护和支持，党的事业和一切工作就无从谈起。党的群众观点是指导党的群众工作的根本观点，完整准确地把握群众观点，是执行群众路线、发扬党的优良作风的政治前提：当我们在这方面比较注意的时候，都是党风正常的时候；当我们把群众观点片面地理解为“为民作主”、“让人民群众当家作主”或“站在工人阶级立场上替整个国家和全体人民打主意”的时候，党风就存在这样那样的缺陷。保持党同人民群众的血肉联系也要与时俱进，除了对群众观点完整准确的把握外，还必须根据时代的要求改进工作方式，时时刻刻为最广大人民谋利益。

从中国共产党的发展历程来看，良好的党群关系是党的一大优势，党在群众工作方面积累了丰富的经验，值得认真总结和学习，并创造性地运用到现实工作中去。

1. 坚持群众路线、保持党同人民群众的血肉联系，必须从理论上深刻领会马克思主义群众观点，从感情上培养与人民群众的深情厚谊。人民群众是物质财富和精神财富的创造者，是推动社会变革的决定力量，是创造历史的主体，代表了历史发展的趋势，党的一切工作都必须体现这一历史唯物主义基本观点，任何一个共产党员都必须把群众观点上升到马克思主义的理性自觉。同时，良好党群关系的发展，还必须经过与人民群众风雨同舟、患难与共的感情培养过程，在这一过程中体会人民群众的智慧和美德。毛泽东在谈到自己对工人农民感情转变时说：“我是个学生出身的人，在学校养成了一种学生习惯，

---

① 《江泽民文选》第3卷，人民出版社2006年版，第537页。

在一大群肩不能挑手不能提的学生面前做一点劳动的事，比如自己挑行李吧，也觉得不像样子。那时，我觉得世界上干净的人只有知识分子，工人农民总是比较脏的。知识分子的衣服，别人的我可以穿，以为是干净的；工人农民的衣服，我就不愿意穿，以为是脏的。革命了，同工人农民和革命军的战士在一起了，我逐渐熟悉他们，他们也逐渐熟悉了我。这时，只是在这时，我才根本地改变了资产阶级学校所教给我的那种资产阶级的和小资产阶级的感情。"① 这样的转变可以说是中国共产党人在感情上的脱胎换骨，没有这样的感情培养过程，就不可能有密切的党群关系。

2. 保持同人民群众的血肉联系，必须用科学的理论武装群众，把真理的力量化为物质的力量，必须关心群众的物质利益、政治利益，代表最广大人民的根本利益。中国共产党是马克思主义政党，马克思主义的真理不会在群众中自发产生，因此在帮助人民群众提高物质生活水平的同时，还要帮助他们提高思想觉悟，激发他们的建设积极性，用共同的理想和精神支柱凝聚民心，带领广大群众为建设富强、民主、文明的社会主义和谐社会而不懈奋斗。

3. 保持同人民群众的血肉联系，既要依靠党组织的力量，又要依靠广大党员的模范带头作用。在社会主义市场经济条件下，市场经济优胜劣汰的内在本性及其他因素势必造成某些人、某些地区生活水平相对落后，一旦差距超过合理的限度，必将影响到社会的稳定。解决这些问题要靠国家统筹安排和发达地区的帮助，更为重要的则是在相对落后地区建立强有力的党组织，尤其要使党的基层组织成为联系群众的坚强堡垒。党组织作用的发挥，离不开每一个党员的努力，因此在社会结构急剧变化、新经济组织迅猛发展、新的社会阶层不断涌现的今天，扩大党组织的覆盖面、积极稳妥地在新阶层中发展党员、充分发挥他们的影响力，已成为一项紧迫的任务②。

马克思主义执政党的最大危险，就是脱离群众。在新的执政条件下，党群关系既面临着许多挑战，也存在着良性发展的机遇。深刻把握执政条件的变化和执政环境的变化，在坚持党的群众工作经验的同时，不断改进群众工作方式，是保持同人民群众血肉联系的必然要求。

1. 处理党群关系必须在社会主义民主政治的框架下、在宪法和法律的范

① 《毛泽东选集》第3卷，人民出版社1991年版，第851页。

② 田培炎，李长峰：《政党作风片论》，人民出版社2004年版，第294～295页。

围内进行。社会主义市场经济的发展，迫切要求改革高度集权的政治管理体制、建立配套的民主调控体系，迫切要求完善权力运行机制、坚决抑制市场经济过程中的腐败现象，迫切要求加强制度建设、实现社会主义民主政治的制度化、规范化、程序化。民主政治建设必须坚持党的领导，党的领导不能脱离民主政治建设的基本规律。党内民主是党的生命，是党的性质和宗旨的必然体现，是坚持和改善党的领导的内在要求，对人民民主具有重要的示范和带动作用。作为执政党，许多党员在国家机关和社会组织中担负着领导工作，执掌着重要权力，因此，党内民主的状况将极大地影响整个社会。党内民主是国家政治生活民主化的关键，通过党内民主推进人民民主是适合中国国情的切实可行的途径。人民民主是社会主义民主政治的核心，它不仅具有价值上的意义，而且具有制度上和组织上的意义，发扬人民民主既要深入探索其内在价值与精神，又要重视其实现方式和制度安排。只有把人民民主落实到国家政治、经济、文化及各项决策和管理中，落实到各项制度和工作中，落实到广大人民行使民主权利的实践中，才能充分发挥社会主义民主政治的优越性，才能充分调动广大人民建设社会主义的积极性。

2. 发展党群关系必须注重社会公平，保护人民群众政治参与热情。现代社会公平体现在以下几个方面①。（1）权利公平，指通过社会的制度安排和非制度安排给每个社会主体提供平等的生存权、发展权、劳动权、受教育权、就业权，这些权利不因家庭背景、种族、性别以及资本占有状况而受到不平等待遇；建立健全覆盖全社会的保障体系对这些权利进行保护，为缺乏劳动能力的人和遭遇各种灾难的人提供基本的生活条件。（2）机会公平。每个社会主体在选择机会、参与竞争方面应确保机会均等，包括起点公平和过程公平。（3）规则公平。这是机会公平和权利公平的保障。规则的制定必须考虑各个阶层的利益和要求，并且应确保规则的严格实施。政府不仅要保证在制度和规则面前所有社会主体一律平等，还要保证社会主体享有平等的规则。（4）效率公平。没有竞争，社会必然缺乏动力源，从一定意义上说，讲究效率、奖勤罚懒、追求优质高效也是一种公平，只有这样才有利于调动积极性。当然，建立在竞争公平之上的效率公平必须控制在合理的限度之内，有差别无公平，竞争作为动

① 关于社会公平，部分参考：肖玉明：《社会公平与和谐社会》，《光明日报》2005年4月26日。

力源就会枯竭。（5）分配公平。分配是否公平，不仅关系到效率的高低，对社会制度的变革和社会秩序的维护与稳定也起着决定性作用。（6）社会保障公平。尊重每一个人的生存权和发展权，建立健全覆盖全社会的保障体系，是政府的责任和社会的义务。

3. 在全球化背景下，必须大胆学习其他国家政党处理党群关系的基本经验。中国共产党过去只注意吸取同类政党（如原苏联东欧国家的共产党）执政的经验教训，而很少学习总结其他类型政党（特别是社会民主党、资产阶级政党）的经验教训。改革开放以后，中国共产党基于时代主题的变化，继续坚持以和平共处五项原则为准则，实行灵活务实的外交政策；坚持政党之间完全平等，互相尊重对方的独立自主权利，互不干涉对方内部事务。邓小平说："各国的事情，一定要尊重各国的党、各国的人民，由他们自己去寻找道路，去探索，去解决问题，不能由别的党充当老子党，去发号施令。我们反对人家对我们发号施令，我们也决不能对人家发号施令。这应该成为一条重要的原则。"① 随着改革开放的不断深入，中国共产党以越来越宽广的胸怀研究不同意识形态政党的得失，标志着中国共产党在政党交往方面全面、彻底地超越了意识形态的差异。2004 年 9 月中国共产党主办了第三届亚洲政党国际会议，其目的之一就是学习、借鉴不同国家、具有不同性质的各类政党的重要经验，改进领导体制、工作机制、领导方式、执政方式，处理好党政关系、巩固和扩大社会基础与阶级基础。

4. 在信息化时代，为应对西方传媒特别是互联网的冲击和"意识形态终结"、"人权无国界"的论调，我们在批判吸收人类社会一切优秀文明成果的同时，必须理直气壮地坚持马克思主义意识形态，坚持四项基本原则，既要积极推进信息网络化的发展，又要大力加强对网络的管理，力争在全球信息网络化的发展中占据主动地位，着力提升自身文化的先进性，维护自身文化的独特性，引导人民群众的文化生活，在积极推进中国特色社会主义精神文明和政治文明建设的实践中推进党群关系的和谐。

三、健全和完善制度：加强党风建设的基本保证

中国共产党几十年的作风建设实践表明，作风建设必须与制度建设相互协

---

① 《邓小平文选》第 2 卷，人民出版社 1994 年版，第 319 页。

调和配合，只有得到强有力的制度保障，才能巩固作风建设的成果，才能有效地保持党的优良传统和作风。党风方面存在的一些亟待解决的问题都与某些制度和体制中的弊端紧密相关。1. 教条主义、本本主义滋长，虽有思想方面的原因，表现为因循守旧、不思进取的精神状态，照抄照搬、得过且过，不注意汲取群众创造的新鲜经验，习惯于用老方法想问题办事情，缺乏主动性和创造性，或表现为主观随意，盲目蛮干，但更根本地看，则是因为在领导干部选拔、评价、考核体系中，民主、竞争机制不到位，现行干部人事制度缺乏对平庸者应有的制约。2. 形式主义、官僚主义盛行，弄虚作假、虚报浮夸严重，工作只作表面文章，办事踢皮球，工作业绩注水，对人民群众的利益不管不问。这种歪风虽为广大人民群众所不齿，但却能得到一些上级领导的保护，是因为某些现行干部选任制度使干部只对上负责，不对下负责，而人民群众在干部选拔上很少有发言权，对干部的评价也不过是走过场，很难真实地贯彻到干部选任过程中去。3. 独断专行、软弱涣散问题突出，以权谋私、贪图享乐现象蔓延，某些“一把手”大权独揽，家长制作风横行无忌，某些干部生活腐化、道德沦丧，原因在于缺乏健全的对权力进行监督和制约的机制。总之，作风问题一方面与世界观、价值观问题相关，另一方面也与道德约束和制度规范密切相关，加强和改进党的作风建设必须完善相关制度。

党的民主集中制是党的各项具体制度建设的准则和依据，是党的最根本的制度。一方面，民主和集中相一致，民主是集中的客观基础，集中是民主的必然要求。只有坚持发扬党内民主，才能激发党的活力，调动党员的各方面的积极性，从而增强党的团结，增强党的凝聚力和战斗力。另一方面，民主和集中相互制约。没有民主的集中是虚假的集中，破坏了党的集体领导制度，极易导致少数人的专断；离开了集中的民主，最终会导致极端民主化和无政府主义，涣散党的团结，破坏党的统一。《中国共产党章程》对民主集中制的基本原则有如下规定：1. 党员个人服从党的组织，少数服从多数，下级组织服从上级组织，全党各个组织和全体党员服从党的全国代表大会和中央委员会。2. 党的各级领导机关，除它们派出的代表机关和在非党组织中的党组外，都由选举产生。3. 党的最高领导机关，是党的全国代表大会和它所产生的中央委员会。党的地方各级领导机关，是党的地方各级代表大会和它们所产生的委员会。党的各级委员会向同级的代表大会负责并报告工作。4. 党的上级组织要经常听取下级组织和党员群众的意见，及时解决他们提出的问题。党的下级组织既要向上级组织请示和报告工作，又要独立负责地解决自己职责范围内的问题。上下级组织之间要互通情报、互相支持和互相监督。党的各级组织要使党员对党内事务有更多的了解和参与。5. 党的各级委员会实行集体领导和个人分工负责相结合的制度。凡属重大问题都要按照集体领导、民主集中、个别酝酿、会议决定的原则，由党的委员会集体讨论，作出决定；委员会成员要根据集体的决定和分工，切实履行自己的职责。6. 党禁止任何形式的个人崇拜。要保证党的领导人的活动处于党和人民的监督之下，同时维护一切代表党和人民利益的领导人的威信。

党的民主集中制原则必须具体化为由各种制度相互配合的有机系统，包括党的组织制度、领导制度、干部制度、工作制度、生活制度、监督制度和廉政制度等内容。党的组织制度是党的民主集中制原则的具体化，主要包括党的组织机构的设置，党员的接收、管理和处置，党的基层组织建设等规范。党的领导制度是党的领导实践中必须遵循的行为准则，主要包括党的代表大会、党内上下级之间的组织关系，党的委员会和党组内部的关系、党委与其职能部门之间的关系、党员与党组织之间的关系的规定，以及党政关系、党与军队的关系、党与民主党派的关系、党与群众团体的关系、党与企事业单位的关系等规定。党的干部制度是党在管理和使用干部时必须遵循的行为准则，主要包括干部的选举、招考、考核、任免、弹劾、轮换、奖惩、交流、回避、监控、退休及干部任期、职权范围、政治待遇和生活待遇等规定。党的工作制度是党的各个职能部门及其机构工作的行为准则，主要是党在处理日常事务中的各项规定①。

监督是一个完整的体系，包括党内监督、法律监督、社会组织和人民团体的监督、群众监督、舆论监督等，其中党内监督是党的建设和发展的内在动力，也是党风建设的重要环节。党内监督是政治监督、纪律监督，就是上下级党组织之间、党员之间相互监察和督促，依靠全党的力量进行党的自我约束和自我完善，只有党的各级组织和广大党员严格遵守党的各项规章制度，才能保持党的健康肌体，也才能自觉防止和抵御党内外各种不良风气。除此之外，还必须有其他形式的监督来补充。法律监督包括国家权力机关的监督、行政机关的监督和司法机关的监督，这在维护法律的统一和尊严方面有着重要作用；社

---

① 晋乾泰：《中国共产党作风建设学》，红旗出版社 1993 年版，第 331～332 页。

会组织和人民团体的监督主要是人民政协、民主党派和社会团体的监督，这些监督在实践中发挥了积极有效的作用，有利于提高各监督主体的政治参与热情；群众监督的积极展开有利于节约监督成本，有利于建立融洽的党群干群关系，从而有利于社会的和谐和稳定；舆论监督主要是通过新闻媒介和互联网进行的监督，这种监督近年来在揭露各种违法犯罪事实、提供破案线索方面起到了重要作用，开展舆论监督是转变领导作风的有效手段，也是遏制腐败的一项重要措施。以上这些监督形式和党内监督一道，形成了对各种不正之风的内外夹击。但是，这些监督形式虽然有了不少进展，却仍存在这样一些问题：1. 各种监督形式未能协调互动，基本上各自为战，不能形成整体合力，因而对腐败现象的震慑力度不够。2. 各种监督形式的监督主体与客体的地位、职责、权限和相互关系以及监督活动的范围、方式和程序等缺少具体而缜密的关系网络，不能形成层层相依、互相衔接的权力与责任关系网络。3. 监督方式缺乏强制性，有些规定量化不够，难以操作①。

加强党和国家政治制度建设，保证和促进党的优良作风，既包括政治统治形式意义上的基本政治制度建设（进一步完善人民当家作主的政治制度），也包括具体政治制度建设（执政党的领导制度、监督制度，国家权力的构成制度、运行制度，人民群众对政治生活的参与制度、监督制度），还包括政治生活各个领域各个层面的具体体制及其运作机制。改革开放后，我们国家创制了许多法律法规，根本改变了自建国以来在许多方面无法可依的局面。现在我们所谓的制度不完善，并不是缺乏更多的关于根本制度阐述和具体条例的规定，而是要从更深层次上解决体制和机制不健全、不完善的问题。突出体制和机制问题在党的制度建设中的地位，就是要注重制度建设的整体性和系统性，协调体制和机制各要素之间的联系。

当然，制度的生命在于执行，只有贯彻落实了才能发挥积极作用，没有良好的作风，制度就成为摆设，不可能发挥应有的作用。清末沈家本（1840 ~ 1913）曾说："法善而不循法，法亦虚器而已。"② 现在我们的社会法制不完善，很大程度是在于法不能得到执行，不能对全体公民形成一种最普遍的约束力。只有把优良作风上升为一种制度，把根本制度、具体制度和体制机制作为

① 董连翔：《执政党建设理论与实践研究》，人民出版社 2003 年版，第 400 页。

② 沈家本：《沈寄簃先生遗书·历代刑法考》。

一个整体来看待，着眼于构成三者之间紧密结合的有机网络，才能切实保障制度的执行，才能完善社会主义民主政治。同时，制度建设必须同思想建设结合起来，只有提高大家的思想觉悟，加强道德修养，好的制度才能得到贯彻执行，人们才会自觉自愿地始终如一地坚持和弘扬优良作风。

四、反腐倡廉：加强党风建设的重要环节

反腐倡廉、拒腐防变，及时清除腐败分子，历来是党的建设的重要内容，也是党作风优良、充满生机与活力、始终走在时代前列的重要保证。党中央之所以下大力气打击腐败现象，是因为腐败现象成了党风和社会风气不好的最集中、最严重的表现，对党的优良传统形成严重冲击：腐败现象打击人们的劳动积极性，破坏市场经济的基本规则和运行秩序，阻碍社会主义现代化建设的发展；经济腐败还容易渗透到生产关系和上层建筑领域，发展到政治腐败，造成极大的政治危害性，政治腐败进而又表现为经济腐败，这样的恶性循环会造成生产力的大倒退；腐败现象严重损害党的形象，侵蚀党的凝聚力和向心力，削弱党的领导的权威，动摇党的群众的基础，危害人民政权；腐败现象涣散人心，造成不思进取、歪门邪道的不良风气，败坏党风和社会风气。

当前仍处于腐败的高发期，腐败现象依然比较严重，随着改革的深化和市场经济的发展，腐败分子的作案手段越来越狡猾、越来越隐蔽，特别是加入WTO后，腐败开始具有国际化背景，赃官携巨款外逃时有发生，群众对此反映强烈，广大党员心存担忧，甚至有人产生了种种错误认识和悲观情绪。治理腐败要从源头预防，就必须对腐败的成因进行探讨。1. 在国家不得不扮演社会正式代表的条件下，那些具体的社会正式代表具有公共利益代表和私人利益代表的双重身份。“正因为各个个人所追求的仅仅是自己的特殊的、对他们说来是同他们的共同利益不相符合的利益（普遍的东西一般说来是一种虚幻的共同体的形式），所以他们认为这种共同利益是‘异己的’，是‘不依赖’于他们的，也就是说，这仍旧是一种特殊的独特的‘普遍’利益，或者是他们本身应该在这种分离的界限里活动，这种情况也发生在民主制中。另一方面，这些特殊利益始终在真正地反对共同利益和虚幻的共同利益，这些特殊利益的实际斗争使得通过以国家姿态出现的虚幻的‘普遍’利益来对特殊利益进行

实际的干涉和约束成为必要。”① 如果利益边界界定模糊，必然出现以私害公、损公肥私的腐败。2. “超度”的政府职能意味着社会稀缺资源的行政垄断，行政垄断越多，竞争中的“寻租”活动就会越频繁。3. 在缺乏刚性他律的条件下，公共权力的行使过分倚重权力执掌者的个人自律，必然出现权力滥用。4. 如果少数腐败分子不但逍遥法外，而且一路畅通、春风得意，腐败就会成为一种恶性病毒四处蔓延②。

“以权谋私”是腐败的直接表现，腐败现象总是与权力滥用密不可分。所谓腐败，就是国家机关及其工作人员为了追求自己的特殊利益，而利用手中的公权力为个人的利益服务，从社会的公仆变成社会的主人。权力是统治阶级为维护自身利益而以强制性手段体现出来的国家意志。权力是一把双刃剑，既可以用来为公众服务，也可能由某些掌权者用来为私人利益服务。掌权者拥有强制力量，权力的客体只能服从，在掌权者不受制约与监督的情况下，权力就可能被滥用。在市场经济条件下，公共权力时刻面临着物质的诱惑和侵蚀，权力与物质、权力与金钱结合的机会增多，很容易导致官商勾结、权钱交易、以权谋私等腐败现象，一部分党员干部由此而蜕化变质。以权谋私直接影响到党的执政的合法性，这是当前影响党群关系的最为严重的问题。党的政治权威、党的执政地位的合法性均来自于人民的支持和拥护，来自于人民群众对党的道义上的信任。如果腐败行为得不到有效遏制，人民群众便有可能对党和政府的政治权威产生质疑，党的基本路线便得不到有效的贯彻。正确对待手中的权力，是执政党必须认真解决好的一个关系到社会发展前途的根本性课题。

遏制以权谋私，首先必须牢固树立正确的权力观，从思想上筑牢反腐倡廉、拒腐防变的堤防。中国共产党是马克思主义政党，她的一切工作的出发点和落脚点都是为了人民群众的利益。立党为公、执政为民，是我们党同一切剥削阶级政党的根本区别。领导干部只有关心群众、服务群众，始终做到权为民所有，情为民所系，利为民所谋，把为人民服务的最高宗旨具体体现在每一个党员干部的行动上，才能赢得广大人民群众的拥护和支持，党和国家的利益才能建立在坚实的基础之上。一些党员干部腐化堕落，归根到底是世界观出了问题。改革开放以来的大量事实告诉我们，一个干部或党员的蜕化变质，往往是

---

① 《马克思恩格斯全集》第3卷，人民出版社1956年版，第38页。（着重号为原文所加。）

② 田培炎，李长峰：《政党作风片论》，人民出版社2004年版，第427～429页。

从思想上的蜕化变质开始的。由于我们党处在长期执政地位并长期执政，党内有一些人逐渐产生了虚幻化的错误思想倾向，似乎党和人民赋予的职权，以及自己的地位、影响和工作条件都是自己的既得利益，甚至把这些东西看成谁也碰不得、动不得的私有财产，并千方百计去维护和扩大这种所谓既得利益。这是十分危险的。为此，广大党员干部一定要立足教育，着眼于防范，把思想政治教育作为反腐败的基础工作切实抓好，要坚持学习马列主义、毛泽东思想和中国特色社会主义理论体系，坚持讲学习、讲政治、讲正气，着力打牢马克思主义世界观、人生观、价值观，坚定理想信念，增强走建设中国特色社会主义道路的自觉性和坚定性；要加大反腐倡廉工作的宣传教育力度，加强对党员干部党性党风党纪教育和遵纪守法教育，加强思想政治修养，锻炼意志品质，提高精神境界，保持高尚的道德情操，追求积极向上的生活情趣，真正养成共产党员人的高风亮节。

健全执政党权力监督制约机制，是反对执政党内出现既得利益集团的根本条件。对权力失去监督制约，必然导致腐败。完善监督机制，加强监督职能，是制约执政党权力的有效途径。一是强化党内监督。来自党外的监督只有通过党内监督才能发挥作用，党内权力制约机制既是党保证自身先进性的可靠手段，也是整个社会监督体系的核心。1. 必须理顺党内监督体制。一方面，对现行的监督职能机关即党的各级纪律检查委员会的领导体制进行必要的改革，在保持目前双重领导体制的基础上，进一步加强垂直领导的力度。另一方面，在现行的体制之下，必须通过立法保证监督机关有一个良好的执法环境，树立党内监督权威，扩展监督机关的权限，尤其是对同级党委重大决策的参与权、建议权、批评权，对党的干部任免的提议权、考核权、弹劾权和质询权，对违法违纪案件的立案权、检查权和处分权。2. 必须完善党内法规。这种完善不仅指党内监督，而且还应包括党的领导制度、民主集中制、干部管理制度、廉洁从政制度等一系列规范，形成严密、互补、科学的体系，并使之具有明晰、具体、可操作的特点。3. 必须强化党内民主，在现行民主集中制的基础上，进一步使党内事务公开透明，扩展基层党员的知情权，变自上而下的监督为上下互补的监督①。二是强化对用人权的监督。坚持任人唯贤，是加强和改进党的作风建设的组织保证。“思想路线政治路线的实现要靠组织路线来保证”，

---

① 董连翔：《执政党建设理论与实践研究》，人民出版社2003年版，第383～384页。

"解决组织路线问题，最大的问题，也是最难、最迫切的问题，是选好接班人。"① 权力是通过具体的人来实施的，权力的腐败是运用权力的人的腐败。权力必须掌握在作风好的干部手中。"加强对干部选拔任用工作的监督，是选贤任能的关键。认真执行并进一步完善党政领导干部选拔任用工作制度，对干部的推荐提名、考察考核、讨论决定等各个环节实行全过程监督。完善干部考核制度和方法，逐步实行干部考察预告制度和差额考察制度。发挥群众监督的作用，凡是群众反映的内容具体、情节严重的问题，要认真调查核实。逐步建立健全干部选拔任用工作责任追究制度，对用人失察失误造成严重后果的要追究责任。……对那些认真贯彻执行党的路线方针政策、开拓进取、实绩突出、清正廉洁、群众拥护的干部，要委以重任。对那些脱离群众、脱离实际、搞形式主义和官僚主义的人，作风飘浮、不干实事、弄虚作假的人，因循守旧、照抄照搬、不思进取的人，作风霸道、不顾大局、闹不团结的人，任人唯亲、拉帮结伙、跑官要官的人，贪图享乐、铺张浪费、以权谋私的人，不仅不能提拔使用，而且要严肃批评教育，直至作出组织处理和纪律处分。"② 三是完善适度的权力制衡机制。权力的过分集中极易导致权力的滥用，人类在驾驭权力的时候确实需要防止它变成潘多拉盒子里的祸害。西方国家为了对权力进行制约，设计出一整套机制和办法，如三权分立，多党制，舆论监督等等，这些机制和办法虽然不能照搬照抄，但权力制衡的思想还是可以借鉴的。按照"集体领导、民主集中、个别酝酿、会议决定"的原则，通过合理分权，改变主要领导一把抓的状况，是必须认真对待的一个问题。

党的十七大第一次提出反腐倡廉建设新概念，将反腐倡廉工作提升到一个更为显著的地位，创造性地把反腐倡廉建设纳入党的建设体系，丰富和发展了马克思主义党的建设理论，具有重要的理论意义；同时，加强反腐倡廉建设，对于提高党的执政能力、巩固党的执政地位、促进领导干部廉洁自律、从源头上防治腐败，具有十分重要的实践意义。

五、领导干部作风建设：加强作风建设的关键因素

党风建设是全党的任务，其目的之一就是加强党的凝聚力和战斗力。在中

① 《邓小平文选》第2卷，人民出版社1994年版，第190，192页。

② 《中共中央关于加强和改进党的作风建设的决定》，《十五大以来重要文献选编》下卷，人民出版社2003年版，第2016页。

国革命、建设和改革的不同时期，中国共产党始终是坚强的领导核心，是全国各族人民大团结的核心凝聚力和核心战斗力。在党内，以中央领导集体为核心、由党的各级领导干部形成党的核心凝聚力和核心战斗力，进而根据“个人服从组织、少数服从多数、下级服从上级、全党服从中央”的组织原则，全党形成坚强的战斗力。领导干部的作风状况直接影响党群干群关系，影响党的凝聚力、号召力和战斗力，影响党和人民事业的成败。

中国共产党历来重视领导干部的素质和作风。毛泽东说过，指导伟大的革命，要有伟大的党，要有许多最好的干部，如果领导者是狭隘的小团体，不识大体，没有远见，没有能力，这是不行的；领导干部必须懂得马克思列宁主义，有政治远见，有工作能力，富于牺牲精神，能独立解决问题，在困难中不动摇，忠心耿耿为民族、为阶级、为党而工作。邓小平强调，“为了整顿党风，搞好民风，先要从我们高级干部整起”①，因为“高级干部能不能以身作则，影响是很大的”，纠正不正之风“要先从领导干部纠正起”，“群众的眼睛都在盯着他们，他们改了，下面就好办”②。江泽民强调，党的各级领导干部务必带头加强党性锻炼，一定要讲学习、讲政治、讲正气。胡锦涛进一步提出要在领导干部中倡导八种良好风气，增强忧患意识、公仆意识和节俭意识，实现领导干部作风的进一步转变。

加强干部队伍特别是领导干部的作风建设，是加强党风建设的关键因素。

首先，这是保持党的先进性的必然要求。

中国共产党是中国工人阶级的先锋队，同时是中国人民和中华民族的先锋队，这就从本质上要求党员和干部应该具有优良作风。因此，必须始终从保持党的先进性的战略高度看待干部队伍特别是领导干部的作风建设。作为执政党，中共是全国各族人民的坚强领导核心，她的党风引领时代潮流，是整个社会风气的表率和主心骨，而拥有一大批高素质的马克思主义领导干部是党的先进性的集中体现，领导干部马克思主义理论素质高、前瞻能力强、心系民众、踏实肯干，才能更好地体现党的先进性，与时俱进，开拓创新，不断推动中国特色社会主义向前发展。

其次，这是影响党的力量的重要因素。党的力量一方面体现为真理的力

① 《邓小平文选》第2卷，人民出版社1994年版，第219页。

② 同上书，第125页。

量，另一方面体现为人格的力量。

所谓党的力量体现为真理的力量，是指党制定并贯彻正确的路线方针政策，维护好、实现好、发展好最广大人民的利益。历史经验告诉我们，党的路线方针政策正确与否，决定着党的事业的成败，而要制定正确的路线方针政策，党的领导干部特别是高级领导干部起着关键的作用。遵义会议以后，党的三大优良作风逐渐形成，以毛泽东为核心的党的中央领导集体领导全党进行了著名的延安整风，并加强了对领导干部的培养工作，为全党的团结、抗战的胜利、全国的解放奠定了雄厚的干部基础。建国初期，党风的状况基本上是好的，这与当时坚持党的集体领导、开展健康的党内民主生活密切相关。后来，党在路线方针政策的制定、贯彻上出现了一些大的失误，但党最终依靠广大干部、党员和人民群众的力量纠正了自己的错误。改革开放以来，党领导人民取得了举世瞩目的伟大成就。党之所以能够不断地纠正错误、战胜敌人、战胜困难，靠的就是在革命、建设、改革的实践中不断地掌握人类社会发展规律、社会主义建设规律和共产党执政规律，靠的就是始终维护、实现、发展最广大人民的利益。而这一切，都离不开广大党员、干部的努力工作。

所谓党的力量体现为人格的力量，是指党通过各级干部、各级组织和广大党员把党的优良作风体现在各行各业的工作中去，在人民群众中树立起党的光辉形象。党的思想路线政治路线的实现要靠组织路线来保证，要由赞成党的政治路线的人来具体地贯彻执行，因而干部就成为关键因素。党的各级干部是党的事业的骨干，是党联系人民群众的纽带。俗话说，上梁不正下梁歪，“其身正，不令而行；其身不正，虽令不从”。领导干部作风好，发扬民主作风，就有利于制定正确的政策并予以贯彻实施，有利于推进党的事业，有利于凝聚民心、增进团结。否则，领导干部作风不好，不利于制定正确的政策，或者正确的政策难以得到实施，从而有损于党的事业，损害党群关系，败坏党的形象。个别干部的不正之风有时会产生“部分大于整体”的负效应，有如瘟疫一样容易泛滥，换言之，个别人、少数人的不正之风影响到整个党的形象和人民群众对党风的总体评价。从这个意义上说，加强领导干部的作风建设既是反腐倡廉的重要前提，也是反腐倡廉的重要途径，更是体现党的人格力量的重要途径。

再次，在当前，国际竞争日益激烈，我们正面临着前所未有的机遇和挑战。

加强干部队伍特别是领导干部的作风建设，是贯彻落实科学发展观的要求，是构建社会主义和谐社会的要求，是提高党的执政能力、保持党的先进性的要求。只有加强领导干部作风建设，坚持以人为本，大兴求真务实之风，才能心系于民、依靠群众，不断克服观念上、制度上、体制上的障碍，在发展中寻求解决问题的办法；只有领导干部具备良好的思想作风、学风、工作作风、领导作风，保持高尚的生活情趣，才能促进党群关系、人民关系的和谐，担负起构建社会主义和谐社会的重任；只有加强领导干部作风建设，才能不断提高党的执政能力，科学执政、民主执政、依法执政，不断赋予党的先进性以新鲜的内容。

加强干部队伍特别是领导干部作风建设是一项长期的艰巨任务，必须遵循其内在规律，讲究方法，标本兼治，常抓不懈。一要加强领导，明确目标，落实责任，以身作则。领导干部作风建设是一件大事，不能各自为战，必须率先垂范，针对问题，剖析根源，采取有力措施，在“做”上下功夫。二要把加强教育和健全制度结合起来，一方面坚持不懈地进行政治思想教育，筑牢领导干部思想道德防线，另一方面要加强组织协调，强化监督，严肃纪律，促进权力行使的规范化、程序化，建立领导干部作风的长效机制。三要齐抓共管，综合治理。领导干部作风建设是加强党风建设的关键因素，并不是说普通党员就无足轻重，勿宁说，广大普通党员有义务更有权利参与到领导干部作风建设中去，与领导干部一道共同促成党风建设的整体推进。

六、作风创新：保持党的先进性的必然要求

只有符合社会发展要求的先进性才具有永恒的生命力，党的先进性必然处于不断的创新之中。既然党的先进性不是空洞的理论抽象，而是具体地、历史地体现在党的意识形态上，体现在党组织和党的各项制度的健康运作上，体现在党和人民群众一道推动社会发展的行动上，体现在党员个体的思想道德素养和全心全意为人民服务的行动上，那么党的先进性必然以一定的精神风貌和具体结果展现出来，也就是说体现为党的作风创新。党的优良作风是党的先进性的重要标志，党的先进性要靠加强和改进党的作风建设来保持。加强和改进党的作风建设，是党永远立于不败之地的重要保证，从这个意义上说，作风创新就是保持党的先进性的重要内容。

作风创新，就是不断“总结新的实践经验，努力培育新的作风”①，就是发扬创新精神，制定新的政策和办法来维护群众利益、密切党同人民群众的联系。培育新的作风有外延式的创新和内涵式的创新两种基本形式。外延式作风创新是指根据新的实际情况创造出与以往不同的、具有新的特质的优良作风，如党的三大优良作风是党在险恶的生存环境中历经磨难而形成的、区别于历史上和同时代任何其他类型政党的、全新的作风。内涵式作风创新是指根据新的实际情况赋予优良作风以新的内容，或以全新的视角发扬优良作风，或改变优良作风的作用方式，如创建节约型社会就是对艰苦奋斗优良作风的新发展，而且是带有全局性的宏观思路和战略决策，当然，真正达到这一目标还有很长的路要走。内涵式的创新可以说是作风创新的常态。

作风创新需要用科学的作风观对作风建设做出新的理论概括。作风建设的指导思想是：坚持马克思列宁主义、毛泽东思想、邓小平理论的指导，按照“三个代表”重要思想，紧紧围绕经济建设这个中心和改革发展稳定的大局，坚持党要管党、从严治党，以进一步密切党同人民群众的联系为核心，以保持党的先进性、纯洁性和增强党的创造力、凝聚力、战斗力为目标，发扬优良传统，加强思想教育，推进制度建设，解决突出问题，努力把党的作风建设提高到一个新的水平，并进而带动整个社会风气的提升。作风创新需要解放思想、实事求是，需要从教条主义的框框里解放出来，这就要能够把握共产党执政规律、社会发展规律、作风建设规律，而要掌握这些规律就必须努力学习、勤于思考、勇于探索、敢于创新、甘于实干、乐于奉献。党中央提出要抓住重点，集中解决党的思想作风、学风、工作作风、领导作风和干部生活作风方面的突出问题，全面贯彻“八个坚持，八个反对”，这就是对作风建设的理论创新。

作风创新需要新的视角。我国改革的目标是建立社会主义市场经济体制，新时期的作风建设又是在经济全球化、世界多极化的形势下进行的，因此作风建设必须适应这一时代要求。与此相应，坚持马克思主义意识形态、搞好社会主义现代化建设、不断提高广大人民群众的物质文化生活水平是创新，只有这样才能把握好作风建设的方向，作风建设也才有说服力；理顺党政关系是创新，只有不断促进党内民主和人民民主，不断完善民主集中制，才能给作风创

① 《江泽民文选》第3卷，人民出版社2006年版，第291页。

新提供可靠的制度保障；合理界定政府权限、增强政府服务社会职能是创新，随着我国经济社会的发展，人民群众政治参与热情越来越高，这就需要提高政府依法行政、为民服务的意识和服务效率，需要政府有所为有所不为，在法律授权的范围内恪尽职守，在法律没有授权的领域不越俎代庖；引导和帮助市民社会的健康发展、促进人民当家作主是创新，应该尊重人民群众的创造力，着力激发社会发展活力，提高社会自我良性运作的能力，这样才会有积极向上、生动活泼的政治局面。凡此种种，落到实处就是作风创新。

作风创新需要处理好变与不变的关系，或者说发扬与继承的关系。创新意味着与“旧”相异，但创新更意味着与时代要求相适应，新旧与否不能只看时间的先后。就作风创新的任务来说，“现在历史条件变了，社会环境变了，党肩负的任务变了，但党的根本宗旨和优良作风绝不能变”①，这种“绝对不能变”是说党的优良传统和作风的精神实质不能变。同时，创新又是“变”，优良传统和作风在新的历史条件下要不断赋予它新的内容，以新的方式展现出优良作风的勃勃生机，要“积极投身建设有中国特色社会主义的伟大事业，在发扬党的优良传统的基础上，立足国情、面向世界，锐意改革、致力发展，发扬民主、依法办事，给作风建设注入新的活力”②。

作风创新需要相关制度创新予以保障。优良作风的常态化需要制度的保障，而制度的生命在于实施，在于社会民主化程度的提高。制度不是各不相关的零部件，而必须是各个部分相互紧密联结、相互促进的一个系统，一个整体，因此各种规章制度、体制机制的规范化、具体化、相互协调和具体实施，是作风创新必不可少的环节。同时，制度的实施又离不开人们的自觉遵守，离不开党风的引领和社会风气的烘托。

作风创新需要不断纠正自己以往在认识上和行动上的错误。“一切不符合党的事业发展要求、不符合人民利益的不良风气，都应坚决克服。当前，特别要注意克服不思进取、无所作为的思想状况，克服种种严重脱离群众的现象，坚决反对形式主义和官僚主义的歪风。”③ 中国共产党勇于自我批评，敢于根据时代的新要求不断地超越自我——把“和谐社会”作为一种社会发展的价

---

① 《江泽民文选》第1卷，人民出版社2006年版，第406页。

② 《中共中央关于加强和改进党的作风建设的决定》，《十五大以来重要文献选编》下卷，人民出版社2003年版，第1996页。

③ 《江泽民文选》第3卷，人民出版社2006年版，第291页。

值目标，说明党在扭住发展这个执政兴国第一要务的同时，把促进社会公平和正义摆到了重要位置。在我国社会资源分配较为不平等、贫富差距不合理的情况下，提出让正义成为社会主义首要价值这个目标，本身就表明中国共产党敢于进行批评和自我批评、敢于面对新矛盾新问题的博大胸怀。

作风创新重在行动。优良作风的创新仅靠说教是不够的，还必须在实践中锻炼，必须加强党性锻炼，树立立党为公、执政为民的意识，树立正确的权力观、政绩观，严于律己，保质保量完成自己的本职工作；作风创新还要在同各种不良作风甚至敌对势力的斗争中成长起来。作风创新，只有扎根于人民群众的实践之中，置身于推动社会发展的行动之中，才会新风常在，也才能永葆党的先进性。

几代中央领导集体是作风创新的模范执行者。以毛泽东为核心的第一代中央领导集体为党的优良作风的形成做出了开拓性的贡献。他们不仅身体力行，成为优良作风的探索者和模范实践者，而且在理论上高瞻远瞩，及时对党风建设进行理论概括，形成系统的党风建设理论体系。毛泽东最早提出思想路线和学风问题，在党内开作风研究之先河，周恩来在党内最早使用“群众路线”的概念，刘少奇关于党性修养的探索和七大上对群众观点的经典概括，都是作风创新的生动体现。以邓小平为核心的第二代中央领导集体坚持解放思想、实事求是的思想路线，为优良作风的恢复和弘扬做出了突出贡献。邓小平对思想路线、政治路线和组织路线辩证关系的阐述，对优良作风制度化的主张，对廉政建设的强调，都是富有时代性的创新之举，而他提出的“三个有利于”标准则为衡量党风状况提供了一把重要标尺。以江泽民为核心的第三代中央领导集体强调在社会主义市场经济条件下执政党作风建设的极端重要性，在继续发扬党的优良传统和作风的同时，与时俱进，开创了党风建设的新局面，如“讲学习、讲政治、讲正气”是对党的自我更新、自我批评的深化，“三个代表”重要思想是对党在新的历史条件下保持先进性的全新要求，从源头治理腐败、坚持预防和惩治相结合为党风廉政建设开辟了新的思路，等等。以胡锦涛为总书记的新的中央领导集体自十六大以来提出了一系列重大战略思想，为作风创新做出了重大贡献，如“权为民所用、情为民所系、利为民所谋”的思想是对密切联系群众优良作风的新拓展，科学发展观为作风创新提供了新的参照系，社会主义核心价值体系为作风创新提供了新的内容，等等。

七、正确把握作风建设中的辩证关系

唯物辩证法是马克思主义哲学的重要组成部分，也是马克思主义的根本基础。唯物辩证法不是单一的辩证法，它是包含着多重系列的辩证法群，这一辩证法群可从总体上划分为客观辩证法和主观辩证法，而客观辩证法又可划分为人的活动的辩证法和客观事物的辩证法。就作风来说，由于它由以世界观、价值观为代表的内在要素和以行为方式为代表的外在要素构成，因而作风建设中的辩证关系属于人的活动的辩证法。作风建设中的辩证关系涉及遵循的思想路线、思想道德状况、制度约束和制度保障、工作生活态度和行为方式、优良作风的继承与新的作风的培育等因素，以及这些因素之间的相互作用而形成的带有规律性的各种内在联系。

作风建设的六条规律的辩证关系。

前文所述作风建设的六条规律，与十七大报告和十七届四中全会部署的思想建设、作风建设、制度建设、反腐倡廉建设、组织建设及改革创新是相一致的。

思想理论建设是党的根本建设。“看一个政党是否先进，是不是工人阶级先锋队，主要应看它的理论和纲领是不是马克思主义的，是不是代表社会发展的正确方向，是不是代表最广大人民的根本利益。”① 没有先进理论武装的党，不可能是先进的党；没有先进理论武装的共产党员，不可能发挥先进战士的作用。党的理论创新引领着各方面的创新，因此必须把思想理论建设放在首位。

保持党同人民群众的血肉联系是作风建设的重点，作风建设必须紧紧围绕和服务于党领导的伟大事业，按照党的政治路线来进行，围绕党的中心任务来发展，朝着党的建设总目标来加强。实现好、维护好、发展好最广大人民的根本利益，是党和国家一切工作的出发点和落脚点，只有尊重人民主体地位，发挥人民首创精神，保障人民各项权益，走共同富裕道路，促进人的全面发展，权为民所用，情为民所系，利为民所谋，做到发展为了人民、发展依靠人民、发展成果由人民共享，才能得到广大人民的支持和拥护，作风建设才能有坚实的阶级基础和群众基础。

党的制度建设为党内生活提供正常的运行机制，为党的思想建设、组织建

① 《江泽民文选》第3卷，人民出版社2006年版，第285页。

设、作风建设、反腐倡廉建设提供制度保证。以科学制度保障党风建设，不断增强党内生活和党的建设制度的严密性和科学性，才能不断巩固党风建设的成果，扎扎实实地弘扬优良作风，带动社会风气的提升。

组织建设是作风建设的基础，一个先进的马克思主义政党，不仅要有思想上的统一，还要有基于民主集中制的组织统一和行动统一，而领导干部的作风建设又是党风建设的关键因素。上梁不正下梁歪，把干部的德放在首要位置，是保持党的先进性和纯洁性的重要保证，引导各级领导干部树立正确的权力观、政绩观，完善干部选拔选用机制，健全干部管理机制，匡正选人用人风气，才能起到表率作用，达到以优良党风促政风带民风，形成凝聚党心民心的强大力量。

反腐倡廉是党必须始终抓好的重大政治任务。完善惩治和预防腐败体系是反腐倡廉建设的重点，抓好大案要案查处工作，切实解决损害群众利益的突出问题，依纪依法严肃查办领导干部滥用权力、谋取私利、贪污贿赂、腐化堕落、商业贿赂、失职渎职、充当黑恶势力“保护伞”等行为，党风建设才会更有说服力，党的形象才能更加深入民心。

党风建设与党的中心任务的辩证关系。

党风建设必须紧紧围绕党在各个时期的中心任务展开并服务于这一中心任务，一旦偏离了中心任务，党的事业就会遭受损失，党风建设就会遇到大的挫折；反过来看，党风状况好的时候，党的各项任务就执行的顺利，即使遇到困难或犯了大的错误也能较为及时地予以纠正而不至于造成大的损失，更为重要的是，好的党风能够增强党的凝聚力，把人民群众紧紧地团结在党的周围，更好地为完成党的中心任务而奋斗。

党在各个历史时期的中心任务是由当时的社会主要矛盾决定的。新民主主义革命时期，中国社会的主要矛盾是中华民族和帝国主义之间的矛盾、人民大众和代表封建势力的大地主大资产阶级之间的矛盾，由此决定了中国共产党的中心任务就是反帝反封建。新民主主义革命时期又分为四个历史阶段：大革命时期，土地革命时期，抗日战争时期和解放战争时期，这几个阶段反帝反封建的任务没有发生变化，但由于具体条件发生了阶段性部分质变，从而体现出不同的阶段性特征来。在大革命时期，中国共产党在二大明确提出了反帝反封建的任务，但却没有把握好中国革命的独特性，没有掌握革命军队，因而轰轰烈烈的工农运动在敌人的血腥镇压下失败了。与此相联系，共产党人凭着崇高的共产主义理想和坚定的革命信念，积极投身于工农运动的革命实践中，孕育了优良作风的萌芽，但还没有明确提出党风建设的主张。在土地革命时期，中国共产党逐步地找到了农村包围城市、武装夺取政权的适合中国国情的革命道路，为中国革命的航船找到了灯塔，与此同时，中国共产党也明确提出了党的建设的任务，并提出了思想路线的命题，初步总结了群众工作的经验教训，提出了用正确的批评解决党内思想不一致的问题，并在与“左”倾错误和其他错误的斗争中成长起来，胜利地完成了长征这一举世闻名战略大转移。在抗日战争时期，中国共产党已经开始成熟起来，敏锐地把握到中华民族与日本军国主义之间的矛盾已上升为最主要矛盾这一重大变化，旗帜鲜明地提出建立抗日民族统一战线的主张，既反对“左”倾关门主义，也反对右倾投降主义，号召全党团结一切反日抗日力量为中华民族的生存而奋斗。在这一时期，中国共产党围绕抗日战争这一中心任务，明确提出了整顿党的作风的任务，通过反主观主义整顿学风、反宗派主义整顿党风、反党八股整顿文风的延安整风运动，中国共产党达到了空前的团结和统一，为抗日战争的胜利奠定了思想基础、政治基础和组织基础。在解放战争时期，中国共产党的中心任务就是打倒国民党反动派，取得全国的胜利，与此相适应，党风建设围绕这一任务在各项工作中展开，为全国的胜利打下了基础。建国初期，中国共产党的整党整风总体上都是围绕巩固革命政权、进行社会主义革命而实施的，总的来说，这是时期的党风是好的，党和人民的各项事业也是顺利的。1957 年下半年开始的 20 年中，由于党在指导思想上时不时地脱离社会主义建设这一中心任务，经济社会的发展开始遭受波折，尤其是“文化大革命”的 10 年，党内“左”倾错误占了上风，脱离实事求是的思想路线，教条主义盛行，党的优良作风受到严重破坏。这个教训是极其深刻的。粉碎“四人帮”以后，经过真理标准大讨论，实事求是的思想路线得以重新确立，党的各项工作又紧紧围绕经济建设这一中心任务展开，党的优良作风得以恢复，党风建设逐步重新走上正常轨道，并在改革开放的实践中不断得到发展。可见，在任何时候，党的作风建设都必须围绕党的中心任务进行，相互促进，共同发展。

思想与行动的辩证关系。

作风是思想和行动的辩证统一。加强和改进党风建设，必须把思想作风建设放在第一位，坚持对广大党员进行普遍的马克思主义教育，坚持对党员进行党性、党风、党纪教育，坚持对党员进行创业精神的教育，努力在全党形成认真学习的风气、民主讲讨论的风气、积极探索的风气和求真务实的风气。立足对绝大多数党员和干部的教育，着眼于提高党员的政治免疫力，筑牢广大党员拒腐防变的思想长城，是提高党员素质、保持党员先进性、加强和改进党风建设的基础工作。我们正在进行的改革开放是一项前所未有的事业，在改革开放的进程中必然会遇到这样那样的难题，如果没有勇于开拓、锐意进取的精神，没有全心全意为人民服务的意识，就不可能坚决地贯彻党的各项方针政策，就不可能坚决克服个人主义、自由主义、官僚主义等不正之风。中国共产党历史上形成了丰富的精神财富，如艰苦奋斗、一往无前、不怕牺牲的长征精神，实事求是、充分发扬民主、为人民服务的延安精神，无私奉献、甘作螺丝钉的雷锋精神，把爱国主义、集体主义融入到与自然灾害无畏斗争的抗洪精神，依靠科学、顽强拼搏、发愤图强、锐意进取、勇攀科技高峰的“两弹一星”精神，都是弥足珍贵的精神食粮。结合当前改革开放的实践，这些精神可以概括为解放思想、实事求是的精神，紧跟时代、勇于创新的精神，知难而进、一往无前的精神，艰苦奋斗、务求实效的精神，淡泊名利、无私奉献的精神①。通过思想作风建设，调动广大党员自我教育的主观能动性，增强其自我改造的能力，从而为党员加强党性锻炼、充分发挥先锋模范作用打下良好的基础。

人民群众正是通过广大党员干部的实际行动来感受和认识党的作风的。因此，作风建设必须通过广大干部和党员的行动把它落到实处。没有良好的行为，没有转变作风的具体行动，精神状态就会缺乏现实的支撑。从思想道德修养和党性锻炼到转变作风的实际行动，自重、自省、自警、自励是非常重要的过渡环节。自重，就是尊重自己的人格，珍惜自己的名誉，处处严格要求自己，不做违背党和人民利益的事，不做有损党的形象的事。自省，就是自觉地、经常地自我反省、自我检验，看自己的言行有没有与党的宗旨、纪律相违背的地方，时常进行严格的自我解剖，找出自己的缺点和不足，并采取措施予以纠正和克服。自警，就是经常做到警钟长鸣，强化自己的职业道德观念，以廉政为荣、以腐败为耻，自觉在思想上筑起一道廉洁自律的思想防线。对领导干部来说，自警尤为重要。自励，就是自己鼓励、激励自己前进，自强不息，

---

① 《江泽民文选》第3卷，人民出版社2006年版，第197～198页。

奋发向上①。通过“四自”的锻炼，把良好的思想水平和精神状态融入工作、生活实际，积极工作，乐于奉献，为广大人民群众谋利益，才能在人民群众心目中树立好的形象，增进人民群众对党的深情厚谊，形成建设中国特色社会主义的强大合力。

自律和他律的辩证关系。

任何社会主体的行为都受到这样那样的约束，有内在的自我约束即自律，也有来自外在的约束即他律。当外在的约束占据主导地位时，该主体处于自在状态，其行为主要靠他律；当内在的自我约束占据主导地位时，该主体就达到了自觉的境界，其行为依靠自律就可保持较高的水准。作风建设要通过一定形式的规范来实现，如纪律规范、制度规范、法律规范、道德规范、理想规范等等。这些规范对人的约束力是不同的。制度规范、法律规范、纪律规范具有不同程度的刚性强制；道德规范通过社会舆论形成对人的道义的赞誉、鞭策或谴责，而理想规范则引导人们调整过时的道德标准，确立新的发展蓝图。前一类规范以法律规范为代表，后一类规范以道德规范为代表。如何处理两类规范的关系是人们长期以来争论不休的话题：法律制度尽管在约束人的行为方面是有用的，却无法约束人的思想意识。新中国成立后，我们在社会主义法制的建立和社会主义思想道德建设方面取得过很大成就，但 1957 年以后的 20 年中，法律制度建设没能适应社会发展的需要，使得优良作风没有很好地巩固下来成为制度，作风建设上走了一段弯路。改革开放以后，社会主义民主法制建设逐步得到完善，但道德无用论又有所抬头，少数人借口“依法治国”来否定社会主义道德建设，鼓吹市场经济建立在自私自利基础之上，只能讲法治，而不能讲德治。这样的观点，对于我们建立社会主义市场经济体制乃至对社会的全面健康发展，都是十分有害的。实际上，两者必须结合使用。法治是最重要的他律，依法治国是一项基本国策，没有他律，坏人就会任意横行，好人就无法充分做好事；德治是必要的自律，没有这样的自律，没有积极向上的追求，没有浓厚的守法意识，会大大增加社会治理成本。理想信念的动摇，人生观、价值观、道德观的颓变，人生境界的滑坡，道德觉悟的下降，是腐败现象产生的一个重要原因。我国社会正处在利益关系急剧变化、利益矛盾比较尖锐的时期，因此必须在坚持依法治国的前提下，建设与我国社会主义市场经济相适应的道

① 郑明琛：《论领导干部的生活作风修养》，《学习论坛》2003 年第 6 期。

德体系和道德规范，更加重视并善于运用道德这种特殊调整手段，使外在的规范转换为内在的良心，提高人们的自律水平，最大限度地调整、控制各种利益矛盾，避免利益矛盾的对抗，并逐渐缓和、最终化解那些影响社会稳定的利益矛盾和尖锐对立。大力加强思想道德建设，有助于帮助广大干部群众认清形势、振奋精神、坚定信心，自觉地把个人理想融入到实现祖国社会主义现代化建设的奋斗之中，正确处理个人利益与社会集体利益和他人利益的关系，增强全社会的凝聚力，使我国的经济社会能够在一个稳定、协调、健康的环境中，长期快速地向前发展。

主要参考文献

一、中文著作

《马克思恩格斯全集》第 2 卷，人民出版社 1957 年版
《马克思恩格斯全集》第 3 卷，人民出版社 1956 年版
《马克思恩格斯全集》第 42 卷，人民出版社 1979 年版
《马克思恩格斯选集》第 1 ~4 卷，人民出版社 1995 年版
《列宁全集》第 6 卷，人民出版社 1986 年版
《列宁全集》第 16 卷，人民出版社 1988 年版
《列宁选集》第 1 ~4 卷，人民出版社 1995 年版
《毛泽东选集》第 1 ~4 卷，人民出版社 1991 年版
《毛泽东文集》第 1 卷，人民出版社 1993 年版
《毛泽东文集》第 2 卷，人民出版社 1993 年版
《毛泽东文集》第 3 卷，人民出版社 1996 年版
《毛泽东文集》第 6 卷，人民出版社 1999 年版
《毛泽东文集》第 7 卷，人民出版社 1999 年版
《毛泽东文集》第 8 卷，人民出版社 1999 年版
《毛泽东早期文稿》，湖南出版社 1990 年版
《建国以来毛泽东文稿》第 2 册，中央文献出版社 1988 年版
《邓小平文选》第 1 ~2 卷，人民出版社 1994 年版
《邓小平文选》第 3 卷，人民出版社 1993 年版
《周恩来选集》上卷，人民出版社 1980 年版
《周恩来选集》下卷，人民出版社 1984 年版
《刘少奇选集》上卷，人民出版社 1981 年版
《刘少奇选集》下卷，人民出版社 1985 年版
《陈云文选》第 3 卷，人民出版社 1985 年版

《张闻天文集》第2卷，中共党史出版社1993年版
《王稼祥选集》，人民出版社1989年版
江泽民：《论“三个代表”》，中央文献出版社2001年版
《江泽民论有中国特色社会主义（专题摘编）》，中央文献出版社2002年版
《江泽民文选》第1~3，人民出版社2006年版
中央档案馆：《中共中央文件选集》第1卷，中共中央党校出版社1989年版
中央档案馆：《中共中央文件选集》第10册，中共中央党校出版社1991年版
中央档案馆：《中共中央文件选集》第11册，中共中央党校出版社1991年版
中央档案馆：《中共中央文件选集》第13册，中共中央党校出版社1991年版
中央档案馆：《中共中央文件选集》第15册，中共中央党校出版社1991年版
中共中央文献研究室：《建国以来重要文献选编》第2册，中央文献出版社1992年版
中共中央文献研究室：《建国以来重要文献选编》第10册，中央文献出版社1994年版
《十五大以来重要文献选编》下卷，人民出版社2003年版
《十六大以来重要文献选编》上卷，中央文献出版社2005年版
《十六大以来重要文献选编》中卷，中央文献出版社2006年版
《十六大以来重要文献选编》下卷，中央文献出版社2008年版
《十七大以来重要文献选编》上卷，中央文献出版社2009年版
中央纪委研究室：《加强领导干部党性修养树立和弘扬良好作风》，中国方正出版社2009年版
《党的十六大报告学习百问》，党建读物出版社人民出版社2002年版
《十六大以来党中央提出的一系列重大战略思想十六讲》，中共党史出版社2007年版
逄先知，金冲及：《毛泽东传（1949~1976）》，中央文献出版社2003年版
中共中央文献研究室：《毛泽东年谱（1893~1949）》上卷，中央文献出版社人民出版社1993年版
中共中央文献研究室：《邓小平思想年谱》，中央文献出版社1998年版
马占斌，蒋建农：《毛泽东选集大辞典（修订本）》，山西人民出版社1993年版
刘崇文，陈绍畴：《刘少奇年谱（1898~1969）》下卷，中央文献出版社1996年版
《孙中山文集》，团结出版社1997年版
孙伯鍨，张一兵：《走进马克思》，江苏人民出版社2001年版
孙伯鍨，侯惠勤：《马克思主义哲学的历史和现状》第一卷，南京大学出版社1988年版
姚润皋，林源：《邓小平实事求是哲学论》南京大学出版社1997年版
刘林元，姚润皋：《跨越世纪的征途》，南京大学出版社1999年版
刘林元，姚润皋：《“三个代表”思想论》，南京大学出版社2002年版

刘林元:《中国马克思主义的新境界》,南京大学出版社 2003 年版
刘林元,姚润皋:《中国共产党执政规律论》,贵州人民出版社 2004 年版
林源:《马克思走进新世纪》,安徽人民出版社 2003 年版
侯惠勤:《正确世界观人生观的磨砺》,南京大学出版社 1996 年版
陈文斌等:《中国共产党执政五十年》,中共党史出版社 1999 年版
崔岩:《党的纪律与作风》,中国人民大学出版社 1991 年版
丁锡满:《风正帆悬:党的作风问题研讨论文集》,中国检查出版社 2002 年版
董连翔:《执政党建设理论与实践研究》,人民出版社 2003 年版
侯德芳:《与时俱进的理论丰碑》,西南财经大学出版社 2003 年版
胡绳:《中国共产党的七十年》,中共党史出版社 1994 年版
黄飚:《党的作风建设学》,广西民族出版社 1992 年版
江苏省教育厅:《毛泽东思想概论》,南京师范大学出版社 2006 年版
金春明:《"文化大革命"史稿》,四川人民出版社 1995 年版
晋乾泰:《中国共产党作风建设学》,红旗出版社 1993 年版
李君如:《毛泽东与当代中国》,福建人民出版社 1997 年版
李铁映:《论民主》,人民出版社中国社会科学出版社 2001 年版
李维汉:《回忆与研究》,中央党史资料出版社 1986 年版
李秀林等:《辩证唯物主义和历史唯物主义原理(第四版)》,中国人民大学出版社 1995 年版
李雪等:《思想·品质·作风》,中国青年出版社 1980 年版
李颖编:《从一大到十六大》,中央文献出版社 2003 年版
刘福垣:《新发展观宣言》,新华出版社 2004 年版
刘国光等:《社会主义市场经济概论》,人民出版社 2002 年版
刘晶芳:《中国共产党优良作风建设史》,广东人民出版社 1999 年版
刘宗洪:《中国共产党执政规律研究》,上海三联书店 2004 年版
卢先福:《党的作风建设读本》,党建读物出版社 2001 年版
任建树:《陈独秀大传》,上海人民出版社 1999 年版
尚明轩,尚列:《廖仲恺》,中国青年出版社 1994 年版
田培炎,李长峰:《政党作风片论》,人民出版社 2004 版
万高潮,魏明康:《当代中国的政治发展与政治稳定》,湖北人民出版社 2004 年版
王长江:《政党现代化论》,江苏人民出版社 2004 年版
王长江:《现代政党执政规律研究》,上海人民出版社 2002 年版
王长江,姜跃:《世界政党比较概论》,中共中央党校出版社 2003 年版
魏钦公:《谈党的三大作风(修订本)》,河南人民出版社 1984 年版

吴元梁等：《精神系统和精神文明建设》，人民出版社2004年版

席宣，金春明：《“文化大革命”简史》，中共党史出版社1996年版

殷建中等：《加强和改进党的作风建设》，四川大学出版社2001年版

张荣臣等：《中国共产党执政能力建设学习读本》，国家行政学院出版社2003年版

张树军等编：《中国共产党八十年重大会议实录》，湖南人民出版社2001年版

赵保真等：《中国共产党的优良传统和作风（增订本）》，陕西人民教育出版社1991年版

赵锦良等：《共产党员修养漫谈·作风篇》，山东人民出版社1991年版

赵有田等：《综合国力竞争与文化冲突》，长春出版社2004年版

郑仓元，陈立旭：《社会风气论》，浙江人民出版社1996年版

中共中央宣传部政策法规研究室：《切实加强和改进党的作风建设》，学习出版社2001年版

祝灵君：《一致与冲突——政党与群众关系的再思考》，人民出版社2006年版

二、文件

《关于建国以来党的若干历史问题的决议》

《中共中央关于加强和改进党的作风建设的决定》

《中共中央关于完善社会主义市场经济体制若干问题的决定》

《中共中央关于加强党的执政能力建设的决定》

《中共中央关于构建社会主义和谐社会若干重大问题的决定》

中央纪委中组部：《关于严肃换届纪律保证换届风清气正的通知》

《中共中央关于在全党开展以实践“三个代表”重要思想为主要内容的保持共产党员先进性教育活动的意见》

《中共中央关于加强和改进新形势下党的建设若干重大问题的决定》

《中共中央关于深化文化体制改革推动社会主义文化大发展大繁荣若干重大问题的决定》

三、中文译著

［德］黑格尔：《精神现象学》上卷，商务印书馆1979年版

［德］黑格尔：《小逻辑》，商务印书馆1981年版

［美］埃德加·斯诺：《西行漫记》，三联书店1979年版

［美］罗斯·特里尔：《毛泽东传》，中国人民大学出版社2006年版

［英］亚当·斯密：《国富论》，商务印书馆1974年版

四、论文及评论

包心鉴：《论制度建党与作风建党》，《长春市委党校学报》2003年第1期

布青沪：《批评和自我批评的作风：中国共产党胜利的依托》，《宁夏党校学报》2003年第6期

陈答才：《试论党的三代领导核心关于作风建设的思想》，《陕西师范大学学报（哲学社科）》2003年第5期

陈志良，颜廷刚：《论实事求是思想路线发展三阶段》，《北京社会科学》2002年第1期

陈梓泽：《加强和改进党的作风建设要着力解决五个方面的突出问题》，《理论前沿》2003年第4期

蔡福松：《“两个务必”：党长期执政的思想作风保证》，《中州大学学报》2004年第1期

冯斌，李道文：《论邓小平的领导作风建设思想》，《毛泽东思想研究》2004年第6期

高四梅，任兆银：《论党的作风建设与党的执政合法性的获取和维护》，《探索》2002年第2期

胡文澜：《论“两个务必”与加强党的作风建设》，《学习论坛》2003年第8期

胡振平：《马克思主义哲学发展的契机》，《浙江社会科学》2004年第2期

黄芝鹏：《要继续发扬党的批评与自我批评的优良传统和作风》，《宿州教育学院学报》2004年第2期

姜骁军：《作风立党——江泽民对马克思主义党建理论的创新》，《中国党政干部论坛》2003年第12期

李平：《面向新世纪党的工作作风建设》，《理论前沿》2003年第6期

李有忠：《论世界观与方法论的关系》，《毛泽东哲学思想研究》1993年第5期

李运平：《再论艰苦奋斗的优良作风》，《黄河科技大学学报》2005年第4期

刘藩：《马克思主义的世界观、理论、路线、党性、作风的一致性》，《创造》2003年第2期

刘家钦：《美国因素对毛泽东发动“大跃进”的影响》，《阜阳师范学院学报（社会科学版）》2003年第5期

刘家钦：《毛泽东在1958年发动“大跃进”的国际因素分析》，《阜阳师范学院学报（社会科学版）》2004年第2期

刘家钦：《苏联因素对毛泽东发动“大跃进”的影响》，《安徽史学》2005年第5期

雒树刚：《理论建设与作风建设》，《特区理论与实践》2002年第1期

马兆明：《加强制度建设是新形势下党的作风建设的根本保障》，《理论学刊》2002年第3期

梅德英：《论党的作风建设的重要性》，《湖北社会科学》2004 年第 9 期
潘焕昭：《“苏维埃人民共和国”与“民主共和国”口号的比较分析》，《长白学刊》2001 年第 2 期
宋素琴：《马克思主义学风与党的作风建设》，《湖南城市学院学报（人文社科）》2003 年第 5 期
谭献民：《群众运动与“八大”路线方针的产生和中断》，《湖南师范大学社会科学学报》2007 年第 1 期
王保平：《谈新形势下如何加强党的作风建设》，《胜利油田师范专科学校学报》2003 年第 2 期
韦绍福：《领导干部生活作风问题：类型、表现、成因与趋势》，《广西教育学院学报》2004 年第 3 期
奚洁人：《加入世贸组织与党的作风建设》，《毛泽东邓小平理论研究》2002 年第 2 期
徐根义：《论世界观改造与党的作风建设》，《理论探讨》2002 年第 1 期
徐兰宾：《新世纪加强党的作风建设的基本途径》，《赣南师范学院学报》2003 年第 2 期
肖玉明：《社会公平与和谐社会》，《光明日报》2005 年 4 月 26 日
袁训忠：《论加强党的作风建设》，《南京政治学院学报》2002 年第 2 期
张江海：《论党的作风建设制度化》，《闽江学院学报》2004 年第 6 期
郑明琛：《论领导干部的生活作风修养》，《学习论坛》2003 年第 6 期
周一平：《毛泽东对中国共产党优良作风形成发展的历史贡献》，《毛泽东邓小平理论研究》，2002 年第 4 期
周友苏：《共产党先进性与共产党员先进性的关联研究》，《社会科学研究》2003 年第 5 期
《八论保持共产党员先进性教育：认真开展批评和自我批评》，《人民日报》2005 年 4 月 7 日
人民日报评论员：《一论在领导干部中大力倡导八个方面的良好风气》，《人民日报》2007 年 1 月 22 日
人民日报评论员：《二论在领导干部中大力倡导八个方面的良好风气》，《人民日报》2007 年 1 月 23 日
人民日报评论员：《三论在领导干部中大力倡导八个方面的良好风气》，《人民日报》2007 年 1 月 24 日
人民日报评论员：《四论在领导干部中大力倡导八个方面的良好风气》，《人民日报》2007 年 1 月 25 日
人民日报评论员：《五论在领导干部中大力倡导八个方面的良好风气》，《人民日报》

2007年1月26日

人民日报评论员：《六论在领导干部中大力倡导八个方面的良好风气》，《人民日报》2007年1月27日

人民日报评论员：《七论在领导干部中大力倡导八个方面的良好风气》，《人民日报》2007年1月28日

人民日报评论员：《八论在领导干部中大力倡导八个方面的良好风气》，《人民日报》2007年1月29日

后　记

中国共产党作风建设的理论与实践探索，是国际共运史上的一个伟大创举。党的作风建设发萌于党的早期革命实践和初步理论概括，在遵义会议上初显威力，遵义会议后逐步成长起来；至1936和1937年，“作风”一词在党的主要领导人著作中高频度出现，表明优良作风已向着枝繁叶茂方向发展了；延安整风则标志着党的优良作风已遍地开花，走向成熟，形成全党的共识；七大的召开、夺取全国政权、社会主义制度在中国的确立和改革开放的伟大成就则标志着党的优良作风结出了累累硕果。在建设中国特色社会主义的历史进程中，在应对国内外各种风险考验的历史进程中，中国共产党始终是最坚强的领导核心，党的优良作风是社会风气的主心骨。我们完全有理由相信，只要我们坚持党的最高宗旨，不断把党的优良作风发扬光大，中国特色社会主义建设事业必将从胜利走向更大的胜利。

本书是2011年教育部人文社会科学研究专项任务项目（马克思主义中国化、时代化、大众化）《中国共产党作风建设理论与实践研究》（项目编号11JD710073）的最终成果，并有幸获得教育部“高校社科文库”资助。本项目于2011年9月立项，研究团队成员构成为：江苏技术师范学院董遂强副教授、王哲教授、刘少航教授、徐小美副教授、仲逸智、陈霞、王斌和河南汝州市三中的董遂红。本书是在主持人博士论文基础上，根据近五年来科研成果进行大幅度修改形成终稿的。修改过程中，王哲教授对第二章逐字进行审稿，并提出了很多好的建议，其他成员则主要侧重于课题内容向教学内容的融入方面，或侧重于课题内容与学校党建相结合方面，陈霞和董遂红进行了注释和参考文献的核对工作。

本项目研究取得的中期成果有：《批评和自我批评的哲学思考》（《南京社会科学》2011年12期）、《党的优良作风是社会风气的主心骨》（《人民论坛》

2012 年 5 期)、《古田会议前后毛泽东对思想路线的初步探索》(《求索》2012 年 4 期)、《十六大以来党的作风建设的新进展》(《喀什师范学院学报》2012 年 1 期) 和《中国共产党作风建设的若干规律》(《理论界》2012 年 4 期)。

本书的出版，要感谢众多师长和同道们的帮助：

本书初稿形成过程中，恩师南京大学姚润皋教授付出了大量心血，在本书付梓之际又抽暇作序，在此谨向姚老师致以崇高的敬意和衷心的感谢！

南京大学刘林元教授、张异宾教授、侯惠勤教授、唐正东教授、张传平教授、胡大平教授、刘怀玉教授、张晓东教授和尚庆飞教授，曾以不同形式对我进行过点拨，在此致以深深的谢意！

本书稿修改过程中，得到江苏技术师范学院党委书记夏东民教授的指导和关心，在此表示感谢！

本书的创作过程对我来说是一次极有意义的磨练和考验，使我深深体会到二十万字论文创作之艰辛；本项目得以立项，也使得我对搞科研的信心倍增；能够得到教育部高等学校社会科学发展研究中心“高校社科文库”的资助，使我深感荣幸。

由于理论功底不深，理论联系实际的能力更有待提高，本书不当之处在所难免，敬请专家、学者批评指正！对于学术界一些观点、结论，如有引用不当或疏于标注者，也望原作者和读者及时联系和批评指正。

董遂强

2012 年 6 月 18 日于常州绿园爱舍